A VIDA SEXUAL DOS
ÍDOLOS DE HOLLYWOOD

A Vida Sexual dos
ÍDOLOS DE HOLLYWOOD

Nigel Cawthorne

Tradução de
Gabriel Manzano

Um Selo da Ediouro Publicações

www.ediouro.com.br

Do original
Sex lives of the Hollywood goddesses
Sex lives of the Holywood idols

Copyright © 1997 by Nigel Cawthorne
Copyright da tradução © 2003 by Ediouro Publicações S.A.

Preparação de originais: Lourdes Araújo
Produção editorial: Cristiane Marinho
Copidesque: Adélia Marques
Assistentes de Produção: Jorge Amaral, Felipe Schuery
Revisão tipográfica: Jussara da Hora e Maryanne B. Linz
Capa, Projeto Gráfico, Pesquisa iconográfica,
Editoração eletrônica: Megaart Design
Produção Gráfica: Jaqueline Lavôr
Assistente de produção gráfica: Gilmar Mirândola

Dados Internacionais de Catalogação na Publicação (CIP)
(Câmara Brasileira do Livro, SP, Brasil)

C376v
Cawthorne, Nigel, 1951
A vida sexual dos ídolos de Hollywood/
Nigel Cawthorne; tradução Gabriel Manzano e Taís
Manzano. — Rio de Janeiro: Ediouro, 2004

Tradução de: Sex lives of the Hollywood goddesses; Sex lives of the Hollywood idols
ISBN 85-00-01091-6

1. Artistas — Comportamento sexual. 2. Artistas
— Biografia. 3. Artistas — Anedotas. I. Título

03-2398   CDD 927
                                                CDU 929:7.07

Índices para catálogo sistemático:
1. Ditadores : Vida sexual : Ciências sociais   306.7

Ediouro Publicações S.A.
Rio de Janeiro
Rua Nova Jerusalém, 345 – CEP 21042-230 – Bonsucesso – Rio de Janeiro – RJ
Tel.: (21) 3882-8200 – Fax: (21) 3882-8212 / 8313
E-mail: livros@ediouro.com.br

Sumário

Introdução 7

I   Primeiros tempos – Inocentes, mas Pecadores

Charlie Chaplin – O Vagabundo e as Mocinhas..................13

As Belas do Cinema Mudo – As Sereias Silenciosas.............31

Rodolfo Valentino – O Melhor Amante do Mundo..............51

Jean Harlow – Eterna Vênus Platinada 75

Douglas Fairbanks – Uma História de Amor Imperfeita......85

II   Anos 40 – Mocinhos Valentes, Mulheres Imbatíveis

Greta Garbo – Um Enigma Chamado Greta........................97

Errol Flynn – Sexo, Bebidas e Drogas 115

Marlene Dietrich – A Mulher que Amou Demais.............127

Clark Gable – Um Galã Quase Perfeito............................143

Joan Crawford – Uma Estrela Indestrutível......................159

III   O Pós-Guerra – Heróis Tímidos, Mulheres Fatais

Ava Gardner – Caçadora de Paixões...................................173

Lana Turner – Atração Fatal..197

Gary Cooper – Tão Tímido, Tão Irresistível.......................217

Rita Hayworth – Uma Infeliz Deusa do Amor...................229

Cary Grant – Um Cavalheiro Pouco Sofisticado.................257

IV   Anos Dourados – Sexo, Dólares e Fama

James Dean– O Rebelde Sem Causa 273

Grace Kelly – Um Vulcão Coberto de Neve........................281

Rock Hudson – Um Rapaz Acima de Qualquer Suspeita...307

Marilyn Monroe – A Mais Desejada de Todas 321

Warren Beatty – Na Cama, Mas Sem Madonna.................347

Bibliografia 356

Índice 359

INTRODUÇÃO

Ilusão é a palavra-chave em nosso relacionamento com os grandes ídolos das telas. Cinema, afinal de contas, não passa de fantasia. Mas essa trapaça maravilhosa que vivemos por algumas horas se torna mais real do que a própria realidade, pois é mais intensa. Ao lado dos grandes astros experimentamos aventuras que jamais teríamos em nossas vidas, principalmente num mundo em que, cada vez mais, a maior emoção é saber o desempenho das bolsas de valores e a cotação do dólar.

Charlie Chaplin

Mas num cinema ou na sala de nossas casas, diante do vídeo, com as luzes apagadas, transportamos-nos para o domínio do sonho – um passo mental e incorporamo-nos à tela. Como num passe de mágica, afastamo-nos de nossas misérias cotidianas. Nossa pulsação se acelera e todas as fantasias se tornam possíveis: vivemos outras experiências, assumimos novas personalidades. Amamos, sofremos, torcemos, morremos e somos mais felizes graças a algumas horas passadas na vasta terra da credulidade que é o cinema.

Crendo no que vemos, cremos que os conhecemos. Suas imagens se cristalizam em nossas mentes com uma aura luminosa. Belas ou feias, jovens ou maduras, sensuais ou protetoras, as grandes figuras do cinema são nossos heróis modernos, que habitam um território ilimitado de sedução no qual tudo é possível e nenhum abismo é intransponível.

Mas serão eles o que parecem ser, o que tentam nos

convencer que são? O que na verdade são, quando fora do espectro desencarnado projetado numa tela branca, quando se materializam no cotidiano de suas vidas? Quanto do que vivem não será apenas uma tentativa de realizar os sonhos que concretizam nas telas? O mais interessante neles talvez seja que se tornam tão encantados por suas imagens quanto nós, espectadores de suas glórias. De certa forma, são irreais até para si próprios. Pois precisam aprender a difícil arte de equilibrar o que são com o que o público acredita que sejam – sem renunciar a si mesmos ou à imagem que temos deles. Graças à dupla personalidade que são obrigados a assumir, seu maior talento, a capacidade de fingir, fica oculto dos olhos exigentes do mundo.

Incensados por um público adorador, perseguidos pela imprensa, controlados pelos estúdios que, com seus milhões de dólares em jogo, faziam às vezes de pais severos, quais foram suas experiências fora das telas? Desde o início do cinema, talvez as atividades mais interessantes dos atores e atrizes estejam nos bastidores, fora do alcance dos curiosos. Objetos de desejo, quais eram os seus desejos?

Ao menos nisso todos eles eram, e são, semelhantes a nós. Com a diferença de que, graças aos privilégios do estrelato, podem concretizar as fantasias proibidas ao comum dos mortais. Sexo, drogas, bebidas, prostituição, perversões – desde que o público não saiba, tudo é possível no mundo encantado por onde circulam.

Os poderosos chefões dos estúdios seriam tão sérios quanto sugeriam suas fotos com imensos charutos na boca e olhar severo? Aquelas adoráveis jovens inocentes pelas quais os homens suspiravam diante das telas do cinema mudo eram mesmo adoráveis – mas, seriam mesmo inocentes? Aquele doce vagabundo com sua bengalinha e seus olhos suplicantes era mesmo um tímido? O maior amante das telas seria de fato o amante ideal? O perfeito cavalheiro das telas seria tão refinado na vida real?

Aquilo que os grandes astros nos deixaram como legado – o enigma de Greta Garbo, o charme de Marlene Dietrich, a personalidade de Joan Crawford, a lascívia de Marilyn, a elegância de Cary Grant, a segurança de Clark Gable, a energia de Errol Flynn, a virilidade de Rock Hudson – quanto resiste à leitura de suas biografias? Como seriam eles e como usaram todo o poder e prestígio que tiveram? Que ninguém duvide: as respostas são surpreendentes. É o que Nigel Cawthorne nos revela.

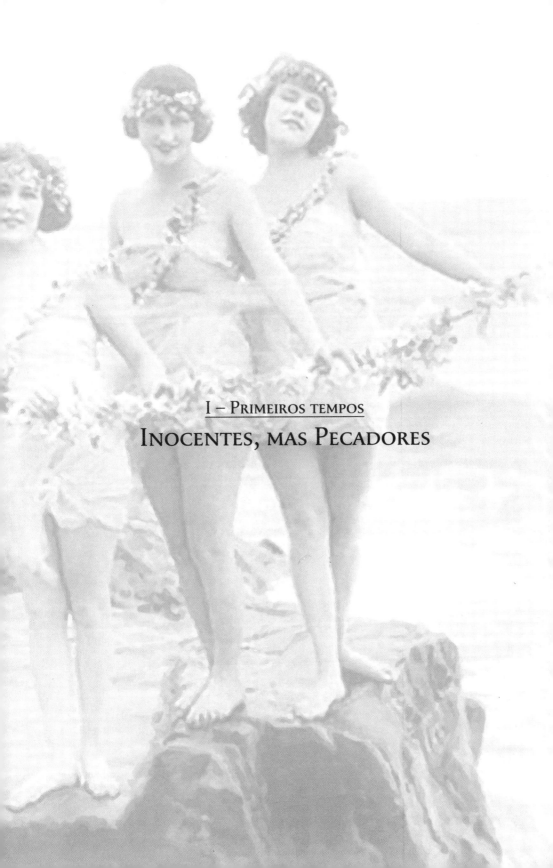

I – Primeiros tempos
Inocentes, mas Pecadores

O VAGABUNDO E AS MOCINHAS

Charlie Chaplin foi a primeira estrela de cinema internacional. Com chapéu-coco e uma bengala, andar errático e um ar angelical, ele conquistou milhões de pessoas em todo o mundo com sua delicada figura de vagabundo. Em sua vida privada, porém, pouco se assemelhava a esse encantador andarilho; sua inocência se esgotava nas telas.

Nascido em Elephant e Castle, em Londres, em 1889, Charlie Chaplin aprendeu a cantar e a dançar olhando sua mãe, Hanna, uma modesta dançarina. Uma noite, em Aldershot, ela perdeu a voz e o pequeno Charlie, com cinco anos, entrou em cena para terminar a canção que ela começara. A estréia forçada foi um triunfo. A platéia aplaudiu entusiasticamente e o dinheiro jorrou no palco.

Quando o pai de Charlie, um alcoólatra, morreu, sua mãe foi colocada num asilo para loucos em Cane Hill. Charlie largou a escola e se uniu a um grupo de dançarinos de sapateado chamado *Os Oito Rapazes de Lancashire*. Seu irmão Sydney, que era um comediante, apresentou Charlie ao grande comediante britânico Fred Karno. Foi este quem ensinou ao jovem Charlie as verdades sobre sexo.

No início de sua carreira, Karno se casara com uma jovem dançarina. Ele a mantinha quase como uma escrava em sua casa e exibia suas conquistas sexuais em público. Como empresário,

Charlie Chaplin como Carlitos

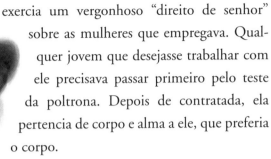

Fred Karno

exercia um vergonhoso "direito de senhor" sobre as mulheres que empregava. Qualquer jovem que desejasse trabalhar com ele precisava passar primeiro pelo teste da poltrona. Depois de contratada, ela pertencia de corpo e alma a ele, que preferia o corpo.

Karno gostava de ser fotografado com suas conquistas. Freqüentemente, mandava estas fotografias para sua esposa e avisava: "Veja, ela faz as coisas que você se recusa a fazer."

Chaplin representava com a companhia de Karno em Streatham Empire quando, aos 19 anos, apaixonou-se pela primeira vez, por uma jovem dançarina, Hetty Kelly. Depois do terceiro encontro, ele a pediu em casamento, mas ela não aceitou. Hetty tinha somente 15 anos e achava que era muito jovem para se casar. Apesar de tê-la encontrado apenas cinco vezes, Chaplin ficou de coração partido e uma imagem se cristalizou em sua mente. Pelo resto de sua vida, ele continuou fascinado por mocinhas.

Durante seus primeiros anos em Hollywood, não lhe sobrou muito tempo para conquistas. Teve alguns casos sem importância até que, na melhor tradição do cinema romântico, apaixonou-se por Edna Purviance. Ele a conheceu em 1915, quando criou seu próprio estúdio. Procurava então uma estrela e lhe recomendaram uma loura de São Francisco. Foi amor à primeira vista e ela estrelou ao todo 35 filmes com ele. Mas os dois não foram exatamente fiéis e se separaram, apesar de ela ter continuado por toda sua vida colecionando as notícias sobre ele que apareciam nos jornais.

Em 1916, ele conheceu Mildred Harris numa festa. Tinha

14 anos, mas desde os dez era atriz e já havia aparecido praticamente nua numa cena babilônica muito famosa do hoje clássico
Intolerância, de D.W. Griffith. Chaplin ficou imediatamente
encantado e foi encorajado pela mãe de Mildred. Ela trabalhava
no estúdio e conhecia a queda de Chaplin por mocinhas.

Quando a jovem fez 16 anos, sua mãe informou a Chaplin
que ela estava grávida. Com medo de ser processado por estupro,

Edna Purviance

Mildred Harris

ele não teve escolha a não ser casar-se. Isto apesar de saber que ela não era muito brilhante intelectualmente, como confidenciou a seu grande amigo, o ator Douglas Fairbanks. Logo depois do casamento, porém, descobriu-se que ela não estava grávida.

Louis B. Mayer – com seu faro seguro para os negócios –, contratou Mildred e a fez estrelar *O Sexo Inferior*, sobre desavenças domésticas. Na divulgação do filme, enfatizava-se que era protagonizado pela "Senhora Charlie Chaplin". Este, já muito conhecido, não gostou nem um pouco da vergonhosa exploração de seu nome. Foi exigir explicações de Mayer, que o chamou de "sujo pervertido" e os dois acabaram se engalfinhando na rua. O rosto delicado do pequeno vagabundo não resistiu ao punho vigoroso de Mayer.

Em 1920, Mildred ficou grávida de verdade, mas deu à luz uma criança deformada, que morreu três dias depois. Acusações de crueldade e de infidelidade levaram ao divórcio. Mildred já havia percebido que inúmeras jovens aspirantes a estrelas freqüentavam assiduamente o camarim de Chaplin. Candidamente, ela trocou seu leito conjugal pelo de uma famosa lésbica, a atriz Alla Nazimova.

Temporariamente, Chaplin mudou seus hábitos e ligou-se a uma mulher experiente, Peggy Hopkins Joyce, que havia trabalhado no Ziegfeld Follies e era conhecida por seus inúmeros golpes do baú. Seus cinco casamentos lhe haviam rendido uma conta bancária de três milhões de dólares. Ao conhecê-lo, perguntou-lhe se era verdade o que as meninas diziam sobre sua anatomia. Orgulhoso de ser bem-dotado, Chaplin chamava seu pênis de "oitava maravilha do mundo" e se considerava uma máquina sexual. Ele se gabava de ser capaz de ter cinco ou seis orgasmos seguidos, com apenas alguns minutos de descanso.

Chaplin e Peggy foram para um recanto isolado da ilha Catalina, onde acreditavam poder banhar-se nus sossegadamente. Logo se espalharam as notícias de que ele, um dos homens mais famosos do mundo, se divertia ao natural com uma mulher. Os habitantes do lugar se reuniam nas colinas com binóculos de longo alcance para apreciar o espetáculo do casal. Apelidaram de "Charlie" os bodes que, como eles, circulavam à vontade pela ilha. Peggy, porém, encontrou uma mina mais promissora na pessoa de Irving Thalberg. Chaplin também acabou lucrando com o breve interlúdio amoroso, pois ela foi sua inspiração para *Uma Mulher de Paris*.

Os colunistas de Hollywood não se cansavam de espalhar boatos sobre seus supostos casos com inúmeras atrizes. Chegaram até a incluir na lista uma prima do primeiro-ministro britânico Winston Churchill, a escultora Clare Sheridan. Clare era velha o suficiente para ser sua mãe, o que positivamente não era de seu agrado.

Em 1921, ele conheceu em Berlim a estonteante atriz polonesa Pola Negri. Ela possuía um colorido admirável – cabelos negros e dentes alvos –, além de uma bela boca. Mas o que mais impressionou Chaplin foi sua voz, apesar de ela pronunciar apenas três palavras em inglês. Ele declarou ter-se apaixonado imediatamente por Pola, mas faltou-lhe coragem para confessá-lo. Chaplin, no entanto, teve ousadia bastante para lhe sussurrar, nas poucas palavras que sabia de alemão, que era a mulher mais adorável que havia conhecido. Isto lhes pareceu suficiente, pois os dois passaram quatro dias juntos em Berlim. O Atlântico, porém, se interpôs entre os dois durante um ano e, quando ela foi para Hollywood, ele a evitou, pois sentia que a relação entre os dois não daria certo.

Em outubro de 1922, numa representação teatral, aconteceu o reencontro. Pola fazia o papel de Cleópatra e ele conduzia a orquestra. Ela disse que os dois não se haviam visto durante os ensaios, mas somente na estréia.

"Enquanto caminhava em direção a ele, olhei seu rosto. E compreendi que havia estado apaixonada por ele durante todo aquele ano, sem ter consciência disso." A emoção foi recíproca. Os dois se encontraram depois da apresentação e no dia seguinte ele a

Pola Negri

convidou para visitá-lo em sua casa. Confessou-lhe seu amor e, a partir de então, tornaram-se inseparáveis. A imprensa tratou de modo jocoso o caso entre os dois: o Rei da Comédia seduz a Rainha da Tragédia. Nos estúdios da Paramount, o chefão Jesse Lasky declarou que não havia nada no contrato de Pola que a impedisse de se casar. Até o papa lhes deu uma ajuda, anulando o casamento dela com um conde polonês. Seu noivado foi anunciado numa entrevista coletiva. Chaplin, embaraçado, enrubesceu. Ela se aconchegou no ombro dele e falou dos planos para o casamento. Havia rumores de que, na verdade, os dois já se teriam casado no ano anterior, na Europa.

Apenas cinco semanas depois da entrevista, tudo estava acabado. Chaplin anunciou que era "muito pobre para se casar". Pola mostrou-se arrasada. "Viverei somente para meu trabalho", declarou à imprensa, em meio às lágrimas estrategicamente expostas aos fotógrafos. "Os dias felizes se acabaram para mim", completou.

Exatamente seis horas depois, os pombinhos arrufados haviam voltado às boas. Os jornalistas foram conclamados de novo para testemunhar a reconciliação. Pola revelou que Chaplin lhe confirmara ser incapaz de viver sem ela. Ele, por sua vez, explicou que desejava uma esposa, uma casa, filhos e, em arroubos líricos, esboçou seu ideal feminino: "Até conhecer Pola, esta mulher permanecia um sonho. Hoje, é uma realidade. É tudo que sonhei. Mas não compreendo o amor dela por mim. Não tenho nem o físico nem a força que uma bela mulher admira. Talvez seja melhor que eu não questione um presente dos deuses."

As efusões amorosas duraram alguns dias, até que a imprensa foi mais uma vez chamada. Desta vez, para registrar a separação definitiva. Pola declarou: "Compreendi que jamais poderia me casar com Chaplin. Ele é muito temperamental e tão instável quanto o vento. Dramatiza tudo. E faz experiências com o amor." O fato é que Pola, com trinta anos, estava muito velha para preencher as expectativas de seu noivo.

Ele havia conhecido a que seria a segunda senhora Chaplin, Lillita McMurray, quando ela tinha apenas seis anos. Em 1923, já crescidinha, ela interpretou o principal papel feminino em *A Corrida do Ouro*, uma das obras-primas de Chaplin como cineasta. O estúdio anunciou que ela tinha 19 anos, quando na verdade tinha exatamente 15.

A mãe dela, Nana McMurray, provavelmente sabia o que se passava entre os dois. Ela havia trabalhado no estúdio dele na época de seu casamento com Mildred Harris. Mas, como uma boa mãe hollywoodiana, para garantir uma situação vantajosa para sua filha, seria capaz de treiná-la para desempenhar qualquer papel.

Depois de alguns testes, Lillita assinou um contrato com o nome de Lita Grey, ganhando 75 dólares por semana. De início, teve um pouco de dificuldade com a parte que lhe cabia. Chaplin, vinte anos mais velho, a perseguia e pressionava. Seduziu-a, enfim, no chão azulejado de sua sauna. Lillita ficou bastante lisonjeada. Afinal, ele poderia ter qualquer mulher que desejasse.

Ele não usava preservativos, que considerava "esteticamente hediondos". Também porque se acreditava estéril, pois das centenas de mulheres que tivera apenas Mildred Harris havia engravidado. Daí, foi enorme a surpresa quando a senhora McMurray anunciou ao elenco de *A Corrida do Ouro* que Lillita esperava um filho. Chaplin sugeriu um aborto, mas a jovem se recusou a fazê-lo. Foi então que o avô dela apareceu, carregando uma espingarda. Chaplin lhe ofereceu vinte mil dólares para que se casasse com quem quisesse. Ela lhe respondeu que era exatamente ele quem ela queria.

Entrou em cena, a essa altura, o velho e gentil tio de Lillita, Edwin. Ele era advogado e explicou que um processo de paternidade poderia incluir uma acusação de estupro. Segundo a lei californiana, isto poderia significar uma condenação de até trinta anos de cadeia. Chaplin não precisou de muita reflexão para concluir que o casamento com sua amada era a melhor opção. Casar-se com uma garota bem mais jovem já havia causado muita controvérsia quando ele tinha 26 anos. Aos 36, as reações só poderiam ser piores. Decidiu-se então por uma cerimônia discreta, se possível em algum lugar distante. Estes problemas, no entanto, não resumiam suas preocupações na época. Sua situação era bem mais complicada.

Ele havia participado de uma festa a bordo do iate de William Randolph Hearst, o magnata da imprensa, junto com a atriz Marion Davies, o produtor Thomas Ince e a jornalista Louella Parsons. A festa tivera um fim trágico. O fato é que Hearst encontrou Marion, sua amante, tendo relações sexuais com um homem seminu que não reconheceu. Saiu para buscar uma arma. Marion começou a chorar e seu companheiro aproveitou para escapar. Ouvindo os gritos, Ince veio correndo e abraçou Marion para consolá-la. Hearst retornou com uma pistola e, interpretando equivocadamente a situação, atirou e matou Ince.

Todos, no iate, concordaram que nada alteraria a tragédia. Decidiu-se então criar uma versão oficial. Ince jamais estivera a bordo, pois adoecera a caminho do iate. Havia voltado e morrera de um ataque agudo de indigestão. Os jornais de Hearst divulgaram esta história com o maior estardalhaço. Um condescendente médico-legista a confirmou. O corpo do infeliz Ince foi imediatamente cremado e ninguém mais perguntou nada. Sua viúva viu sua conta bancária subitamente aumentada em cinco milhões de dólares. E Louella Parsons, até então pouco conhecida, tornou-se a mais importante colunista dos jornais de Hearst. Mas, entre os que conheciam a verdade, dizia-se que o amante não identificado seria Chaplin.

Lillita e ele foram se casar no México. No caminho, ele

Lita Grey

lhe sugeriu, em tom de brincadeira, que ela se jogasse do trem e acabasse com tudo. Ela não lhe deu atenção. Apesar de ter planejado tudo para uma cerimônia tranqüila, os noivos foram perseguidos pelos repórteres dos jornais de Hearst. Na pequena e poeirenta cidade de Empalme, no Estado de Sonora, onde se casaram, os dois foram literalmente cercados pelos jornalistas. Chaplin testou seu sorriso mais cativante. No caminho de volta para Los Angeles, disse aos repórteres: "Bem, rapazes, isto é melhor do que a penitenciária. Mas não durará." Infelizmente, se enganava. Sua união forçada duraria dois angustiantes anos.

Lillita abandonou sua carreira para ter Charlie Chaplin Junior, nascido sete meses depois das núpcias. Com a desculpa de que ela era "muito jovem e inexperiente" para administrar uma casa, sua mãe foi morar com eles. Todas as peripécias desagradáveis por que passara em seu noivado não parecem ter sido suficientes, como se poderia esperar, para desestimular o desempenho sexual de Chaplin. Nove meses depois do nascimento de Junior, um segundo filho, Sydney, veio ao mundo. Por volta dessa época, para seu desassossego, todo o clã McMurray já se mudara para sua casa.

Quando voltava do estúdio, estafado depois de um dia inteiro de trabalho, Chaplin tinha que agüentar a barulheira das festas dos McMurray, copiosamente regadas a bebida. Além disso, a delicadeza não era o forte deles: todos brigavam constantemente. Finalmente, sua paciência se esgotou e ele preencheu os papéis pedindo o divórcio. Sabia que seria terrivelmente desgastante, mas Lillita e sua onipresente mãe declararam que aceitariam um acordo amigável em troca de um modesto milhão de dólares.

Ele interrompeu as filmagens que realizava e voou para Nova York, refugiando-se junto a seu advogado, Nathan Burkan. Descobriu em seguida que o velho e bom tio Edwin conseguira na justiça indisponibilizar seus bens na Califórnia. Chaplin fez uma declaração afirmando que ainda amava sua esposa e desejava preservar seu casamento. Tio Ed respondeu publicando panfletos com a transcrição das 50 páginas do processo de divórcio de Lillita. Vendidos a 25 centavos, foram um enorme sucesso de público.

Quando Chaplin teve em mãos um exemplar, descobriu, para sua surpresa, um talento de sua esposa que ignorava. Durante os dois anos de seu casamento, ela se dedicara metodicamente ao registro, em um detalhado diário, de todos os fatos da vida do casal. E narrava as preferências mais bizarras de seu marido. Ele lhe sugerira que a atuação de outra mulher entre eles, no leito conjugal, poderia manter acesa a chama do casamento. Também desejara, segundo ela, filmar suas relações sexuais e desempenhá-las diante de uma platéia. Pedira-lhe que aceitasse "um ato anormal, contrário à natureza, pervertido, degenerado e indecente" — que revelou ser a felação. Diante de seu pouco entusiasmo, ele lhe dissera: "Relaxe, meu bem, todos os casais fazem isso."

O problema é que o sexo oral era crime na Califórnia. Pior ainda era o fato de ele ter lido para ela uma página de *O Amante de Lady Chatterley*, de D.H. Lawrence, que causara escândalo e era proibido na época. Segundo revelava Lillita, ele desprezara a sagrada instituição do matrimônio e as leis sugerindo-lhe que empregassem uma conhecida prostituta para fazer tudo aquilo a que ela se recusava. Dedicara persistentes esforços para "destruir e corromper seus impulsos morais e desmoralizar seus padrões da decência" — isto nas palavras dela — tudo em nome do "prazer que desfrutariam juntos".

O panfleto foi uma rica fonte de inspiração para inúmeros roteiristas. Vários filmes pornográficos foram rodados e exibidos, mostrando sósias de Chaplin representando os atos que Lillita descrevera como sugestões dele.

No tribunal, ele se viu ainda mais perdido. O advogado dela ameaçava revelar os nomes de cinco famosas atrizes com quem ele supostamente traíra sua mulher. Uma delas parecia ser Marion Davies, a amante de Randolph Hearst, protagonista do tenebroso caso no iate. Nos piores momentos de seu casamento, ele procurara abrigo em sua casa de praia.

Não admira que, diante de todas estas provações, os cabelos de Chaplin tenham ficado subitamente brancos. Ele e Lillita chegaram, enfim, a um acordo que lhe custou 625 mil dólares. Durante algum tempo, ele se comportou como bom

Chaplin e
Paulette
Goddard

moço. Os efeitos da lição, porém, não duraram muito. Sua compulsão era incurável.

Aos 46 anos, ele conheceu Paulette Goddard. Aos 16 anos, mas nem por isto inocente, ela havia se casado com um milionário. Aos 19 divorciara-se, levando consigo o consolo de um milhão de dólares pelos três anos perdidos com o marido. Decidida a ser uma estrela de cinema, mudara-se para Hollywood, onde conheceu Chaplin, que a descreveu como "durona". Ele a escalou para trabalhar em outra de suas obras-primas, *Tempos Modernos*. E acrescentou, à sua já conturbada biografia, um casamento misterioso com ela. Ele disse que o casamento foi em 1936; outros dizem que foi em 1934, a bordo de seu iate. Para complicar mais, alguns afirmam que eles jamais se casaram. Não há registro de nenhuma licença matrimonial para os dois.

Ela era uma boa madrasta para Charlie Junior e Sydney, mas Chaplin sentia ciúmes de sua juventude e sua beleza. Ele tentou com afinco conseguir para ela o papel de Scarlett O'Hara em *...E o Vento Levou*. Mas a escolhida foi Vivien Leigh. Paulette concluiu que Chaplin era mais um estorvo do que um auxílio e os dois se separaram. Cecil B. de Mille contratou-a para inúmeros filmes, mas sua carreira sofreu um baque quando começaram a circular histórias sobre suas indiscrições sexuais.

Chaplin não desanimou. Hedy LaMarr, uma das mais belas atrizes do cinema, e nada menos que o futuro mito Greta Garbo foram vistas com ele. Envolveu-se aos 52 anos com Joan Barry, uma jovem aspirante a atriz, de 22. Nenhuma espécie de escândalo parecia suficiente para Joan. Depois de alguns abortos e inúmeros abusos, como dançar nua no gramado da casa de Chaplin, a polícia lhe recomendou que comprasse uma passagem e a enviasse para Nova York, o que ele fez de bom grado. Persistente, Joan voltou brandindo um revólver. Aparentemente, ele achou isto muito excitante, pois teve repetidas relações sexuais com ela sobre uma pele de urso, em frente de sua lareira.

Seu futuro, no entanto, já estava entregue às mãos de outra jovem, Oona, de 17 anos, filha do grande dramaturgo Eugene O'Neill. Ele queria se casar com ela e, apesar de não se furtar a seus fugazes prazeres, não iria deixar Joan estragar tudo. Mas ela era perseverante. Irrompeu pela casa de Chaplin, tirou as roupas e se jogou nua em sua cama. Ele chamou a polícia e ela amargou trinta dias de cadeia. Hóspede do estado da Califórnia, Joan descobriu que estava grávida.

Chaplin, enquanto isto, casava-se com Oona, apesar da desaprovação do pai dela. Quando Joan foi libertada, entrou com um processo de paternidade contra ele. Foi então que o FBI interveio. Chaplin, aparentemente, apesar de ter sido aconselhado pela própria polícia de Los Angeles, cometera um grave delito ao mandá-la para Nova York. Diante da lei, ele estava explorando a prostituição. A acusação, bastante estapafúrdia, explicitava que Chaplin pressionara Joan Barry ilegalmente a deixar a cidade com a intenção de obrigá-la a ter relações sexuais ilícitas com ele em Nova York.

Ele foi preso, fotografado e teve suas impressões digitais registradas. Enfrentava a ameaça de pegar uma pena de até 23 anos de cadeia. Seu advogado protestou que era um absurdo supor que ele enviaria uma mulher para o outro lado do país apenas para ter sexo com ela sendo que "ela se entregaria a ele de livre vontade em qualquer lugar ou hora". Chaplin foi declarado inocente, mas ainda devia enfrentar o desgaste do processo de paternidade.

*Chaplin como
Senhor Verdoux*

Ele negou ser o pai, mas concordou em pagar as despesas médicas e uma pensão até o nascimento da criança. Esperava então provar com testes de sangue que não tinha parentesco com o filho de Joan. Nisto ele estava com a razão. Os testes foram negativos e ele afirmou jamais ter tido relações sexuais com ela. Mas já então os jornais de Randolph Hearst haviam criado um tal furor contra ele que Chaplin foi apresentado na corte como o último dos mortais, capaz de condutas que beiravam o inconcebível. As acusações não o pouparam de nenhuma espécie de devassidão. Comicamente, até de ler

Chaplin, Oona e seus filhos

para Joan um roteiro sobre Barba-Azul. Provocação do destino ou não, Chaplin filmava na época *Senhor Verdoux*, sobre o moderno Barba-Azul, o assassino serial francês Henri Landru.

O advogado de Joan disse ao júri: "Não houve ninguém, em todos esses anos, capaz de impedir Chaplin de se comportar como um celerado – só vocês poderão fazê-lo. Mulheres e mães em todo o país voltem seus olhos para cá para ver se vocês o conseguirão."

Eles se acreditaram no dever de fazê-lo. Chaplin foi condenado a pagar uma pensão de cem dólares por semana para a criança e ela foi registrada com seu sobrenome.

Claro que esta não era a lua-de-mel sonhada por uma jovem adolescente como Oona. Mas até que o processo teve seu lado positivo. Durante os depoimentos, Chaplin foi obrigado a afirmar sua virilidade e a confirmar sua potência sexual. Ironicamente, demonstrou ao mundo que podia não ser tão absurdo como parecia o casamento de um homem de 55 anos com uma jovem de 17. Ele comprovou isto. Ele e Oona foram viver na Suíça, onde tiveram oito filhos. O último nasceu quando Chaplin já estava na casa dos setenta anos.

"Se tivesse conhecido Oona ou alguém como ela há muito tempo, nunca teria tido tantos problemas com as mulheres", declarou ele anos mais tarde. "Sem ter consciência disto, toda a minha vida estive esperando por ela."

As Sereias Silenciosas

P oucas entre as primeiras estrelas de cinema mudo são hoje lembradas, apesar de suas imagens permanecerem preservadas – para sempre jovens, sensuais e algumas vezes nuas. A primeira deusa de Hollywood a aparecer ao natural nas telas e a deixar os Estados Unidos sem fôlego foi uma ex-campeã olímpica, Anne Kellerman, em 1916. June Caprice e Audrey Munson logo a imitaram, expondo suas formas em *Purity*. Dois clássicos de D.W. Griffith, *O Nascimento de Uma Nação* e *Intolerância,* estavam cheios de nus, e a estrela do cinema mudo Alla Nazimova chocou o país com sua dança dos sete véus em *Salomé*, apesar de ter mantido o sétimo deles.

Alla Nazimova caracterizada de Salomé

Nazimova planejou corrigir este erro numa festa que organizou em 1921 em sua casa, chamada Jardim de Allah. O clímax da festa seria seu *strip-tease*. Quando compreenderam as intenções da anfitriã, as outras deusas de Hollywood se prepararam para não ficar atrás. Betty Blythe vestiu-se com a roupa que usara nas telas, ao interpretar a rainha de Sabá, que se resumia a alguns colares de pérolas, estrategicamente colocados, cobrindo seus seios. Pearl White, Colleen More, Dorothy Gish e Constance Talmadge não vestiam muito mais que isso.

A "namoradinha da América", Mary Pickford, não compreendeu bem o espírito da festa, mas Barbara LaMarr não deixou por menos: colocou um cartaz em frente ao seu bangalô, vizinho do Jardim de Allah, com os dizeres: "Venham todos." Quando a música começou na festa de Nazimova, na casa de LaMarr vinte garotas nuas mergulharam gritando na piscina, que imitava o formato do Mar Negro, para recordar a Nazimova sua terra natal. Todos os homens que podiam nadar seguiram-nas. Nazimova retirou-se para seu bangalô, bufando.

Apesar de ser uma das primeiras deusas das telas a acelerar a pulsação dos homens, na verdade Nazimova era lésbica. Mas se dispunha a todos os sacrifícios para promover sua carreira, inclusive o teste do sofá. Era freqüentemente chamada ao estúdio pelo chefão Lewis J. Selznick, famoso por suas escapadas. Quando uma jovem atriz entrava em seu escritório, ele a advertia para não perder tempo: jamais falava com mulheres vestidas. Despidas, ele descartava as que não lhe interessavam e perguntava às outras se estavam dispostas a sofrer pela arte. Mesmo as estrelas já consagradas não se livravam do teste. Conhecendo as preferências sexuais de Nazimova, ele sentia um prazer especial em chamá-la depois do almoço para obrigá-la a atuar para ele.

Nem grandes divas como Gloria Swanson subiram sem provar para ele sua devoção à arte. Mas sua sorte mudou quando ela se tornou amante de Joseph Kennedy, o patriarca da família Kennedy, pai do presidente John Kennedy e dos senadores Robert e Edward. Contrabandista de bebidas, Joseph se tornou produtor cinematográfico com a única intenção de seduzir as estrelas.

Swanson e Kennedy se conheceram em 1927. Dois meses mais tarde, ele criou a Gloria Swanson Productions Inc., assumindo o controle dos negócios dela. A partir daí, julgou-se com direito a uma intimidade absoluta. Segundo as declarações dela, ele não primava pela gentileza em suas táticas de sedução. Desejava que Gloria lhe desse um filho e chegou a apresentá-la à sua esposa. Mas a Igreja interveio quando ele pediu permissão para viver com ela. Um cardeal implorou a Swanson que parasse de se encontrar com ele. Não foi necessário, pois Kennedy se desinteressou dela quando sua carreira começou a declinar, com o advento do cinema falado. Swanson ainda teve a grata surpresa de descobrir que os presentes que ele lhe dera haviam sido comprados com seu próprio dinheiro, desembolsado de sua empresa. Mas ela sobreviveu a tudo. Fez seu último filme em 1974, com 77 anos de idade.

Uma sereia das mais desinibidas foi Olive Thomas, vinda de uma cidade da Pensilvânia. Aos dez anos ela posava nua para fotos pornográficas, na companhia de seus irmãos mais velhos. Casou-se aos 12 com um mineiro de 26 anos que gostava de exibi-la nua para seus amigos embriagados.

Gloria Swanson

O maridinho também apreciava convidar platéias para assistir às demonstrações das habilidades sexuais da esposa.

Aos 14 anos, Olive fugiu para Nova York com dinheiro roubado e encontrou o caminho para o Ziegfeld Follies. Florenz Ziegfeld era muito conhecido por sua predileção por mocinhas e nenhuma conseguia trabalhar para ele sem passar pelo teste do sofá. É claro que para Olive isto não representava nenhum problema.

Com a criação que tivera, a moça gostava de sexo selvagem. A maquiagem não conseguia esconder todas as marcas em seu corpo e ela não podia se apresentar toda machucada. Ziegfeld mandou-a então para Lewis Selznick.

Muitas garotas achavam os modos de Selznick intimidantes,

Olive Thomas

mas Olive nem pestanejou ao se apresentar. Caminhou direto para o sofá e perguntou: "Então é aqui que devo me deitar?" Nesta mesma tarde, seu contrato foi assinado. Nas telas, ela se tornou a imagem da heroína virginal. Uma série de artigos assinados por ela aconselhava as jovens a cultivar a pureza, a integridade e os valores americanos. Enquanto isso, ela se drogava e se apresentava nua nas orgias que Selznick organizava para os distribuidores de seus filmes.

Para completar a imagem de conto de fadas, era necessário providenciar um marido para Olive. Um candidato perfeito apareceu na pele do distinto irmão de Mary Pickford, Jack. Nas telas, ele encarnava o "jovem americano ideal", em filmes como *Tomboy* e *Seventeen*. As revistas apresentaram Olive e Jack como o "casal ideal". Selznick promoveu a união. Mas a imagem de perfeição de Jack correspondia tanto à verdade quanto a de sua esposa. Ele era viciado em heroína.

Olive partiu sozinha para sua lua-de-mel. Não que ela não gostasse de sexo com seu marido, mas, enfim, havia tantos homens no mundo! Em Paris, entregou-se a uma orgia de sexo e drogas. Circulou pelo submundo de Montmartre com as figuras mais suspeitas. Na manhã de 10 de setembro de 1922, foi encontrada nua estendida no chão de sua suíte no Hotel Crillon, na Place de la Concorde, segurando um frasco de comprimidos de bicloreto de mercúrio. Era um medicamento para sífilis de efeito letal. O escândalo foi inevitável e arruinou Selznick. Apesar de ele estar longe de ser inocente, foi apresentado como o homem que corrompera a doce jovem inocente que o mundo vira meio trêmula na tela silenciosa. Olive Thomas tinha apenas vinte anos.

Marion Davies teve melhor sorte. Morreu em 1961, aos 64 anos. Sua reputação estava longe de ser impecável. Foi durante anos a amante de William Randolph Hearst, retratada de forma pouco elogiosa em *Cidadão Kane*, de Orson Welles. Ao contrário do que o filme sugeria, era uma atriz talentosa, tendo contracenado em mais de quarenta filmes com os maiores atores do cinema, como Clark Gable, Gary Cooper, Pat O'Brien, Bing Crosby, Leslie Howard e Robert Montgomery. Apesar de seu tartamudeio infantil, foi uma das poucas atrizes do cinema mudo que se deu bem com a chegada do som.

Marion Cecilia Douras, nascida no Brooklyn, começou sua carreira no sofá de Florenz Ziegfeld, aos 14 anos. Nas festas organizadas para apresentar jovens dançarinas aos homens ricos ela conheceu o dono de um jornal, Paul Block. Numa dessas ocasiões, ele a apresentou a Hearst. Ela tinha 17 anos; ele, 52 – e era casado.

No fim da festa ela se preparava para ir embora quando Hearst a seguiu e lhe disse: "Gostaria de vê-la logo", colocando-lhe nas mãos um relógio Tiffany. Marion ficou muito impressionada e louca para lhe mostrar sua gratidão. Mas perdeu o relógio e ficou envergonhada de lhe telefonar. Uma amiga então telefonou para ele e no dia seguinte outro relógio idêntico chegou. Mas para Marion chegar até Hearst teria que afastar sua mãe, que estava disposta a impedi-la de ter uma ligação com um homem casado.

Na praia, em Palm Beach, Marion passeava em sua bicicleta com um amigo quando apareceu o carro de Hearst. Ela caiu

Marion Davies

e ficou no chão, estatelada, numa posição extremamente pro-
vocativa. O carro parou e o grande homem cavalheirescamente
veio socorrê-la. A bicicleta foi colocada no carro e Hearst levou
a jovem ao médico. A partir deste encontro, ela passou a receber
insistentes telefonemas de um suposto "Carl Fisher", que todo
mundo sabia ser Hearst. Apesar de sua pouca idade, Marion sabia como manipular Hearst. Percebia que deveria manter uma
certa independência para mantê-lo. Passou então a se encontrar
com outros. Hearst inundava seu camarim no Follies de presentes caros e rosas. Enviou-lhe um bracelete de diamante com um
bilhete dizendo: "Envie-me a Marion. Ouvi falar muito sobre
ela e preciso vê-la." Marion lhe pediu então o lápis com o qual

escrevera essas palavras. Como ele o tinha perdido, presenteou-a com as lascas da madeira que haviam ficado no apontador. Ela as selou e guardou num envelope até sua morte.

Hearst naturalmente se valeu de seus jornais para promover a carreira de Marion. Ele prometeu fazer dela uma estrela – o que também significava que ela jamais seria a senhora William Randolph Hearst. Seus filmes eram elogiados como obras-primas pelos jornais dele e sua carreira acabou deslanchando.

Marion adorava posar de anfitriã em San Simeon, o castelo fabuloso de Hearst na Califórnia. A lista de convidados incluía nomes de celebridades de todas as áreas, como Albert Einstein, George Bernard Shaw, Charles Lindbergh, Winston Churchill. Joseph Kennedy comparecia com sua amante, Gloria Swanson. Charlie Chaplin, que as más línguas diziam ter um caso com a própria Marion, também aparecia de vez em quando. Ele estava no iate do milionário na trágica noite em que Hearst flagrou Marion nos braços de outro e matou por engano o produtor Thomas Ince. Dizia-se que este era muito parecido com Chaplin.

William Randolph Hearst

Apesar de ser uma das poucas estrelas do cinema mudo a sobreviver quando o som chegou às telas, sua carreira estava com os dias contados. Três anos mais tarde, ela se retirava para San Simeon com Hearst. Não quis que ele se divorciasse, para não dar argumentos aos seus inimigos. Em

1941, porém, o *Cidadão Kane*, de Orson Welles, apresentava uma sátira impiedosa da vida de Hearst e de sua relação com ela. O roteirista do filme, Herman Mankiewicz, soubera – possivelmente por intermédio de Louise Brooks, uma estrela de cinema mudo, e amiga de Marion –, que Hearst apelidara o clitóris da amante de Rosebud, a palavra-chave do filme. Todo o filme gira em torno da tentativa dos repórteres de desvendar o significado da palavra. No fim, desvenda-se o mistério – Rosebud era o trenó do menino Kane, que queima até desaparecer na lareira do salão de Xanadu, a versão de Welles para San Simeon.

Marion permaneceu com Hearst até sua morte, em 1951. Dez semanas mais tarde, ela se casou com um capitão da Marinha americana, Horace Brown. Oito meses depois, pediu o divórcio. Esqueceu-se de dizê-lo ao marido, que soube pelo rádio. Em vez disso, em puro estilo hollywoodiano, revelou as alegres novidades para a colunista Hedda Hopper. Nesta época, sua saúde já dava sinais de deterioração. Houve uma reconciliação e seu marido estava a seu lado quando morreu, em 22 de setembro de 1961. O funeral foi uma demonstração da grandeza das cerimônias de Hollywood. Três presidentes americanos enviaram telegramas de condolências. O caixão foi carregado por Joseph Kennedy, Bing Crosby, Glenn Ford, Dick Powell e Raoul Walsh. Foi uma homenagem digna de uma senhora cujo clitóris entrou para a história do cinema numa de suas maiores obras-primas.

Louise Brooks, cujo nome permanece ligado à indiscrição, foi uma das grandes divas silenciosas. A personificação da melindrosa, ela abandonou Hollywood e foi para a Europa, onde, como uma deusa sexual, fez três obras-primas do cinema mudo.

De seu pai, que aos noventa anos ainda se metia com as criadas, ela herdou uma insaciável curiosidade sexual. Aos nove anos, foi molestada por um pintor. Aos 14, fugiu com um artista; aos 15, entrou para uma trupe de dança contemporânea.

Louise Brooks

Logo circulavam rumores de que ela já teria passado pela cama de toda a equipe. Demitida, foi para a Broadway. Lá, apresentava-se numa companhia de dança semelhante à Ziegfeld Follies, com a diferença de que as garotas usavam menos roupas.

Louise não passou despercebida. "Em Nova York em 1924 havia um grupo selecionado de belas garotas que freqüentavam as festas dos grandes financistas e políticos", escreveu ela. "Tínhamos que ser bem-educadas e íntegras, jamais ameaçando os grandes homens com publicidade indesejada ou chantagem. Nestas festas, não éramos solicitadas, como as prostitutas, a ir para a cama com qualquer um deles, mas se fôssemos, tínhamos muito a ganhar. Dinheiro, jóias, casacos de pele ou um contrato para um filme – podíamos escolher."

Um dos senhores que Louise conheceu e que se interessou especialmente por ela foi um ricaço da imprensa canadense, lorde Beaverbrook, que ela descreveu como "um horrível homenzinho grisalho que atacava direto, sem meios-termos".

Louise criava sensação vestindo-se o mínimo possível, no palco e fora dele. Depois de alguns escândalos sem maior conseqüência, ela foi para a Europa, onde se tornou a primeira garota a dançar o charleston em Londres. De volta a Nova York, Ziegfeld imediatamente a contratou para as suas Follies. Louise aumentava seu orçamento posando nua. Acabou demitida por sua desinibição e foi apresentada por um amigo ao produtor Walter Wanger, diretor da Players-Lasky. Na entrevista, ele lhe pediu que demonstrasse seu talento para o cinema. Ela tirou toda a roupa, alongou-se no sofá e lhe revelou seus talentos. Ele a contratou e quando sua companhia, que se tornaria depois parte da Paramount, foi para Hollywood, Louise foi junto.

Seu primeiro filme, *A Vênus Americana*, transformou-a num ícone erótico. Teve então um caso, que durou dois meses, com Charlie Chaplin. "Ele era um amante sofisticado", disse ela. "Mas sua paixão por mocinhas, sua obsessão por lolitas, o fazia crer que podia seduzir uma jovem apenas com seu prestígio."

Quando seu filme foi lançado, o fotógrafo de Nova York para quem ela posara nua tentou vender as fotos e ela fez de tudo para impedi-lo. Tinha a intenção de se casar um dia e, como disse aos jornalistas, "o que pensaria meu marido vendo uma fotografia de sua mulher envolta apenas num lencinho?" O escândalo só ajudou sua carreira.

Em 1926, quando filmava *It's the Old Army Game*, o diretor Eddie Sutherland se apaixonou por ela. Depois de ser bombardeada por insistentes pedidos, ela aceitou se casar com ele. Em seguida, envolveu-se com o ator Buster Collier, com quem contracenaria em seu filme seguinte, *Just Another Blonde*. Sutherland, que viajara, voltou para o casamento, ignorando o que se passara com sua noiva. A lua-de-mel foi curta e os dois se separaram de novo. O trabalho os mantinha separados, mas isto não significava nenhuma castidade por parte de Louise. Vestida de homem em alguns filmes teve até algumas experiências com o lesbianismo – uma delas, uma noite com Greta Garbo.

Mas o que realmente chocou foi sua aventura com Jack Pickford. Todo mundo em Hollywood soube, inclusive seu marido. Sutherland reclamou que as infidelidades dela o tinham tornado impotente e buscou refúgio no divã de um analista. Ela pediu o divórcio e ele tentou o suicídio, recuperando-se, segundo Louise, "com a ajuda de algumas festas e belas garotas".

Louise Brooks

Ela se tornara um sucesso de bilheteria, apesar de sua reputação de estrela errática, devido à sua vida sexual escandalosa. Seu destino era a Europa, contratada por George W. Pabst para fazer *A Caixa de Pandora*. O ambiente decadente de Berlim a fez sentir-se em casa. "O sexo era o negócio daquela cidade", ela revelou. "O café do hotel Eden, onde eu vivia, era repleto de prostitutas de luxo. As mais humildes rodavam a bolsinha na rua em frente. Na esquina ficavam as garotas de botas, especialistas em sadomasoquismo. Os agentes das atrizes intermediavam os favores concedidos nos luxuosos apartamentos do quarteirão bávaro. O cabaré Eldorado expunha um sedutor grupo de homossexuais vestidos de mulher. No Maly, havia a escolha entre lésbicas femininas ou de colarinho e gravata."

Mesmo antes de o filme começar a ser rodado, Louise causara sensação simplesmente por ter sido escolhida para fazer o papel de Lulu. Principal personagem de dois dramas de Benjamin Frank Wedekind, essa é uma das mais famosas figuras femininas da literatura alemã; uma mulher totalmente amoral, que despreza os valores burgueses. Quando Wedekind a apresentou em sua peça *Erdgeist*, de 1898, foi condenado tanto pela Igreja quanto pelo Estado como um "arquipornógrafo" e preso por satirizar a sociedade alemã e ofender o *kaiser* (o chefe de Estado alemão). Ao decidir levar a segunda peça sobre Lulu, *A Caixa de Pandora*, às telas, Pabst passou dois anos à procura da atriz capaz de personificá-la. Seiscentas garotas foram testadas. Pabst recusou Marlene Dietrich e nem mesmo chegou a considerar Greta Garbo, que descobrira em 1921. Quando viu Louise Brooks no filme de Howard Hawks, *A Girl in Every Port*, soube que havia descoberto Lulu.

"Lulu foi finalmente encontrada", proclamaram as manchetes dos jornais. Louise adorou a popularidade que o filme lhe proporcionou. As cenas de amor mais íntimas, com o ator Gustav Diessel, foram filmadas com a presença unicamente de Pabst. No entanto, a censura foi implacável com o filme, mesmo na França, por sua representação ostensiva de sexo, lesbianismo, incesto e prostituição. Mais de um terço do filme foi cortado. Nos Estados Unidos, a cópia já censurada foi refilmada e transformada numa versão mais edificante. Em vez de morrer nas mãos de Jack, o Estripador, Lulu entra para o Exército da Salvação. Não é preciso dizer que o filme causou um enorme escândalo.

O pior ainda estava por vir. De volta a Hollywood, Louise

recusou-se a refilmar seus filmes mudos para irritar a Paramount, apesar de lhe terem oferecido 10 mil dólares para fazê-lo. Em retaliação, Schulberg declarou que sua voz não soava bem nas gravações – o que era fatal na era do som.

Ela retornou à Europa e Pabst a contratou para seu filme seguinte, *O Diário de uma Perdida*. Louise se encantou com Sepp Allgeier, um musculoso operador de câmera, namorado de sua co-estrela e rival, a atriz Leni Riefenstahl. No filme, Louise representa uma prostituta que acaba em um reformatório dirigido por uma lésbica sádica, representada por Valeska Gert. Na vida real, as duas começaram a freqüentar juntas bares *gays*, o que deixou Pabst muito irritado.

De novo os censores estraçalharam o filme, que foi ignorado por críticos e público, que já não tinham nenhum interesse pelo cinema mudo. O filme jamais foi exibido nos Estados Unidos, assim como o trabalho seguinte de Louise, *Prêmio de Beleza*. Fora de Hollywood, sem saber falar francês ou alemão, Louise já não tinha utilidade alguma na era do cinema falado. Sua única alternativa era voltar aos Estados Unidos. Tinha 23 anos e estava no auge de sua beleza, mas jamais voltaria a representar um papel principal no cinema. Por fim, acabou conseguindo um contrato com a Columbia, mas foi descartada por ter-se recusado a dormir com Harry Cohn. Ficava diante do escritório do produtor vendo o vaivém de garotas nas sessões da tarde do teste do sofá. Seu problema, como um amigo observou, era que ela era muito degenerada para alguns, em Hollywood, e não o suficiente para outros.

Louise acabou na dependência dos homens com os quais vivia esporadicamente, e bebendo demais. Escreveu um romance veladamente autobiográfico, *Naked on My Goat*. O livro detalhava as aventuras eróticas da heroína com personalidades facilmente identificáveis, algumas das quais ainda vivas, o que tornou sua publicação impossível. Na década de 1960, *A Caixa de Pandora* se tornou um *cult* e Louise Brooks foi redescoberta como uma deusa sexual. O crítico Ken Tynan denominou-a "a imagem mais sensual de mulher impressa no celulóide". Em sua vida pessoal, disse ele, "era uma hedonista convicta – a única caçadora de prazeres em estado puro que conheci". Apesar de Louise ter rechaçado o perfil que Tynan fez dela para a revista *The New Yorker* como "fofoca sexual", ele resgatou sua celebridade.

A atriz não deixou a oportunidade escapar. Em suas memórias, *Lulu em Hollywood*, revelou abertamente tudo sobre sua vida sexual e a libertinagem reinante na indústria cinematográfica. Louise Brooks morreu de um ataque cardíaco em 1985, com 78 anos.

Outra grande estrela do cinema mudo que não resistiu ao advento do som foi Clara Bow. No entanto, não foi a discrepância entre sua sofisticada imagem na tela e seu horroroso sotaque do Brooklyn que levou sua carreira ao declínio. Foi um fulminante escândalo sexual. O que, para os que a conheciam, não era nada surpreendente.

Clara teve em doses generosas tudo que Hollywood podia oferecer a suas estrelas: sucesso, homens e escândalos. Artista da Paramount, foi personificando a "femme fatale" que chegou ao estrelato. Trabalhou com o refinadíssimo diretor Ernst Lubitsch, que revelou toda sua sensualidade sem jamais resvalar para a vulgaridade. Em 1929, ela era uma das atrizes mais bem pagas de Hollywood. Desinibida e sensual, ao estrelar a versão cinematográfica de um romance de Elinor Glyn, chamado *It*, cristalizou uma imagem. Dizia-se que ela tinha "it" e assim ela se tornou a "garota do it".

Em seu filme seguinte, *Children of Divorce*, contracenou com Gary Cooper, já famoso por suas proezas sexuais. O noivado de Clara com o diretor Victor Fleming não inibiu os dois, que

Clara Bow

se apaixonaram. O romance terminou somente porque o pai de
Cooper, um severo juiz de Montana, desaprovava suas ligações
com uma garota tão escandalosa.

Como o casamento não era uma carreira interessante para
ela, seus inúmeros casos lhe valeram a reputação de ninfomaníaca. Mas a história mais lúbrica que circulou a seu respeito – e
que abalou sua carreira – foi a de que teria tido relações sexuais
com todos os jogadores do time de futebol da Universidade da
Califórnia do Sul. A história teve um começo bem inocente.

Clara foi assistir a uma partida da equipe e ficou fascinada com os uniformes e os músculos dos jogadores. Depois do jogo, telefonou para Drury, o capitão do time. Saíram juntos, mas ou por cavalheirismo, ou por ser verdade, ele afirmou que nada tinha acontecido entre eles.

A partir de então, depois de cada partida o time era convidado para ir à nova casa em estilo espanhol de Clara, em Beverly Hills. O que exatamente se passava nestas festas passou a fazer parte da lenda. Segundo alguns, dançava-se inocentemente. Segundo outros, nos jardins da casa todos jogavam futebol inteiramente nus, sendo regiamente recompensados com os favores de Clara. Inclusive um jogador de defesa do time, um desconhecido chamado Marion Morrison. Mais tarde, ao deixar a universidade, ele entrou para o cinema e mudou seu nome para John Wayne.

Nada disso teria passado dos limites costumeiros dos mexericos de Hollywood se a criada de Clara, Daisy DeVoe, não tivesse resolvido chantageá-la. Clara tinha um caso com o ator

Marion Morrison

Rex Bell, que não se importava com suas outras relações, desde que fosse sincera com ele. Daisy e Bell não se davam – cada um achava que o outro tirava vantagem de Clara. A situação se tornou incontrolável quando Daisy descobriu que ele pretendia despedi-la. Apossou-se então dos talões de cheque, jóias, contratos e de algumas das cartas de amor de Clara e levou para casa, onde pensava guardar tudo até que pudesse revelar as intenções de Rex. Mas Clara não gostou de sua atitude e a demitiu. Sem emprego e sozinha, Daisy exigiu 125 mil dólares para não entregar as cartas à imprensa. Tratava-se, evidentemente, de uma chantagem, e Bell decidiu chamar a polícia. Para o estúdio, que poderia ter resolvido a questão sem muito barulho, foi a gota d'água. Clara já estava envolvida em mais escândalos do que se podia suportar. E mais, ela já não era a grande estrela de outros tempos; estava se tornando um problema.

O caso foi a julgamento e Daisy foi acusada de tentativa de extorsão. Sua defesa valeu-se de uma tática inteligente: revelou detalhes da correspondência de Clara para desvendar seu estilo de vida pouco recomendável e enfraquecer a acusação. A estratégia funcionou. O público americano ficou chocado ao descobrir os hábitos e preferências da "garota do it", descritos de próprio punho.

Além disso, Daisy declarou que na verdade o dinheiro e as jóias que a acusavam de ter roubado lhe tinham sido dados por Clara. Esta provavelmente se esquecera disto, pois freqüentemente estava "bêbada demais para conseguir assinar seus próprios cheques ou se lembrar de com quem passara a noite". Revelou também o que ocorria durante as festas de sua patroa para o time de futebol. O júri considerou Daisy culpada de apenas uma das acusações e ela passou dezoito meses na prisão. Clara acabou pedindo clemência para a antiga empregada, sabendo que contara apenas uma pequena parte do que sabia. Apesar disto, o escândalo foi demais para a sua já cambaleante carreira. Seu filme seguinte foi um fracasso.

Um jornal sensacionalista chamado *Coast Reporter*, afirmando ter um contrato com Daisy, continuou o trabalho de demolição. Passou a publicar a lista de supostos amantes de Clara, que incluía seu primo Billy e seu motorista. Ela também teria relações com outras mulheres e mesmo com animais.

Clara tinha apenas 25 anos quando tudo isto aconteceu. Incapaz de trabalhar, a Paramount suspendeu seu contrato. Apesar de tudo, seus filmes ainda eram bem-sucedidos nas bilheterias e ela acabou por assinar um novo contrato, agora com a Fox. Seu filme seguinte, *Call Her Savage*, tinha tudo o que se podia esperar de uma tal mulher: bebidas, sexo, chicotadas, estupro e sífilis. Havia inclusive uma cena em que ela rolava no chão com um cão. Seus fãs adoraram.

Rex Bell

Mas sua carreira não deslancharia mais. Desistiu do cinema, afirmando: "Eu não gostaria de ser lembrada como a garota que não conseguia fazer mais nada além de tirar a roupa." Retirando-se para a vida privada, teve dois filhos. Recusou-se a escrever suas memórias, para não embaraçá-los. "Há muitas coisas na minha vida que poderiam causar-lhes constrangimento."

Clara Bow morreu em 1965, com sessenta anos.

O MELHOR AMANTE DO MUNDO

O maior amante das telas foi um moreno italiano, de olhar hipnótico, pés ligeiros e cintura elástica conhecido como Rodolfo Valentino. Filmes como, *Camille*, *Passions Playground* e *Uncharted Seas* criaram uma imagem e cristalizaram sua reputação como o maior conquistador de Hollywood. Galante, ele seduziu Pola Negri espalhando pétalas de rosa em sua cama – o "ato de amor perfeito", segundo ela. Maldosas vozes discordantes, no entanto, diziam, talvez por inveja, que ele era homossexual. O fato é que seus dois casamentos foram com lésbicas reconhecidas. Nos tribunais, foi obrigado a confessar não tê-los consumado. Quanto ao primeiro, ele dizia a verdade, como todos sabiam. Quanto ao segundo, ele o fez para livrar-se de uma condenação por bigamia, que acabaria com sua carreira. As dúvidas, porém, jamais foram dissipadas.

Rodolfo Guglielmi di Valentina d'Antonguolla nasceu na pequena cidade de Castellaneta, na Itália. Desde menino, sua beleza já causava admiração. Aos 11 anos, foi mandado para um colégio de agricultura em Taranto e colocado como pensionista no Instituto Manzoni, um convento para meninos e meninas. Sua adolescência ali foi bastante agitada. Bem cedo ele começou a se gabar de seus feitos sexuais. Nem as surras dos pais das meninas que seduzia nem a ameaça das chamas do inferno, feitas pelos padres, diminuíram os ardores do jovem Casanova. Em

Rodolfo
Valentino

sua primeira visita de volta a Castellanata, levou consigo uma cantora popular, uma jovem deslumbrante com quem se exibiu em toda parte na cidade. Acabou expulso da escola depois de seduzir a filha de um empregado.

Com o consentimento de sua mãe, foi para Paris procurar emprego. Na verdade, ficou perambulando pelos bares e cafés, assistindo aos espetáculos. O que de fato o atraía eram as dançarinas nuas. "A nudez é a coisa mais bonita do mundo", escreveu ele. Mas na época sua admiração pelas mulheres era puramente intelectual. Um velho pederasta, Claude Rambeau, tentou seduzi-lo, mas ele resistiu. Mais tarde acabou rendendo-se, mas a experiência o deixou com uma sensação desagradável. E no dia seguinte voltou para Castellanata. Suas experiências em Paris deixaram-no ansiando não por sexo, mas pelo "amor puro".

Sua ambição juvenil era ir para os Estados Unidos tentar a sorte. Faltava-lhe, porém, dinheiro para a travessia. Até que, cansada das complicações com as famílias das jovens que ele seduzia, sua mãe lhe deu o suficiente e ele embarcou na terceira classe do *Cleveland*. Em Nova York, a vida de um imigrante recém-chegado era dura. Enquanto aprendia inglês, fazia bicos para sobreviver. Arranjou emprego como jardineiro, mas bateu com a motocicleta de seu patrão ao exibir-se para garotas e foi demitido. Viu-se sem casa, sem dinheiro e pensando em suicídio. Viveu algum tempo nas ruas, até encontrar um emprego em um conhecido restaurante italiano, como ajudante de garçom.

Imigrante sem tostão, durante dezoito meses Rodolfo só pôde suspirar pelas mulheres. Seus colegas de trabalho apresentaram-no em bailes em que mulheres solitárias, casadas ou solteiras, buscavam companhia. Um garçom ensinou-lhe os rudimentos da valsa e do tango. Sua aparência diferente, sua voz profunda, seu sotaque e seus olhos magnéticos rapidamente fizeram dele o dançarino mais popular do circuito. Mulheres pagavam para dançar com ele ou simplesmente sentar a seu lado. Logo, como gigolô ele passou a ganhar seis dólares por dia, mais do que o salário de uma semana de um ajudante de garçom. As mulheres brigavam por ele no salão, davam-lhe presentes, pagavam para levá-lo para casa. Quando fez vinte anos, já conseguira o suficiente para ter um pequeno apartamento de dois quartos na Rua 61 e um rico guarda-roupa, com belos ternos.

Era um mestre em seu negócio, profissional discreto e arguto. Praticava durante horas diante do espelho, aperfeiçoando seu olhar. Suas roupas eram meticulosamente medidas para explorar as formas perfeitas de seu corpo. Colava o cabelo com brilhantina e raspava o bigode. Coreografava todos os seus movimentos, ensaiava modos de agradecimento e de beijar as mãos. Sabia que sua aparência e seus modos, que lhe valeram o apelido de "Rudy, o Pavão", chocavam alguns como efeminados. Ele não se importava: melhor um pavão do que um pardal, dizia. As mulheres o viam como um "animal sensual". Além disso, ao contrário dos homens da época, jamais negou seu lado feminino, o que o tornava ainda mais irresistível.

Ele aperfeiçoou de tal modo suas habilidades como dançarino que logo se tornou um profissional do tango. Seu grande problema passou a ser a dificuldade de pronúncia de seu nome, Rodolfo Guglielmi. Tentou mudá-lo para Rodolfo di Valentina, mas só encontrou a solução quando se definiu por Rodolfo Valentino.

Contratado pelo Maxim's como dançarino, fez um sucesso espetacular. Depois de seu número, ele devia dançar com as clientes ou sentar-se com ricas mulheres da sociedade. Uma noite, foi conduzido à mesa de Bianca de Saulles, uma rica herdeira chilena, cujo marido, Jack de Saulles, era notório por sua infidelidade. Cansada disso, sua mulher estava disposta a pagar-lhe na mesma moeda. Ela e Valentino formaram um casal tão sensacional que os freqüentadores do Maxim's pararam para vê-los dançar o tango. No dia seguinte, ela foi ao seu apartamento e assim teve início uma longa história de amor.

Valentino, realmente apaixonado, estava decidido a ser fiel a Bianca e para isto teve que se livrar das mulheres que o assediavam. A polícia, nesta época, mostrava um interesse todo especial pela exploração sexual nos cabarés. Vários gigolôs haviam sido acusados de prostituição e as freqüentadoras ricaças se afastavam deles, com medo do escândalo. Mas ficavam com "síndrome de abstinência" e, para escapar de seu assédio, Valentino deixou o Maxim's. Formou um par com a dançarina Bonnie Glass, ganhando menos de início, mas aumentando aos poucos seus rendimentos. Fizeram uma turnê pelo litoral da costa leste americana, cujo ponto culminante foi uma apresentação para o presidente Woodrow Wilson, em Washington. Mas Bonnie tirou a sorte grande e se casou com um milionário.

Joan Sawyer e Carlos Sebastian

Valentino passou então a se exibir com Joan Sawyer, que não o apreciava muito.

Ele e Bianca estavam cansados de uma situação aparentemente insolúvel. Ela lhe sugeriu que seus problemas poderiam ser resolvidos se ele conseguisse induzir Joan a ir para a cama com seu marido, Jack. Com a acusação de adultério, Bianca conseguiria o divórcio e ela e Valentino poderiam casar-se.

Seguindo o plano, Valentino apresentou os dois em uma festa. De Saulles e Joan caíram na armadilha e Bianca apresentou seu pedido de divórcio. Com o testemunho do adultério apresentado ao tribunal por Valentino, ela conseguiu a liberdade.

Mas seu ex-marido ardia por vingança. Foi à polícia e denunciou Valentino como integrante de um grupo que explorava a prostituição. Ele permaneceu preso por alguns dias, como testemunha material do caso. Bianca, em litígio pela custódia de seus filhos, desesperou-se, atirou no ex-marido e o matou. Quando foi presa, Valentino, já liberado, percebeu que qualquer espécie de ligação com ele só a prejudicaria e afastou-se da cidade.

Depois de se apresentar como corista em uma comédia musical, ele foi para Hollywood, conseguindo apenas alguns papéis como figurante por algum tempo. Para sobreviver, dançava nos cabarés mais duvidosos, dava aulas de dança, recebia mulheres em seu pequeno quarto em Santa Mônica. Após algumas experiências desagradáveis, ele acabou reassumindo seu velho papel de gigolô.

Uma noite, a estrela de cinema Mae Murray e seu marido, o diretor Bob Leonard, entraram no Vernon Club, onde Rudy se apresentava. Impressionados com o notável bailarino, Murray e Leonard quiseram saber quem era. A resposta, pouco alentadora, foi: "um gigolô italiano". Mas ela não se deixou impressionar. Fez depois o marido telefonar para Valentino e lhe oferecer o papel principal masculino em seu novo filme, *A Pequena Grande Pessoa*.

Durante as filmagens, ficou claro para todos os que os observavam que as cenas de amor não exigiam muitos esforços de interpretação dos dois. O filme foi um sucesso imediato. Mae insistiu em estrelar com ele sua fita seguinte, *O Delicioso Pequeno Diabo*. A paixão entre os dois se mostrou ainda mais incandescente e as platéias adoraram. Mas desta vez o marido se cansou e declarou que não haveria um terceiro filme com a dupla. Generosamente, porém, recomendou Valentino a Paul Powell, para trabalhar com a jovem Carmel Meyers, em *A Society Sensation*.

Aos 23 anos, Valentino impressionou a jovem de 15 anos. Mas a mãe dela, provavelmente assustada com a desenvoltura dos dois depois de uma cena de banho, entrou em cena e os afastou.

Valentino aproveitou o dinheiro ganho para melhorar sua imagem. Nos fins de semana, podia-se vê-lo com seus dois cães de caça russos passeando pelas praias de Santa Mônica, metido em um costume de banho branco. Ou descendo as avenidas em seu Mercedes conversível, exibindo belas mulheres ao seu lado. Desesperado por reconhecimento, aceitava qualquer convite que o pusesse em contato com os poderosos e influentes na indústria cinematográfica.

Dagmar Godowsky convidou-o, um dia, para uma festa num restaurante de Santa Mônica. Lá, ele o apresentou à grande estrela russa do cinema mudo, Alla Nazimova. Ela não teve nenhuma condescendência. "Como você ousa trazer este gigolô à minha mesa?", disparou. Para completar sua humilhação, ela contou aos presentes o caso dele com Bianca de Saulles em Nova York. Bianca fora absolvida, mas o caso arrasara a reputação de Valentino. Ele saiu do restaurante aos prantos, acreditando que sua carreira havia terminado ali, pois logo os mexeriqueiros se encarregariam de espalhar aos quatro ventos o que acontecera. Mas o feitiço virou contra o feiticeiro. Em vez de simpatizar com os insultos de Nazimova, muita gente se solidarizou com Valentino. Inclusive uma atriz da Metro, Jean Acker, do círculo de amigas lésbicas de Nazimova.

Valentino e Acker tiveram a oportunidade de se conhecer numa festa. Com cabelos curtos, cortados em estilo masculino, ela usava um terninho, blusa branca e gravata. Os dois ficaram mutuamente encantados. Valentino apreciou sua conversa de homem para homem com ela, despojada dos habituais trejeitos sedutores que as mulheres lhe dedicavam. Quem os viu, completamente absortos, se divertiu, pois Acker era conhecida por suas ligações com Nazimova. Valentino, ciosíssimo de sua reputação viril, poderia se interessar por alguém com as inclinações de Acker? O fato curioso é que, como ele reconheceu, estava se apaixonando por aquela mulher estranhíssima. Teve a coragem de não esconder seus sentimentos e, para sua desgraça, logo em seguida os dois se casaram.

Depois da festa de casamento, alguns convidados mais extrovertidos correram para os fundos do hotel em que os noivos passariam a noite de núpcias, para as habituais brincadeiras de mau gosto com os recém-casados. Mas foram surpreendidos por uma furiosa algazarra. Jean gritava que o casamento havia sido um engano horrível. Ela não o deixaria aproximar-se dela, pois seu corpo lhe dava náuseas. O escândalo foi tamanho que o noivo se viu

Viola Dana

obrigado a retirar-se. Separava-se dela exatamente seis horas após o casamento. Este, como todo mundo em Hollywood soube, não fora consumado. O "Grande Amante" teve que engolir seu orgulho e enfrentar corajosamente as inevitáveis piadinhas maldosas. Para salvar sua reputação, Valentino seguiu o conselho de um de seus amigos: "Vá ao maior número de festas que puder e circule pela cidade sempre com belas garotas."

Os amigos de Acker afastaram-se dele; muitos se divertiram, pelas costas, com sua desgraça. Havia, porém, e ele sabia disto, um lugar em que ninguém poderia menosprezá-lo: as pistas de dança. Logo formou par com uma grande estrela de Metro, Viola Dana. Ela resgatou sua imagem de gigolô rejeitado e, com o orgulho recuperado, ele voltou ao cinema em *Passions's Playground* e *The Cheater*. Foi Viola quem apresentou Valentino ao chefão do estúdio da Metro, Lewis Selznick, que se interessou por ele. Selznick aumentou seu salário e contratou-o para vários filmes que deveriam ser rodados em Nova York.

O retorno de Valentino a Hollywood foi um triunfo. Ofereceram-lhe o papel principal em *Os Quatro Cavaleiros do Apocalipse*. As mulheres já não o deixavam mais em paz. Mesmo Jean Acker, que se recusara a responder suas cartas, passou a reclamar que o marido não lhe dava assistência. Ela entrou com um pedido de pensão, alegando que ele a abandonara. Valentino, ao saber, ficou furioso, quebrando toda a louça do carrinho que um nervoso garçom lhe trouxera em sua suíte de hotel. Jurou que jamais voltaria a ser enganado. E contra-atacou, pedindo divórcio e uma audiência para dali a seis meses.

Enquanto isto, *Os Quatro Cavaleiros do Apocalipse* tinha uma estréia apoteótica em Nova York, Boston e Chicago. Uma estrela surgia, que acelerava a pulsação das mulheres em todo o mundo. Mesmo Alla Nazimova teve que engoli-lo. Uma tarde, ela parou para ver Valentino ensaiando no estúdio. Com ela estava uma de suas amigas, que imediatamente chamou a atenção do ator. Era Natasha Rambova, conhecida como "pingente de gelo" por seus modos nada encorajadores. Ela se chamava na verdade Winifred Hudnut e era enteada de um milionário americano da área de cosméticos. Estudara dança com Theodore Kosloff, do Balé Russo. Fora este que a rebatizara durante uma turnê pelos EUA, para que não causasse estranheza entre os exóticos nomes dos dançarinos russos.

Valentino estava desesperado para conhecê-la, mas ainda se ressentia de Nazimova. Ela mesma, porém, realizou seu desejo. Não gostava dele, mas não era idiota. Ele se transformara no astro mais procurado de Hollywood e ela desejava atuar com ele num filme que produziria, *Camille*. Ao discutirem a proposta, Nazimova o apresentou a Natasha, que era sua diretora de arte e estilista. Valentino não perdeu tempo. Curvou-se e beijou-lhe

Natasha
Rambova

a mão, lançando-lhe um de seu olhares fulminantes. Estranhamente, não causou nenhum efeito. O tiro saiu pela culatra, pois
ela o deixou nervoso com seu desprezo.

Durante as filmagens, ela cuidava do figurino dos atores.
Um dia, percebeu que havia algo errado com as roupas de Valentino e o acompanhou ao seu camarim. O desaparecimento
dos dois prolongou-se e mandaram um jovem assistente, Harry
Grieve, atrás deles. Ele bateu na porta de Valentino. Não tendo
resposta, entrou. Surpreendeu, e interrompeu, os prazeres de
Natasha e Rudy na cama, nus e enroscados. Cinco minutos mais

tarde, Valentino reapareceu, inteiramente composto, com Natasha arrastando-se atrás dele, atarantada. Aparentemente, o gelo fora derretido. A reputação do amante latino subiu inúmeros pontos quando o fato se espalhou.

Mas Natasha era páreo para ele. Os mexericos que circulavam sobre suas relações com Nazimova e um grupo de garotas lésbicas eram apimentados. Valentino recusava-se a crer na existência de um "harém" de Nazimova, do qual Natasha faria parte. Para ele, ela era a mulher perfeita; queria casar-se e ter filhos com ela. Antes, porém, um problema precisava ser solucionado: ele ainda estava legalmente ligado a Jean Acker. Natasha, criativamente, ajudou-o a resolver a questão. Contrataram um fotógrafo para tirar algumas fotos comprometedoras dos dois e as enviaram para Jean. Esta percebeu que se tratava de uma armação. Mesmo assim, mandou-as para seus advogados.

Natasha passou a interessar-se pelos rumos de sua carreira. Instigou-o a pedir aumento de salário, dizendo-lhe que o estúdio chegara ao que era graças a ele. Mas o diretor Rex Ingram negou o pedido, declarando-lhe ser capaz de transformar qualquer figurante de boa aparência em um Valentino. Sob a influência de Natasha, Valentino passou a comportar-se como uma *prima donna*, esnobando tudo e todos. Chegou a tal ponto que ninguém mais queria trabalhar com ele e, por conta disso, ficou oito meses sem emprego. Para economizar, mudou-se para o pequeno bangalô de Natasha. Mas então veio *O Sheik*.

O livro tinha sido arrasado pela crítica, que o abominara. Contava a história de uma jovem inglesa raptada por um xeque árabe, que literalmente a domara. Era um best-seller e Jesse Lasky comprou os direitos de filmagem. Ele compreendeu que o sucesso do filme dependeria do apelo erótico do perverso, mas terno, xeque. E uma imagem surgiu-lhe na mente para representá-lo:

Valentino como
o Sheik

a de Valentino. Natasha não gostou da idéia e implorou-lhe que não o fizesse. Ela acreditava que, em vez de consagrá-lo como um artista, o filme apenas confirmaria a impressão de gigolô que o público tinha dele. O fato é que ele não poderia recusar a chance, pois precisava do dinheiro.

A história foi mais uma vez condenada pelos críticos, mas o filme foi um sucesso instantâneo. Quebrou todos os recordes de bilheteria: 125 milhões de pessoas o viram. Todos os que viravam o nariz desdenhosamente para Valentino foram obrigados a render-se, mesmo os esnobes de Nova York. As maiores vítimas foram as mulheres, que ficaram, no mundo inteiro, literalmente transtornadas. Sua reputação de amante ideal espalhou-se pelo mundo inteiro. Seu divórcio, porém, logo a arranhou. Pois ele acabou sendo concedido, mas com o reconhecimento de que o casamento jamais havia sido consumado. Todo mundo soube também que, um mês depois de seu casamento, ele e Jean haviam passado uma noite juntos em seu apartamento, mas de novo nada acontecera. Apesar disto tudo, Valentino ainda acabou condenado a pagar uma indenização à ex-mulher.

Seu filme seguinte, *Além dos Rochedos (Beyond the Rocks)*, também não agradou à exigente Natasha, que o considerou um "insulto aos seus talentos". Ele deveria atuar ao lado de Gloria Swanson. Natasha, sabendo de quem se tratava, exigiu acesso livre aos estúdios durante as filmagens, para manter o controle hipnótico que tinha sobre ele e que perturbava todo mundo.

Com sua interpretação do destemido toureiro em *Sangue e Areia,* Valentino conseguiu transformar a recém-criada Paramount em um dos gigantes da indústria cinematográfica. Em meio ao enorme sucesso, porém, uma surpresa indesejada esperava por ele. O maior astro da Paramount, por pura impaciência, infringira a lei, tornando-se bígamo. Em 13 de maio de 1922, ele e Natasha haviam cruzado a fronteira com o México e se casado. Na verdade, não tinham condições legais para fazê-lo. A sentença de seu divórcio de Jean Acker não era definitiva e só seria confirmada um ano depois.

Ele desfrutava sua lua-de-mel em Palm Springs quando foi informado de seus problemas com a justiça. Seu primeiro impulso foi fugir, mas avisaram-no que, se o fizesse, jamais o perdoariam. Deveria ser sensato e puxar pela imaginação do público, especialmente das mulheres ardentes e românticas. Afinal, era o "Grande Amante": a culpa de tudo se devia a uma paixão irresistível, que o deixara cego para as conseqüências legais de seu novo casamento.

Natasha fugiu e escondeu-se, enquanto Valentino se apresentou às autoridades e entrou com um recurso. Sua fiança foi estipulada em vinte mil dólares que, sendo domingo, ele não tinha como pagar. E então o maior artista de Hollywood, o ídolo das mulheres, foi jogado numa cela junto a bêbados e marginais de toda espécie. Valentino ficou furioso. Quando seus amigos conseguiram juntar o dinheiro para pagar a fiança, obviamente todos os repórteres de Los Angeles já se encontravam na porta da cadeia. Mas ele não se deixou intimidar. Improvisou e interpretou sua libertação como uma cena de seus filmes. Errara, ele o confessava, mas apenas por amar demais.

Uma armadilha ainda mais cruel estava armada para ele. Os diretores do estúdio lhe disseram que somente escaparia da acusação de bigamia se seu novo casamento não houvesse sido consumado. Esta situação, terrivelmente embaraçosa para qualquer um, acontecia justamente com alguém que, apenas alguns meses antes, escandalizara o mundo inteiro com as notícias da não-consumação de seu primeiro casamento. E, ironia das ironias, com alguém que era considerado o maior amante do mundo. O que pensariam dele? Valentino não poderia agüentar tal humilhação. Seus advogados, porém, informaram-no de que esse seria o mal menor, pois a alternativa era enfrentar uma condenação que poderia variar de um a cinco anos, além de uma possível deportação e o fim definitivo de sua carreira no cinema.

No tribunal, Valentino abaixou sua cabeça quando declarou ao juiz que jamais havia estado na cama com sua suposta esposa no quarto de hotel em Palm Springs. Na sua noite de núpcias, afirmou ele, dormira em outro quarto com outros homens. Na noite seguinte, dormira em um sofá numa varanda. Sete testemunhas juraram que, desde seu casamento, Valentino e Natasha não haviam permanecido juntos sozinhos. Valentino foi liberado, mas o promotor ainda podia apelar. E isto significava que ele e Natasha deveriam forçosamente permanecer separados até a sentença final de seu divórcio de Jean Acker.

Havia, no entanto, aqueles que estavam adorando toda a publicidade em torno do infeliz caso: os diretores do estúdio. Nenhuma quantia no mundo seria suficiente para comprar a exposição que o caso de bigamia trouxera para sua maior estrela. Além disso, Valentino conseguira agradar a todos. Ao jurar que não tivera relações com sua esposa, Valentino encantara os puritanos. Quanto aos outros, ninguém, obviamente, acreditava em uma única palavra do que ele declarara.

O mais espantoso é que pode ser que ele realmente estivesse dizendo a verdade. Apesar de suas relações com Nazimova e Valentino, Natasha tinha opiniões muito particulares sobre o casamento. Para ela, uma união sincera era somente espiritual, pois assim ela considerava o verdadeiro amor, não contaminado pelo volúvel desejo carnal. No lugar de sexo, ela oferecia espiritualidade. Muitos de seus amigos acreditaram que, de fato, eles jamais tiveram outro tipo de relação.

Natasha Rambova permaneceu no interior do Estado de Nova York, mas mesmo longe ainda podia interferir em sua vida. Desenhou uma exótica roupa, coberta de ornamentos e bordados, que ele deveria usar no filme *O Jovem Rajá*. Era totalmente diferente das que usara em *O Sheik* e *Sangue e Areia*, que enfatizavam seu lado viril e o mostravam como as mulheres gostavam de vê-lo. O filme foi um fiasco.

Por insistência de Natasha, Valentino exigiu total controle artístico sobre seus filmes. A Paramount recusou e ele se demitiu. A produtora então entrou com uma ação proibindo-o de trabalhar em qualquer outra companhia cinematográfica. Para conseguir algum dinheiro, ele e Natasha foram obrigados a apresentar-se como dançarinos em uma turnê. O divórcio de Acker finalmente saiu e eles tentaram casar-se em Chicago, mas frustraram-se outra vez. A lei do Estado de Illinois exigia um ano de espera depois de um divórcio para que outra licença de casamento fosse expedida.

Em 14 de março de 1923, eles se casaram secretamente em Indiana. Passaram a lua-de-mel num luxuoso vagão de trem com espelhos dourados, tapetes turcos e pinturas a óleo. A turnê como dançarinos, com Valentino exibindo-se vestido de gaúcho e Natasha, em estilo flamengo, foi um sucesso. Sua biografia foi serializada pela revista *Photoplay*; seus filmes voltaram ao cartaz e Valentino publicou um livro de poesias de amor, chamado *Sonhando Acordado*. Ele declarou que o escrevera durante o ano em que fora obrigado a ficar longe de sua mulher. Seus versos venderam aos milhares. Os poemas não eram apenas para sua amada Natasha, mas dedicados também às suas fãs. Natasha, porém, revelou ao público que adorava a verdadeira origem dos poemas: Walt Whitman, Elizabeth e Robert Browning, e outros poetas mortos, ditados do "outro mundo".

Por toda parte Valentino fazia furor como nenhum astro antes dele. Ele contratou George Ullman, o homem que organizara sua turnê, para renegociar seu contrato com a Paramount. Encantado por trabalhar para Rudy, Ullman descreveu seu primeiro encontro: "Dizer que fui absorvido por sua personalidade com o primeiro aperto de sua vigorosa mão e minha primeira percepção de seu olhar inescrutável é muito pouco. Fui literalmente tragado, o que é incomum entre homens. Fosse ele uma bela mulher e eu solteirão, isto não seria surpreendente. Não sou um emotivo, mais me emocionei com a personalidade mais enérgica que eu já havia encontrado num homem ou numa mulher."

A Paramount imediatamente cedeu. Eles lhe pagariam 7.500 dólares por semana; ele poderia escolher os roteiros, escritores, diretores, atores e atrizes de seus filmes. O estúdio da companhia em Long Island ficaria à sua disposição. Natasha seria contratada como consultora técnica.

"Agora, enfim, podemos começar nossa lua-de-mel", disse Valentino. Em julho de 1923, eles lutaram contra uma multidão de mulheres para conseguir embarcar no *Cunard* e navegar até a Inglaterra. Viajaram para a França e a Itália, onde visitaram sua cidade natal, Castellanata. De volta aos Estados Unidos, sua popularidade continuou em alta.

As propriedades em volta do estúdio, em Long Island, valorizaram-se tremendamente. Uma busca frenética não deixou nenhum quartinho que fosse para alugar, em quilômetros. O estúdio foi inundado por apelos da mais íntima natureza. Centenas de cartas chegavam todos os dias. Mulheres enviavam fotos suas, nuas ou em roupas de baixo, pedindo a Valentino que as beijasse e devolvesse. Outras simplesmente descreviam detalhadamente o que gostariam que ele fizesse com elas. Os jornais deram a entender que algumas até conseguiram realizar seus desejos. O "Grande Amante" tinha uma necessidade constante de provar sua masculinidade.

Ele teve um flerte curto com Maureen Englin, que conhecera em seus dias parisienses. "Ninguém irá acreditar em mim", disse ela. "O Grande Amante da tela faz amor comigo. O que pensará Natasha?" Ele lhe respondeu que sua mulher realmente não se importaria: "Ela está muito mais interessada em minha carreira do que em mim." Mas nisso ele se enganava. Sua mulher estava sempre de olho nele e nas jovens à sua volta. Quando percebia algum interesse da parte dele, ela a despedia.

Em seu retorno às telas, em *Senhor Beauclaire*, ele representou o "Grande Amante", com peruca e pó-de-arroz, à moda da aristocracia. Para ajudá-lo a aperfeiçoar sua atuação, ele contratou professores de etiqueta, dança, esgrima, um violinista e um declamador. O filme foi um grande sucesso. Como sempre, somente com o público. Aqueles que trabalharam com ele juraram jamais fazê-lo novamente enquanto "O Diabo" – Natasha – estivesse por perto. Isto interessava bastante a ela, que esperava que ele atuasse num filme cujo roteiro ela escrevera e pretendia dirigir.

Valentino, na época, era um marido inteiramente dominado, incapaz de enfrentar a mulher, e ela bem o sabia. Em reconhecimento de seu status, no Natal, ela lhe deu de presente um bracelete de platina, do estilo escravo, e o colocou solenemente em seu pulso. Compreendendo bem o simbolismo, Valentino beijou Natasha apaixonadamente. Sua inquestionável devoção, porém, tornou-se um empecilho.

Enquanto no estúdio ele se aperfeiçoava para interpretar seu papel em *Cobra*, treinado pelo campeão mundial de pesos-pesados, Jack Dempsey, em casa, ele se submetia ao sarcasmo cada vez mais perverso de sua mulher. Ela ridicularizava seus talentos como ator e duvidava dele como amante. A situação era muito embaraçosa para seus amigos, que deixaram de visitá-lo. Muitos se indagavam sobre o motivo do estranho poder dela sobre ele. Talvez houvesse, pensavam alguns, um segredo sexual entre os dois. Talvez ela o chantageasse, obrigando-o a permanecer consigo. Ele chegou a confidenciar a Mae Murray que Natasha ameaçava revelar ao mundo que ele, na verdade, era um fiasco na cama. Inevitavelmente, esses rumores acabaram nas colunas de mexericos dos jornais. Rudy suportou tudo corajosamente. Mas as contínuas interferências dela arruinaram seus filmes seguintes. As absurdas exigências e as despesas extravagantes arruinaram-nos. Valentino acabou perdendo seu contrato. Temporariamente, deixava de ser ator.

Mas nem tudo estava perdido. A United Artists ofereceu-lhe um contrato que lhe daria um milhão de dólares por um ano – desde que Natasha não pusesse os pés no estúdio. Uma

Valentino e
Rambova

cláusula específica estabelecia que ela jamais poderia interferir nos roteiros, na escolha dos diretores, dos atores, nos figurinos e cenários, na contratação ou demissão do pessoal técnico. Não lhe era permitido nem mesmo oferecer um simples chá.

Natasha declarou que Valentino jamais assinaria tal coisa, pois, segundo ela, ele era incapaz de representar sem tê-la ao seu lado para aconselhá-lo. Ele, porém, desta vez esperneou. Inspirando-se nos heróis de seus filmes, dominou sua mulher e assinou o contrato. Mas ela não se deu por vencida. Exigiu dele 50 mil dólares para produzir um filme com sua antiga amiga Nazimova e viajou para procurar um distribuidor. Os fotógrafos e cinegrafistas registraram para a posteridade a despedida dos dois na estação de trem. Sorridente, Natasha limpou o batom no rosto dele, depois de um tímido beijo.

Os jornais passaram a estampar os rumores que corriam de que essa separação terminaria em divórcio. Rudy defendeu seu casamento ardorosamente, declarando publicamente que "as férias matrimoniais serão benéficas para nós dois". Na verdade, a história privada dos dois era muito confusa.

Valentino tinha seus casos com jovens atrizes. Ele foi visto com Vilma Banky, uma estrela húngara que co-estrelava seu filme *A Águia*. Dizia-se que os dois estavam tendo um caso ardente, mas ambos negavam. O noivo da jovem, o barão Imre Lukatz, ameaçou matar o "Grande Amante" se o encontrasse. Apesar dessa confusão, sem a interferência de sua mulher, o filme foi um grande sucesso. Na época em que Rudy foi assistir à estréia em Nova York, Natasha mudou-se para a Europa. Em Paris, ela pediu o divórcio, esperando que Valentino corresse para seu lado, mas ele anunciou que não contestaria sua decisão. "Não é mais uma questão de amor, disse ele, mas de orgulho."

Apesar de se sentir triste e solitário, Valentino consolou-se com o fato de ter recuperado o sucesso nas bilheterias. Mulheres alucinadas o perseguiam e tentavam arrancar suas roupas. Um repórter lhe perguntou: "Qual o seu segredo? Como você consegue enfeitiçá-las?"

"Não sei", respondeu Rudy. "Esta é uma época muito materialista e todos anseiam por romance. Suponho que elas gostem de mim porque, por alguns momentos, dou-lhes a sensação de viver uma aventura."

Em Paris, ele e o barão Lukatz, o noivo de Vilma Banky, chegaram às vias de fato por causa da jovem. Os dois se engalfinharam numa luta de dois assaltos, organizada pelo ofendido, mas Valentino nocauteou-o com um único soco. Afinal, ele havia aprendido a lutar com Jack Dempsey. Com a honra ainda em jogo, Valentino sugeriu um duelo. O barão escolheu as armas: espadas. Uma escolha bastante infeliz, pois Valentino aprendera esgrima com especialistas para as cenas de duelos de seus filmes. O desfecho do caso demonstra que alguma boa alma se encarregou de avisar ao barão do risco que corria. Pois, na hora marcada,

Valentino se apresentou com suas testemunhas no Bois de Bou-
logne. O barão apareceu vinte minutos depois, desacompanhado
e sem as armas. Tudo não passava de um terrível engano, disse
ele. Ele compreendera enfim que o amor entre Valentino e a
senhorita Banky não passara da atuação e apresentava suas mais
humildes desculpas. Os dois trocaram um aperto de mãos e Valentino, cavalheirescamente, declarou-se satisfeito.

Poucos dias mais tarde, o divórcio entre ele e Natasha foi
concedido. Ela declarou que continuaria sua carreira. Se Valentino desejasse uma dona de casa, que fosse buscá-la em outro lugar.
Se era de fato isso o que ele queria, não foi o que conseguiu. Uma
grande atriz, e uma grande personalidade, Pola Negri, não escondia o fato de desejá-lo.

"Assim que tiver experimentado meu amor, Rudy esquece-
rá todas as outras mulheres. Estou esperando-o." Ela disse isto
exibindo seu anel de noivado com Charlie Chaplin. Valentino
divertiu-se muito com sua presunção. Mas, quando a conheceu,
percebeu que ela podia ter razão. Ele se curvou bastante para
beijar sua mão.

"Chamem isto fatalismo, disse ela depois, mas desde o nosso primeiro encontro eu soube que aquele homem ou destruiria
ou mudaria definitivamente o curso de minha vida. Fui apresentada ao homem mais desejado do mundo, e eu o desejei. Isto foi
tudo. O resto não passou de tagarelice romântica."

Nu entre pétalas de rosas, Valentino provou-lhe conclusiva-
mente que os casamentos com duas lésbicas não o haviam tornado impotente. Mais tarde, ela confessou a amigos que a sedução
fora silenciosa, forma muito apropriada para duas grandes estrelas
do cinema mudo. Depois disso, os dois se tornaram inseparáveis.
O irmão de Valentino, Alberto, que na época vivia com ele, desaprovava sua exibição pública. Mas Rudy lhe dizia estar simplesmente vivendo de acordo com sua imagem de "Grande Amante".

Preocupava-se mesmo era com seu cabelo, pois tinha medo de estar ficando careca. Sentia fortes dores de estômago, que atribuía aos efeitos colaterais do remédio que tomava para evitar a calvície. Sua reputação também passava por uma revisão.

Em Chicago, uma caixa de pó-de-arroz havia sido instalada no banheiro masculino de um salão de danças. Um espirituoso editorialista do *Chicago Tribune* condenou a efeminação dos homens americanos e colocou a culpa em Rodolfo Valentino. Rudy estava então na cidade e ficou furioso. Escreveu ao jornal desafiando o autor para uma luta de boxe. Não recebeu resposta e foi para Nova York. Ali, um corpulento comentarista de boxe do *New York Evening's Journal*, Frank O'Neill, ofereceu-se para defender a honra ultrajada da profissão. Rudy aceitou. Em um ringue improvisado no teto do hotel Ambassador, ele nocauteou o enorme jornalista, que comentou: "Este rapaz tem um soco semelhante ao coice de uma mula."

Valentino foi visto celebrando com sua ex-mulher, Jean Acker. Os dois negaram que iriam casar-se novamente, declarando-se apenas bons amigos. No auge do sucesso, sua carreira parecia definitivamente consolidada. O destino, porém, espreitava-o, e foi cruel com ele. Em 17 de agosto de 1926, os jornais informaram que Valentino fora hospitalizado alguns dias antes e passara por duas operações. Constatou-se que as dores no estômago que ele acreditava serem decorrência dos remédios contra a calvície eram devidas na verdade a uma peritonite e a uma úlcera gástrica.

Acker correu para o Hospital Policlínico de Nova York quando Valentino foi internado. Mas não pôde vê-lo, enquanto suas condições se deterioravam. Ele entrou em coma e morreu em 26 de agosto de 1926, com um crucifixo colado em seus lábios. Em frente ao hospital, foram necessários cinco mil policiais para conter o enorme tumulto. Em todo o mundo, as mulheres se desesperaram. Pola Negri balbuciava seu nome sem parar. Em

Londres, uma atriz, Peggy Scott, suicidou-se em um quarto coberto com retratos de Valentino. Ela jamais o conhecera.

Em Nova York, uma multidão de doze mil pessoas, quase todas mulheres, bloqueou as ruas em volta do local do velório. Mais de cem mil pessoas desfilaram diante do caixão. Ele foi levado para Hollywood e homenageado pelos maiores astros da época, amigos como Mary Pickford, Charlie Chaplin e Douglas Fairbanks. Pola Negri chegou de trem, vestindo um tailleur de luto de três mil dólares, segundo seu agente. Depois de ver o corpo, ela declarou: "Meu amor por Valentino foi o maior de minha vida. Jamais o esquecerei. Amei-o não como um artista ama outro, mas como uma mulher ama um homem." Durante o funeral, ela parecia estar próxima de um colapso, mas quem desmaiou foi Jean Acker.

Rodolfo Valentino morreu, mas não foi esquecido. Durante anos, em todos os aniversários de sua morte uma mulher de negro colocou rosas vermelhas em seu túmulo. Descobriu-se em 1945 que ela era Marion Benda, uma beldade que Valentino conhecera em uma festa pouco antes de morrer. Ela afirmava ter-se casado com ele. Sete anos, 14 filmes e uma morte absurda no auge da juventude e da carreira cristalizaram a lenda.

Eterna Vênus Platinada

Em 1929, Clara Bow viu entrar no estúdio uma jovem desconhecida que daria muito o que falar. O assistente de direção Artie Johnson, que presenciou o encontro, relembrou a cena: "Quanto mais ela se aproximava, mais interessante se tornava, pois usava um vestido de crochê negro, sem nada por baixo." Ele pôde comprovar que Jean Harlow era uma loura natural.

Jean Harlow

"Tirem esta mulher daqui e não a deixem entrar de novo", ordenou Clara.

"Por quê?", perguntou Johnson. "Ela não é ninguém."

"Você está brincando?", replicou Clara. "Se ela se veste deste modo para uma entrevista, imagine o que irá usar no filme! Ninguém irá prestar atenção em mim."

Apesar de Clara Bow ser então a grande estrela da Paramount, nem assim conseguiu se livrar de Harlow: esta já tinha um "amigo" no alto escalão. Dizia-se que dormia com o chefão do estúdio, Ben Schulberg. Mas pouco tempo depois as duas se tornaram amigas. Clara emprestou a Jean um vestido muito sensual, que já não lhe servia, e tirou uma foto com ela. Quando o publicitário Teet Carle salientou que estrelas jamais deviam posar com aspirantes ao estrelato, Clara replicou: "Ela irá longe."

Jean Harlow, cujo nome real era Harlean Carpentier, começou em Hollywood como figurante por necessidade, para pagar as despesas de casa, pois seu padrasto italiano não era lá muito adepto do trabalho. Escapou do teste do sofá, mas teve de posar nua. Contratada pela dupla de comediantes Stan Laurel e Oliver Hardy, ela devia aparecer numa cena em que saía de um táxi e entrava num hotel. Ao se fechar, a porta do carro prendia seu vestido. Jean continuou caminhando, coberta apenas por uma combinação transparente, sem perceber que estava quase nua.

O agente Arthur Landau imediatamente reconheceu suas potencialidades. Como todo mundo, ficou encantado com seus seios firmes e mais ainda com seus cabelos, quase brancos de tão louros. Ele a convidou para um almoço e conseguiu-lhe um teste para o dia seguinte. Mas recomendou-lhe: precisava usar alguma espécie de sutiã – algo que insinuasse suas formas sem expô-las completamente. E lhe ofereceu um contrato de três anos e 50 dólares para masturbá-lo.

O teste foi mostrado para Howard Hughes, que estava refilmando *Hell's Angels* em versão falada. De início, ele não se impressionou, mas todo mundo insistia que os cabelos platinados dela lhe conferiam um toque original. Landau convenceu-o argumentando que Harlow parecia uma prostituta em seu primeiro dia no bordel – ainda disposta a conceder tudo com entusiasmo. Era perfeita para o papel. Parecia o tipo de garota que se entregava sem reservas, como se o dia seguinte fosse o último de sua vida.

Hughes acabou escalando-a para o filme e fazendo-a assinar um contrato de três anos. Toda a máquina publicitária da RKO passou a promovê-la e logo os críticos e o público elegeram-na a nova loura "bombshell".

Jean saiu em uma turnê para divulgar *Hell's Angels*, exibindo-se em toda parte com vestidos decotados de forma a valorizar seus seios. Antes de aparecer em público, ela esfregava gelo em seus mamilos, truque de que se valia nas filmagens. Os jornais afirmavam que ela dormia nua e adorava o contato de peles. Sua cama, dizia-se, era uma réplica da concha na qual Vênus surge vinda do mar no quadro *O Nascimento de Vênus,* do pintor renascentista Botticelli.

Hughes, apesar de reconhecer o apelo sensual de sua atriz, não tinha projetos para ela e a emprestou a outros estúdios. Quando ela fazia um filme para a Columbia, o agente de publicidade de Hughes sugeriu para ele o título *Platinum Blonde.* O nome pegou.

Para uma deusa sensual, sua vida era muito cândida. Chegara ao estrelato sem se submeter ao teste do sofá. Seu nome não estivera ligado a nenhum dos atores com quem trabalhava. Em 1932, ela se casou com um assistente de Irving Thalberg na MGM, Paul Bern. Era uma escolha estranha para uma mulher de 21 anos, que poderia escolher qualquer um dos ídolos da tela. Ele tinha 42 anos, era pequeno, meio careca e tinha um bigode fino. Era gentil, inteligente e muito querido – chamavam-no carinhosamente "pequeno padre confessor", em homenagem à paciência com a qual escutava os problemas dos outros.

Paul Bern

Bern já havia circulado ao lado dos maiores símbolos sexuais de Hollywood – Joan Crawford, Mabel Normand, Barbara LaMarr. Dizia-se que tentara o suicídio depois do quinto casamento de LaMarr. Sabia-se que tinha uma amante, que visitava todas as tardes. O que se desconhecia era que os dois não tinham relações sexuais. Em seus encontros, ele se limitava a ler poesia, enquanto ela escutava deitada na cama, nua. Bern escondia outro sombrio segredo – tinha uma mulher legítima, que enlouquecera e estava internada num hospício.

Apenas algumas horas depois do casamento de Bern e Jean, seu agente, Arthur Landau, recebeu um histérico telefonema dela. Pedia-lhe que fosse buscá-la imediatamente. Landau atravessou a cidade como uma bala e encontrou Jean, descalça e de camisola, na frente da casa do marido. Ele a levou para sua casa, onde ela tirou a roupa e lhe mostrou seu branquíssimo corpo coberto de chicotadas e marcas de dentes. Bern a espancara e mordera selvagemente.

Na manhã seguinte, Landau voltou à casa de Bern e o encontrou dormindo nu no chão. Descobriu então seu segredo: ele tinha o pênis e os testículos de um menino. Quando acordou, confessou a Landau que era completamente impotente. Alimentara a esperança de que Jean, sendo a deusa sexual número um de Hollywood, pudesse curá-lo.

"Todo homem que conheço tem uma ereção só de falar com ela", choramingou ele. "Eu não tinha o direito de pensar que Jean pudesse me ajudar?" Quando descobriu que ela não poderia, desesperou-se e a atacou.

Era vital que esta história não se espalhasse. A verdade destruiria a carreira dela. Jean e seu suposto marido precisavam permanecer juntos para salvar as aparências.

A situação logo se tornou insuportável. Jean desejava um casamento normal. Ele passou a ter ciúmes dos homens que a rodeavam. Quando descobriu que ela representava com a maior boa-vontade uma cena de nudez que não constava do roteiro, ficou desesperado. Comprou um enorme pênis artificial, com maciços testículos e uma válvula que esguichava água na ponta. Quando irrompeu pelo quarto vestindo-o, Jean caiu na gargalhada. Divertiram-se enquanto ele rodeava o quarto com aquela monstruosa engenhoca. Depois, despedaçaram-na, jogaram-na na privada e deram a descarga.

No dia seguinte, enquanto Jean estava no estúdio, Bern se

matou. Seu corpo nu foi encontrado estendido no chão, diante de um grande espelho. Ele estava encharcado do perfume favorito de Jean, Mitsuko. Havia uma pistola de calibre 38 em sua mão e uma bala em sua cabeça. Ele deixou uma nota, que dizia:

"Minha querida,
infelizmente, este é o único modo de reparar o terrível mal que lhe fiz e de apagar minha abjeta humilhação.
                                                    Amo você.
                                                    Paul.
Você compreende que ontem à noite foi apenas uma comédia."

Três dias mais tarde, o corpo da atriz Dorothy Milette foi retirado do rio Sacramento. Ela afirmava, em vida, ser a esposa legítima de Paul Bern. Dez anos antes, ela havia tido um colapso nervoso e decidiram interná-la. Recuperara-se o suficiente para mudar-se para uma suíte no hotel Algonquin, em Manhattan, onde Bern a sustentava. Ele a visitava, às vezes, mas ela ficara muito perturbada com seu casamento com Harlow. Talvez a idéia de se ver exposto como um bígamo, bem como a humilhação por suas deficiências físicas, tenham contribuído para sua decisão de cometer suicídio.

"Como pôde uma jovem como Harlow, uma deusa do sexo, acabar casada com um homossexual bígamo?", disparou Louis B. Mayer, temendo que o escândalo arruinasse sua carreira.

Mas não apenas Jean sobreviveu, como o estúdio explorou indecentemente a publicidade que seu trágico casamento tinha criado. Em seu filme seguinte, *Reckless*, ela representou uma dançarina cujo marido se mata quando descobre que ela tem um caso com outro, representado por William Powell. Na vida real, os dois imitavam seus papéis do filme. O estúdio esperava que se casassem, com o casamento obviamente coincidindo com o lançamento do filme. Mas não foi o que aconteceu.

A morte de Bern deixara Jean muito preocupada com sua própria sexualidade. Também a deixara quebrada. Bern vivia em grande estilo, como um homem rico, mas morrera cheio de dívidas, dívidas essas, supunham os credores, sua viúva se disporia a pagar.

Harlow, que todos acreditavam ser a mulher mais ardente e abandonada dos Estados Unidos, desabafou com Landau. "Por que é que todo mundo acha que o sexo é a coisa mais importante do mundo?" – perguntou-lhe. Admitiu que o ato físico a fazia ficar doente e implorou a Landau para encontrar um homem que lhe revelasse as maravilhas do sexo. Se ele não conseguisse, disse ela, iria para a cama com o homem que mais detestava no mundo, seu padrasto. Afinal, ele conseguia fazer sua mãe tão contente que ela lhe perdoava as freqüentes infidelidades. Seguramente, como uma deusa do sexo, ela, Jean Harlow, tinha o direito de se extasiar também.

Jean não realizou sua ameaça, apesar de não haver dúvida alguma quanto ao entusiasmo de seu padrasto. Ele vivia a assediá-la, mas Jean tinha medo de que sua inquestionável eficiência como amante faria dela o que fizera de sua mãe, uma escrava sexual. Em vez disso, começou a beber e a rodar em seu carro à noite, tentando seduzir os homens em seu caminho. Quando via alguém interessante, tentava se aproximar, mas perdia a coragem no último momento. Sabia que podia ser reconhecida. Podia se tornar vítima de chantagem. Já tinha uma chantagista de plantão – a amante das tardes de Bern, que ameaçava vender aos jornais o relato sensacional das leituras poéticas no quarto, a menos que Jean pagasse por seu silêncio. A tensão já começava a incomodar.

Harlow cortou seu célebre cabelo platinado, colocou uma peruca emprestada do guarda-roupa do estúdio e tomou um trem para San Bernardino. Lá, envolveu-se com um caixeiro viajante, com quem passou duas noites num hotel perto da estação. Ele elogiou seu corpo, mas aconselhou-a a se desinibir, pois era um pouco tensa. Poderia até conseguir um emprego num bordel para ela. De volta a Hollywood, Jean contou tudo em detalhes para sua mãe, o padrasto e Landau.

Apesar de a experiência não ter sido exatamente um sucesso – no único momento em que realmente se sentira envolvida, ele parara para lhe perguntar se ela estava gostando –, estava determinada a tentar de novo. No fundo de seu coração, culpava sua mãe. Se ela não tivesse se divorciado de seu pai, poderia ter tido a educação de uma garota respeitável em Kansas City, se casado e conhecido o verdadeiro amor. Em vez disso, havia se tornado uma deusa do sexo, desejada, mas jamais amada. Os homens viam nela apenas um corpo. E foi então que ela compreendeu que havia um modo de experimentar o verdadeiro amor. Poderia ter um filho. Se ficasse grávida rapidamente, poderia fingir que o pai era Bern. O estúdio a dispensaria por um tempo e ela iria para a Europa. Poderia comprar uma certidão falsa para o bebê e voltar aos Estados Unidos em triunfo – um símbolo da maternidade, não do sexo.

Jean Harlow

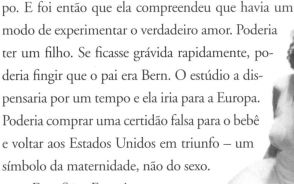

Em São Francisco, Jean seduziu um motorista de táxi e o levou para seu quarto de hotel. Depois, um enciumado Marino, o padrasto, despachou-o exigindo sua promessa de nada falar. Ele concordou. De qualquer modo, se dissesse aos rapazes lá no trabalho que fizera amor com Jean Harlow eles não acreditariam mesmo. Isto irritou Marino e os dois se engalfinharam. Marino despencou ao chão com um golpe no estômago. Jean deu 20 dólares e se despediu do motorista com um beijo apaixonado.

Este foi o início de uma maratona sexual. Jean bebia tanto que não se recordava como e com quem passara a noite. Muitas vezes, acordava sem suas jóias e seu dinheiro. Chamava Landau. Queria mais dinheiro para continuar suas orgias e suas noitadas anônimas. Freqüentemente nem se dava ao trabalho de tirar suas roupas, de modo a despachar o amante rapidamente e pegar outro, na ânsia por engravidar. Chegou a seduzir um homem na frente de um cinema que passava seu último filme, *Red Dust*, com Clark Gable. No hotel, ele lhe disse que ela se parecia tanto com Jean Harlow que poderia ser sua dublê.

Apesar de todos os seus esforços, não engravidou. Temia ser estéril, mas isto não a impediu de continuar sua orgia indiscriminada com amantes anônimos.

Durante a filmagem de *Blonde Bombshell*, Jean se tornou amiga de um dos câmeras, Hal Rosson. O filme narrava a história de uma jovem cujo único desejo era casar-se, mas acabara obrigada por uma família ambiciosa a tornar-se uma estrela sensual de Hollywood. Parecia a Jean estar filmando sua própria história e Rosson a confortou. Os dois acabaram indo para Yuma, onde se casaram. Voltaram a Los Angeles para enfrentar uma multidão de repórteres. Harlow perdeu a compostura quando um deles apontou as semelhanças físicas entre Rosson e Paul Bern.

A lua-de-mel do casal foi interrompida quando Jean teve uma crise de apendicite. No hospital, um conhecido gângster ofereceu uma enorme quantia para obter os pêlos do púbis dela, raspados para a operação. Ele pretendia enquadrá-los em medalhões de ouro e vendê-los como recordação.

O casamento durou oito meses. Quando Rosson se mudou, Jean se viu romanticamente ligada ao boxeador Max Baer, cuja predileção por louras era bem conhecida. A relação não durou também e Jean tentou reconciliar-se com Rosson, mas os dois acabaram se divorciando.

Uma ameaça diferente pairava sobre sua carreira: a animosidade do chefão da MGM, Louis B. Mayer. Ele não podia perdoá-la por ter sido a única a escapar do teste do sofá. Uma vez, ele lhe oferecera um casaco de vison, pedindo-lhe que se despisse para vesti-lo. Ela recusou, dizendo que o único modo de ir para a cama com ele seria se tivesse gonorréia – e ele poderia conservar seu casaco, pois nesse caso ela o faria de graça.

Enquanto isto, seu padrasto havia conseguido tornar-se seu agente e esbanjava seu dinheiro sem a menor preocupação. Valia-se de sua posição para levar esperançosas atrizes para a cama, às vezes em sua própria casa, o que deixava a mãe de Jean arrasada.

Jean decidiu que alguma coisa devia ser feita. Com ajuda de um detetive particular, preparou uma armadilha para o padrasto. Sua mãe pegou Marino em flagrante com uma prostituta e o obrigou a sair de casa. Este exigiu uma indenização de 50 mil dólares; Jean lhe pagou 38 mil. Não sabia, mas livrando-se dele preparava sua própria morte.

Desconsolada com a perda do marido, a mãe de Jean voltou-se para a cientologia, passando seu tempo com a leitura da revista da seita, *Science and Health*. Em 1937, Jean ficou doente, talvez em decorrência de complicações renais, uma seqüela, ainda, do espancamento que sofrera de Bern. Sua mãe recusou-se a chamar um médico, pois isto contrariava os ensinamentos da cientologia. Quando Landau enfim conseguiu levar Jean ao hospital, era muito tarde. A loura platinada morreu em 7 de junho de 1937. Tinha 26 anos.

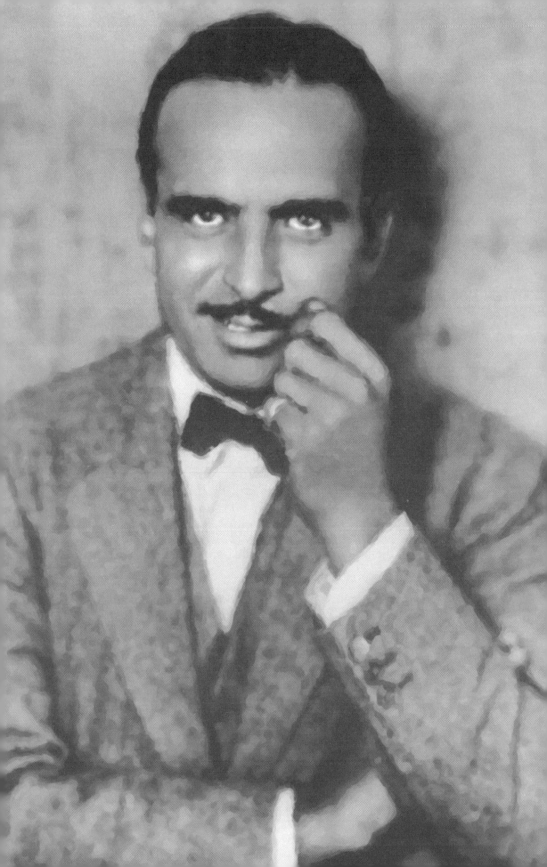

UMA HISTÓRIA DE AMOR IMPERFEITA

Houve uma época em que um dos gêneros preferidos do cinema era os filmes de capa e espada. Douglas Fairbanks foi um de seus ídolos e um dos primeiros espadachins das telas. Com brincos de argola e nas mãos uma flamejante espada – que ele sabia manejar muito bem – Douglas encarnava o herói romântico. No entanto, na adolescência pressentiu um certo chamado para a vocação religiosa. Sonhou ser missionário na África. Esse sonho se esvaiu quando, olhando à sua volta, percebeu o quão duro seria resistir aos apelos, muito mais próximos, de tantas belas mulheres. Uma vez abandonados os futuros votos de celibato, ele decidiu tentar o destino em Nova York.

Douglas Fairbanks

Teve sorte: encontrou logo um emprego numa companhia de teatro itinerante e começou a ler Shakespeare. Freqüentou um curso em Harvard, onde na verdade passou a maior parte do tempo no ginásio, exercitando seus músculos. Viajou muito pela Europa, pelo Oriente e por Cuba, além de turnês pelos Estados Unidos.

Os críticos torciam o nariz diante de suas representações, mas a atriz Grace George viu nele um certo brilho, prenunciando uma estrela. Ela não o achava bonito, mas, como disse a seu marido, o produtor William Brady, percebia no rapaz uma personalidade. Brady contratou-o. Na Broadway, Douglas conheceu a jovem milionária Beth Sully, com quem se casou em grande estilo.

Em 1915, assinou um contrato com a Triangle Pictures, que lhe garantia mil dólares por semana. Logo ficou conhecido em Hollywood. Em 1917, cinco filmes tornaram-no rico. Seus conhecidos da época descreveram-no como "um jovem vigoroso, tão pouco maleável quando os músculos de seu esplêndido físico". Era galante com as mulheres, mas de modo estritamente convencional, como seu filho observou: "Algumas facetas de sua vida pessoal revelam um certo toque de hipocrisia, que eu chamaria de hipocrisia sincera... Ele pensava, até que seus problemas domésticos provassem o contrário, que a 'respeitabilidade' era fundamental para qualquer um na vida pública."

Sua mulher aprendeu a conviver com suas infidelidades, pois sabia que ele vivia rodeado por mulheres tentadoras e ansiosas. Bastava-lhe a presença esporádica dele em casa. Até que, numa festa em Nova York, ele conheceu a "namoradinha da América", Mary Pickford. Ela tentava atravessar uma fonte gelada sobre um tronco escorregadio. No meio do caminho, o medo a deixou paralisada. Todos gritaram, encorajando-a. Apenas Fairbanks, verdadeiro herói de capa e espada, correu para o tronco, pegou-a em seus braços e a levou a salvo até a margem. Foi o início cinematográfico de um dos mais famosos casos amorosos de Hollywood.

O encontro com Mary desestruturou definitivamente suas esperanças de alcançar a prezada "respeitabilidade". Todo mundo se divertia muito com os estratagemas que Fairbanks inventava para despistar sua mulher. Uma vez, ele lhe disse que iria pescar. Na volta de sua escapada com Mary, antes de chegar em casa ele passou numa peixaria. Passou a dormir na varanda, bem longe do quarto de sua mulher. Enquanto Beth dormia, ele descia por uma coluna, empurrava o carro colina abaixo, ligando o motor somente quando ela já não poderia ouvir o barulho. E ia para a casa de Mary. De manhã, ele corria para casa. Mas tinha então

Mary Pickford

que empurrar o carro colina acima, o que não era exatamente um problema para um atleta como ele. Anos mais tarde, Betty afirmou que o marido sempre lhe dizia que ela deveria ter sido sua irmã, não sua mulher.

Vez por outra, ele e Mary tinham a coragem de ir juntos para o campo. Ele se escondia debaixo do chapéu, com a aba virada para baixo. Ela usava um véu. Assim que se distanciavam o suficiente de Los Angeles, tiravam os disfarces e usufruíam sua liberdade como dois adolescentes.

Sua paixão criou um dilema insolúvel. Os dois eram casados e católicos. Para se divorciar, deveriam renunciar à Igreja. Além disso, a imagem que projetavam no cinema era de alta moralidade. Se o público soubesse a verdade, suas carreiras estariam ameaçadas. E, confirmando a análise de seu filho sobre sua "hipocrisia sincera", Fairbanks vivia declarando que um verdadeiro homem devia se casar cedo e permanecer fiel. Como explicar todas estas incongruências para as platéias que os idolatravam?

O destino, porém, lhes deu um empurrão. Em 1917, o afundamento do navio *Lusitânia* forçou os Estados Unidos a entrar na Primeira Guerra Mundial. Pediram a Fairbanks e Mary que participassem de uma turnê pelo país como parte dos esforços de guerra. Enquanto viajavam juntos, foi ficando impossível esconder sua verdadeira situação e chegou um momento em que eles desistiram de fazê-lo. Compreenderam que o público poderia aceitar o caso. Foi somente então que Beth percebeu que seu marido tinha um caso com sua amiga Mary Pickford. Perplexa e triste, porque desempenhava o clássico papel da mulher enganada, sendo a última a saber, foi aos jornais e declarou que Mary era amante de seu marido. Mas o poder das imagens de Douglas Fairbanks e Mary Pickford era tamanho que nenhum jornal teve coragem de publicar a notícia. Fairbanks teve sangue-frio suficiente para condenar os rumores como propaganda alemã.

Apesar disso, ele e Beth divorciaram-se discretamente em 1918 e ele lhe deu uma indenização de quinhentos mil dólares. Quase imediatamente, ela se casou com James Evans, um corretor de valores de Pittsburgh. O casamento durou apenas um ano e ela foi em seguida para Paris com Douglas Junior.

Em 1920, Mary conseguiu silenciar seu queixoso marido com uma quantidade razoável de valiosas ações e foi para Reno. Quando seu divórcio foi concedido, ela declarou aos jornalistas que não tinha plano de se casar de novo. Fairbanks, galantemente, tomou-a de novo em seus braços e ela não resistiu: os dois se casaram em 28 de março de 1920.

O casamento foi muito tranqüilo, mas a lua-de-mel, não. Os dois percorreram as capitais da Europa, onde multidões se acotovelavam para ver seus ídolos. Eles passaram a personificar a realização dos sonhos, com um final feliz. Voltaram contentes para casa, uma enorme mansão em Beverly Hills, Pickfair, que ele comprara pouco antes do casamento. Mas o sossego durou pouco.

Mary, ao longo de sua bem-sucedida carreira, sempre personificara a pubescente inocente. Não havia ator principal nem a menor sugestão de romance em seus filmes. O fato, porém, é que ser uma grande estrela não lhe concedia o privilégio de parar o tempo. Como todo mundo, ela precisava crescer.

Em 1927, com 34 anos, ela filmou *Minha Melhor Garota*, com Buddy Rogers. Mary interpretava uma adolescente que se apaixonava por um rapaz vizinho. Fairbanks apareceu no estúdio um dia, quando ela filmava uma cena de amor. Ele apenas observou o casal durante algum tempo. Depois, tornou-se sombrio, olhou-os com um olhar carrancudo, virou-se e foi embora. O ciúme o pegara desprevenido. Mas era mais do que isto, como ele confidenciou a seu irmão Robert: "De repente, fiquei com medo."

Na verdade, o rei e a rainha de Hollywood estavam em apuros. Ele era um abstêmio; ela bebia compulsivamente. Ela estava cansada da exposição pública, que era a paixão dele. Ele não suportava mais permanecer confinado em Beverly Hills. E estava entrando em pânico, pois percebia que sua juventude chegava ao fim. Precisava provar a si mesmo que ainda era atraente e podia conquistar mulheres jovens.

Sem avisar ninguém, Mary cortou os cachos dourados de seus cabelos, a marca registrada de sua adolescência, e passou a se pentear no estilo melindrosa. O filme que fez em seguida, *Coquete*, apresentava uma Mary Pickford completamente diferente da que a tornara famosa. A Academia de Artes Cinematográficas e Ciências, que Fairbanks ajudara a organizar, concedia então seu primeiro Oscar e ela o ganhou com aquela representação. Mas as coisas iam muito mal. Fairbanks sentia-se inseguro; ela continuava a beber compulsivamente. Seu filho, Douglas Fairbanks Junior, se casara contra sua vontade com Joan Crawford. E em seguida veio a Grande Depressão.

"Eu me sentia febril e inquieta", disse ela depois. Fairbanks foi para a Escócia, jogar golfe. Era a primeira vez que viajava sozinho. Ela continuou filmando, ele parou e ficou sem o que fazer. Comprou uma casa no Taiti, para desfrutar os prazeres simples, como observar as jovens seminuas da ilha. Levou para Hollywood uma delas, Maria Alba, que, segundo ele, desempenharia um papel em sua produção de *Robinson Crusoé*. Mary permaneceu muda diante disso tudo.

Ele passava cada vez mais tempo fora, nas Ilhas dos Mares do Sul ou viajando. E quando estava na Europa era visto, como se dizia, com uma "senhora da nobreza". Mary e ele enfim se encontraram na Itália onde, pela primeira vez, conversaram sobre as infidelidades dele. Mas ela voltou para casa sozinha. Quando, enfim, ele resolveu retornar a Pickfair, descobriu que ela fora para Chicago com ninguém menos que Buddy Rogers. Dessa vez, ele correu atrás dela. No carro, no caminho para o aeroporto, seu irmão lhe deu um presente de aniversário bem significativo. Ao abrir a caixa, uma borboleta mecânica saltou-lhe diante dos olhos.

Houve uma breve reconciliação. Mas em junho de 1933, Fairbanks decidiu ir para a Inglaterra. Mary despediu-se dele no porto em Nova York. Algumas semanas depois, ele lhe telegrafou dizendo-lhe que decidira mudar-se para a Inglaterra definitivamente. Ela podia manter Pickfair se lhe agradasse, mas ele não mais pagaria suas contas. Mary mostrou o telegrama a Louella Parsons, famosa colunista dos artistas na época, que o publicou na primeira página. Foi uma sensação, o maior furo de reportagem de sua carreira.

Mary reconfortou-se com Buddy Rogers. Isto deixou Fairbanks aborrecidíssimo, pois Buddy era muito mais jovem do que ele. Além disso, lembrava-se muito bem da cena de amor entre os dois, que havia presenciado. Em dezembro, Mary pediu o divórcio em Los Angeles, alegando "incompatibilidade". Não houve contestação da parte dele.

Mas este não era o único processo de divórcio do qual Fairbanks fazia parte. Em Londres, em fevereiro de 1934, ele foi mencionado nos tribunais por lorde Ashley, herdeiro do duque de Shaftesbury. Soube-se então quem era a "mulher da nobreza" com quem ele circulava na Europa. Nada menos que lady Ashley, Sylvia Hawkes, uma ex-corista loura e alta, com seus trinta anos. Isto feriu Fairbanks profundamente, pois, como admitiu para amigos, não perdera a esperança de poder reconciliar-se com Mary. Apesar de todas as suas flagrantes infidelidades, ele ainda a amava. Além disso, a separação arranhara sua popularidade. Ele participava então de um novo filme, cujo título, ironicamente, seria *A Morte de Don Juan*.

Fairbanks desembarcou em Hollywood. Ele e Mary foram vistos juntos em sua casa de praia, Fairford, aparentemente

Douglas Fairbanks como o ladrão de Bagdá

"felizes e brincalhões". Mas as aparências enganavam. Algo se perdera definitivamente. Eles ficaram juntos por vários dias e Mary declarou que estava feliz com sua volta. Tinha esperança de que ele fosse feliz. Mas Fairbanks retornou para a Inglaterra para terminar as filmagens que interrompera. Foi seu último filme e acabou sendo chamado *A Vida Privada de Don Juan*. Quando lorde Ashley conseguiu seu divórcio, ele e a ex-lady partiram em um cruzeiro. Os repórteres conseguiram surpreendê-los na estação, antes de tomar o trem que os levaria ao porto. Fairbanks estava de péssimo humor e se desentendeu com os fotógrafos.

Em Jacarta, na Indonésia, ele abandonou o cruzeiro e voltou a Hollywood. Segundo se afirmava, ele regressava para resolver uma crise que surgira na United Artists, companhia que ajudara a fundar. Falava-se também que Mary seria o motivo de sua volta. Todos que o conheciam pensavam que bastaria um gesto para curar o orgulho ferido e a obstinada teimosia e então eles se reconciliariam. Mas cada um esperava que o outro desse o primeiro passo. Ele parecia estar sentindo um "cansaço de viver", como Mary relembrou depois.

Tudo o que ele sempre desejou, declarou um amigo, era uma Mary sóbria. Mas o desentendimento era mais profundo, pois ambos eram ciumentos. Eram incapazes de perdoar suas infidelidades recíprocas.

Ele embarcou para a Inglaterra de novo, acreditando que Mary jamais deixaria o divórcio chegar ao fim. Mas ele se enganava, como percebeu em janeiro de 1936, quando o que temia aconteceu. Fairbanks recusou-se a aceitar o fato e retornou aos Estados Unidos, com a intenção de entender-se com Mary. De Nova York, ele lhe enviou longos e sentidos telegramas. Ela não respondeu. Impulsivamente, ele voltou para a Inglaterra, sem avisar a ninguém. Quando seu filho, Douglas Fairbanks Junior, chegou ao hotel Waldorf, soube que seu pai havia partido. O recepcionista

*Douglas
Fairbanks e
Sylvia Hawkes*

disse-lhe que um telegrama de Mary havia chegado, mas que seu pai não o recebera, pois havia se extraviado. Excitadíssimo, Junior tentou avisá-lo, mas Fairbanks recusou-se a acreditar. Mary foi obrigada a chamá-lo e declarar-lhe que estava disposta a discutir a reconciliação. Mas ele já se aproximava de Southampton e apenas respondeu: "É muito tarde. Já é muito tarde." Em 7 de março de 1936, ele se casou, em Paris, com a ex-lady Ashley.

Fairbanks tentou manter distância entre Mary e sua nova mulher, mas elas se encontraram em Hollywood. Foram polidas. Sylvia lhe disse que lamentava que Pickfair estivesse à venda. Mary respondeu-lhe que "Pickfair havia servido aos seus objetivos". Na Inglaterra, lady Ashley podia ser uma aristocrata, mas em Hollywood Mary era a rainha.

Fairbanks tornou-se produtor e, depois de toda uma vida de sobriedade, passou a beber. Ele morreu em 1939. Suas últimas palavras foram: "Jamais me senti melhor." Douglas Fairbanks Junior herdou os talentos de seu pai e também fez carreira no cinema, como espadachim.

II – Anos 40
Mocinhos Valentes, Mulheres Imbatíveis

Um Enigma
Chamado Greta

Em seus primórdios, muitas das estrelas importadas levaram para Hollywood seus costumes europeus decadentes. A russa Alla Nazimova criou um círculo de lésbicas notórias. Era uma espécie de inspiração para muitas jovens atraídas para a meca do cinema. Ela também se interessou platonicamente por atores homossexuais, arranjando namoradas para eles quando sua orientação sexual corria o risco de ser exposta ao público. Na época em que começaram a circular os rumores de que Rodolfo Valentino preferia rapazes, Nazimova apresentou-o a Jean Acker, uma de suas amigas. Saiu casamento, que foi apenas nominal, é claro. Não havia necessidade de modificar hábitos sexuais.

Greta Garbo

Apesar de a imprensa ter ficado satisfeita, em Hollywood o casamento de Valentino era considerado uma farsa. Jean Acker se cansou de ser ridicularizada e chocou as mulheres de todo os Estados Unidos quando, inexplicavelmente, se divorciou de Valentino, o Grande Amante. Então, Nazimova induziu outra de suas amigas, Natasha Rambova, a se casar com ele. Mas seu maior sacrifício foi casar-se ela mesma com um ator *gay*, Ramon Navarro.

Greta Garbo não precisou renunciar a nada: desde menina, apreciava os dois sexos. Aos 15 anos, trabalhando numa chapelaria de Estocolmo, conheceu o rico e mundano Max Gumpel, que a convidou para jantar em sua casa. Ela ficou um pouco desconcertada quando lhe serviram alcachofras, que não conhecia. Passou a visitá-lo com freqüência. Ele lhe deu um anel de ouro com uma pedra incrustada, "tão bela como um diamante da coroa real britânica", como ela declarou para suas amigas. Mais ou menos um ano depois, os dois se casaram. Mas sua relação não durou muito e se separaram amigavelmente. Mais tarde, quando ela já se transformara numa grande estrela de cinema, costumava jantar com ele quando ia à Suécia. Um dos mais sagazes homens de negócios da Europa, ele a aconselhou a investir em imóveis.

Garbo começou a carreira no cinema em 1922, na Suécia, em uma comédia chamada *Peter the Tramp*. Representava uma nadadora de 16 anos, exibindo-se numa roupa de banho. Um movimento brusco lhe deu a oportunidade de mostrar os seios bem formados.

O filme era tímido perto da realidade, pois Garbo, nadadora exímia, sempre nadou despida. David Niven disse que a primeira mulher nua que seus filhos viram foi Greta Garbo, evoluindo toda feliz em sua piscina, em Hollywood. Ela achou muito engraçado quando o ator Nils Asher lhe contou que uma de suas empregadas vendia lugares em uma janela para vê-la ao natural na piscina.

Nas férias, com sua amante Mercedes de Acosta, em Sierra Nevada, ou no sul da França, com Aristóteles Onassis, ela circulava com seios à mostra nos lugares mais públicos. Em casa, dedicava-se à jardinagem inteiramente nua, sem se importar com os vizinhos.

Em seu segundo filme, *A Saga de Gösta Beling*, a paixão de Garbo e Mona Materson deu muito que falar. Elas atuavam juntas e compartilhavam um quarto de hotel. Mais tarde, já como estrela de Hollywood, Garbo ainda ansiava por ir a Estocolmo encontrar-se com Mona.

Seu diretor, Maurit "Moje" Stiller, era um homossexual enrustido cujo primeiro filme fora proibido pelos censores liberais da Suécia pelos excessos de suas cenas eróticas. Sua comédia sexual *Erotikon* fez um grande sucesso na Alemanha em 1920. Apesar de ter sua agenda sexual independente, Stiller gostava de se ver rodeado por belas mulheres e fez de tudo para que Garbo concretizasse o seu sonho de mulher ideal. Aos 18 anos, ela passava tanto tempo com ele, então com quarenta anos, que passaram a chamá-los de a Bela e a Fera. Ele a formou, levando-a a toda parte, ensinando-lhe a se vestir e a falar. Stiller entrou para a história do cinema por ter criado para sua protegida o nome Garbo, que se tornou um mito. Ele sabia explorar a ambigüidade sexual das representações dela.

Ofereceu-lhe o papel de uma princesa russa fugitiva da revolução comunista em *A Odalisca do Smolna*. Na história, drogada, ela é vendida para um harém turco. O filme devia ser rodado em Constantinopla. Ali, a socialite Mercedes de Acosta, mais tarde sua amante, pôs pela primeira vez os olhos nela: "Um dia, no saguão do hotel Pera-Palace, vi uma das mulheres mais fabulosamente belas que contemplei", escreveu Acosta bem mais tarde.

Infelizmente, Stiller não teve dinheiro suficiente para acabar o filme. Ele e Garbo foram para Berlim, onde se dedicaram aos prazeres de

Maurit Stiller

sua decadente vida noturna. Ele tinha um contrato com Louis B. Mayer em Hollywood e conseguiu incluir Garbo num projeto de Pabst, *The Joyless Street*. O filme fez um grande sucesso, apesar do desprezo dos críticos. Graças a ele, Garbo conseguiu um contrato com Mayer e foi para Hollywood com Stiller.

Lá, os dois mergulharam no mundo homossexual. Dizia-se que Stiller e seu colega abertamente *gay*, o diretor alemão F. W. Murnau, viviam caçando travestis em Santa Mônica. Garbo ficou chocada e disse a um amigo: "Em Berlim, Moje teve somente o melhor."

Lilyan Tashnan

Nessa época, ela se ligou a Lilyan Tashman, uma atriz lésbica muito conhecida por seus ultrajantes ataques nos banheiros femininos.

"Lilyan foi uma das primeiras mulheres que ouvi usar linguagem obscena", disse a atriz do cinema mudo Lina Basquette. "Quando eu tinha 17 anos, ela tentou me encurralar no banheiro."

Irene Mayer Selznick revelou: "Não era aconselhável ir ao banheiro com Lilyan se ela tivesse tomado alguns drinques. Fui uma vez e nunca fiquei tão assustada em toda minha vida. Já a conhecia há bastante tempo, mas nada semelhante me havia acontecido. Tão desavergonhada. Jamais vi algo igual – não podia acreditar que aquilo estivesse acontecendo."

Uma ex-dançarina do Ziegfeld Follies, Tashman dissimulava suas inclinações com casamentos de conveniência. Seu segundo marido foi o ator Edmund Lowe, um dos mais extrovertidos homossexuais de Hollywood.

Tashman – vista freqüentemente fazendo compras com Garbo –, falava abertamente sobre suas relações, até para a imprensa. Garbo, já neurótica a respeito da exposição de sua vida particular, ficou furiosa e a abandonou. Estava mais interessada em Fifi D'Orsay, denominada "símbolo sexual parisiense", apesar de jamais ter estado na França. Em fevereiro de 1930, um jornal de Los Angeles comentava: "Greta Garbo e Fifi D'Orsay se tornaram amigas inseparáveis. Aonde uma vai, é certo encontrar a outra. Greta permanece em sua concha e é tão reservada que Hollywood se diverte e se interessa pela relação. Fifi é sua primeira amiga íntima desde que rompeu com Lilyan Tashman. Greta canta as canções de Fifi em *They Had to See Paris* (1929) e Fifi, em retribuição, tenta aprender sueco." E o jornal completava: "Exatamente quanto tempo isto durará não se sabe, mas as duas formam um par interessante – tão diferente e ao mesmo tempo tão estranho."

Para os experientes leitores de Hollywood, a conclusão era óbvia. A fonte da história era a própria Fifi. Furiosa, Garbo rompeu com ela e reatou com Tashman.

Mayer horrorizou-se com todas essas histórias. Afinal, a mulher sobre a qual os jornais falavam era a deusa sueca em cuja carreira o estúdio tinha investido milhões. Era uma estrela de filmes românticos – algo devia ser feito imediatamente.

Louise Brooks deu sua versão para a história: "Depois de se ver livre dos jogos homossexuais de mau gosto de Stiller, ela encontrou tranqüilidade na companhia das lésbicas de Hollywood, até que as mexeriqueiras Lilyan Tashman e Fifi D'Orsay espalharam suas fofocas, forçando Howard Diez (o chefe do departamento de publicidade da MGM), a intervir, criando um romance entre Garbo e Gilbert."

Brooks sabia do que falava, pois também fazia parte do círculo de lésbicas de Hollywood. Revelou que Garbo a convencera a passar uma noite com ela.

"Ela era completamente masculina, o que torna seus filmes ainda mais maravilhosos", disse Brooks. "Era ela a sedutora, com a exceção de Mercedes de Acosta, que aceitou por esnobismo e para se vangloriar – a filha de um açougueiro abusando de uma descendente do duque de Alba! Mas quando alguém como Dietrich ou Tallulah Bankhead corria atrás dela, Garbo escapava."

Obviamente, o único modo de negar as acusações de lesbianismo era encontrar um homem para Garbo. Afortunadamente, o estúdio tinha alguém nas mãos.

John Gilbert era um dos grandes astros do cinema mudo. Em 1926, depois da morte de Valentino, tornou-se o maior deles.

Ganhava rios de dinheiro, bebia com qualquer um, dançava com garçonetes e amava do mesmo modo prostitutas e grandes estrelas. Mas tinha um grande inimigo, Louis B. Mayer. Durante uma discussão sobre roteiros, Gilbert demonstrou interesse em trabalhar com Garbo em *Anna Christie* e *Camille*. Mayer objetou que as heroínas em ambas as histórias eram prostitutas.

"E o que tem de errado nisso?", retorquiu Gilbert. "Minha própria mãe era uma prostituta."

Mayer tomou esta declaração como uma afronta às mães americanas, levantou-se e acusou Gilbert de já ter desgraçado a MGM. Havia se separado de sua esposa, a popular atriz Leatrice Joy, apenas três semanas depois do nascimento de sua filha. Apesar disto, Gilbert conseguiu Garbo como sua estrela em *Flesh and the Devil*. Suas cenas de amor, das mais quentes já filmadas, foram realizadas sem ensaio e retomadas. No filme, ela o seduz. Não se limitou a isto – fez o mesmo na vida real. Na época, ainda era uma novata em Hollywood, enquanto ele já era um veterano que conhecia todos os truques.

"Ela fez o que todas as atrizes fizeram desde que a palavra prostituta foi substituída pela palavra atriz", disse Louise Brooks.

Greta Garbo e John Gilbert

"Foi até ele e lhe concedeu seus favores, de vez em quando, pelo bem de sua carreira."

Quando as filmagens acabaram, os dois foram morar juntos. Ele construiu uma pequena cabana no fundo de seu quintal, com uma cascata artificial, e plantou pinheiros suecos para que ela matasse saudades da terra natal. Jurou-lhe amor eterno. Ela era mais fria, mas acabou consentindo em se casar com ele. A proposta foi feita na fazenda de Marion Davies em Beverly Hills. Haviam sido convidados para um jantar ao lado de outro casal, o diretor King Vidor e a atriz Eleanor Boardman, vizinhos de Gilbert, que planejavam se casar duas semanas mais tarde. Gilbert sugeriu um casamento duplo e, para surpresa de todos, Garbo disse sim.

Na manhã da cerimônia, Gilbert viu Garbo saindo com seu carro para a estrada. Ela não voltou. Como o casamento seria na casa de Marion, ele foi para lá, na esperança de que ela aparecesse. Mayer estava presente e, ríspido como sempre, perguntou:

"Qual é o seu problema, Gilbert? Para que você quer se casar com ela? Por que simplesmente não dorme com ela e depois esquece tudo?"

Gilbert, que obviamente não se sentia muito confortável na situação de noivo abandonado, jogou-se sobre Mayer, que bateu com a cabeça no chão e quebrou os óculos. Furioso, tentando pôr-se de pé, gritou:

"Você está acabado, Gilbert! Vou destruir você nem que me custe um milhão de dólares!"

Garbo mais tarde admitiu que amava Gilbert, mas, além de não gostar de suas bebedeiras, achava-o muito dominador para o seu gosto.

"Tinha medo de que mandasse em mim. Sempre quis ser independente."

Seu antigo companheiro Stiller ficou furioso ao vê-la apaixonar-se por alguém "com tão pouco cérebro quanto Gilbert". Garbo não revelara ao noivo que Stiller era homossexual, assim Gilbert atribuiu sua fuga a um caso entre eles.

Apesar do rompimento, o estúdio continuou a se valer do romance entre os dois para se contrapor aos rumores sobre o lesbianismo dela quando eles se tornavam mais insistentes. Anos mais tarde, o *New York Mirror* publicou uma história segundo a qual Gilbert teria atraído Garbo para o departamento de licenças de casamento em Santa Ana, mas ela "teria fugido e se escondido na estação ferroviária até o trem chegar".

A colunista dos jornais de Hearst, Louella Parsons, escreveu: "Garbo e Gilbert saíram secretamente de Los Angeles na última sexta-feira e se casaram numa cidade vizinha. San Jose ou Ventura seriam os lugares em que a licença foi obtida."

Louis B. Mayer

Era uma bobagem, evidentemente. Garbo passava então seu tempo com o ator Nils Asher e Gilbert, desesperado, casou-se com a atriz Ina Claire em 9 de maio de 1929. Separaram-se em 31 de agosto de 1930 e se divorciaram no ano seguinte. Enquanto isto, Mayer cumpria sua promessa de destruir Gilbert, permitindo que trabalhasse apenas em produções menores. Para completar, a queda da bolsa em Wall Street o arruinou. Sua salvação era o contrato que ainda tinha com a MGM. Quando o som chegou ao cinema, Mayer pôde acabar de vez com ele. Instruiu os engenheiros de som para que transformassem a suave voz de tenor de Gilbert num falsete quebradiço, dificilmente o instrumento ideal para um herói romântico. O público ficou horrorizado e a crítica declarou que sua voz era esganiçada. Os fãs o abandonaram. Ele se refugiou no álcool e bebeu até morrer, com a idade de 39 anos.

A escritora e socialite Mercedes de Acosta era obcecada por Garbo desde o dia em que a vira em Constantinopla, em 1942.

Não sabia que era atriz; sua distinção e porte aristocrático a fizeram supor que se tratasse de uma princesa russa.

"Várias vezes depois eu a vi na rua", disse ela. "Ficava terrivelmente perturbada por seus olhos; desejava desesperadamente falar com ela, mas não tive coragem."

Não sabia nem mesmo em qual língua deveria se dirigir a ela e assim não se conheceram. Mas, como Mercedes pressentiu quando partiu, voltariam a se encontrar: "Enquanto o trem me afastava de Constantinopla, tinha a sensação de que veria de novo aquela face bela e hipnótica em algum outro lugar."

De Acosta sempre se sentira incerta sobre sua identidade sexual. Até os sete anos, pensou ser um menino. A família encorajava sua confusão. Sua mãe desejava ter um menino e chamava Mercedes de "Rafael", vestindo-a com o uniforme dos alunos de Eton. Assim, foi como Rafael que ela brincou com os meninos até o dia em que, como lamentou, "a tragédia aconteceu". Um deles lhe declarou que não conseguia jogar bola tão longe quanto eles porque era uma menina. Mercedes desafiou-o para uma luta. Em vez disso, ele a levou para trás do banheiro e lhe mostrou seu pênis. Ela achou-o horrível e lhe disse que era um deformado.

Ele não teve dúvidas e afirmou: "Se você é mesmo um menino e não tem um, então você é que é deformado."

Os outros meninos chegaram ao local onde os dois estavam e confirmaram o que ele declarara, mostrando-lhe também seus pênis.

"Prove que você não é uma menina", desafiaram-na.

Mercedes correu para casa e obrigou sua mãe a admitir que, de fato, era uma menina. Ela foi então mandada para um convento, onde chocava as freiras declarando que não era nem menina nem menino – "talvez eu seja ambos".

Garbo também se referia a si mesma como um homem. Anos depois, de Acosta diria: "Qual de nós tem apenas um sexo? Eu me sinto andrógina."

Ela claramente gostava de representar os dois gêneros. De 1920 a 1935, foi casada com o artista Abram Poole, o que não a impedia de manter relacionamentos com mulheres. Chegava a afirmar que levara uma namorada em sua lua-de-mel.

"Posso tomar qualquer mulher de qualquer homem", costumava gabar-se.

Mercedes foi convidada a conhecer Garbo em 1925, em Nova York, mas não pôde ir. Em 1931, foi chamada a Hollywood para escrever um roteiro para a atriz Pola Negri. Não precisou pensar duas vezes. "O mundo todo pensava que era um lugar de vida escandalosa, com carreiras que subiam e desciam meteoricamente, extravagâncias descontroladas, casos amorosos desenfreados e – numa palavra – pecado", escreveu em suas memórias, *Aqui Jaz o Coração*. Era, em suma, seu lar espiritual.

Três dias depois de lá chegar, ela foi convidada para um chá por Salka Viertel, uma atriz alemã cuja casa fora transformada em um centro de reunião para os artistas emigrados. Garbo estava lá. E Mercedes outra vez ficou impressionada com seus olhos, "que contêm uma visão da eternidade", e pelo fato de ela vestir calças.

Dois dias mais tarde, tomaram o café da manhã juntas e passaram a manhã dançando na casa de praia de um roteirista da Paramount. Garbo convidou Mercedes a almoçar em sua casa, mas ela tinha um compromisso com Pola Negri que não podia desmarcar, pois seria um "almoço íntimo para seis".

Garbo riu de sua ingenuidade: "Você não conhece Hollywood. Isto quer dizer seiscentos."

No meio do almoço, Mercedes recebeu um telefonema. Era Garbo.

"São seis ou seiscentos?"

"Está mais para seis mil", respondeu ela.

Saindo discretamente, Mercedes correu para a casa de Garbo, que a esperava do lado de fora, com um roupão de seda preta e chinelos masculinos. No fim da tarde, Garbo lhe disse: "Você deve ir para casa."

A partir de então passavam as noites juntas na praia, imersas em profundas meditações. Garbo queria passar longas férias sozinha numa ilha de Silver Lake, nas montanhas de Sierra Nevada. Foi, mas depois de dois dias voltou a Los Angeles para buscar Mercedes. Quando retornaram à ilha, Garbo lhe disse: "Precisamos ser imediatamente batizadas."

Tirou suas roupas e mergulhou na água. Mercedes seguiu-a, apesar de a água estar gelada.

"Como descrever as encantadoras seis semanas seguintes?", escreveu Mercedes em suas memórias. "Recapturando-as na memória, percebo o quanto fui feliz em ter o privilégio de desfrutá-las. Seis semanas perfeitas em toda uma vida... E durante todo o tempo não houve um segundo de desarmonia entre Greta e eu ou a natureza em volta."

As duas se mudaram para casas vizinhas e se viam todos os dias. Mercedes passou a freqüentar o que havia sobrado do círculo de lésbicas de Alla Nazimova. Tornou-se uma das mais notórias lésbicas de Hollywood e freqüentemente usava roupas masculinas, encorajando Garbo a fazer o mesmo. As duas foram retratadas passeando por um bulevar de Hollywood, com a seguinte legenda: "Garbo de calças!"

Mas a visão de uma Garbo masculinizada não agradava aos chefões do estúdio. Irving Thalberg ficou muito irritado com Mercedes quando esta lhe propôs escrever para ela o roteiro de um filme em que representaria vestida de rapaz. Thalberg lhe disse: "Você deve estar louca. Passamos anos criando a imagem de atriz glamourosa para Garbo e agora você deseja vesti-la com calças e ganhar dinheiro com ela."

Quando o projeto foi barrado, Garbo insistiu para que Mercedes escrevesse para ela um roteiro baseado no romance *O Retrato de*

Mercedes de Acosta

Dorian Gray, de Oscar Wilde. Ela não se atreveu, respondendo: "Vá você e explique a idéia a Thalberg, deixando-o jogar você pela janela, não a mim."

O diretor George Cukor via uma outra faceta de Garbo. Ele disse ao fotógrafo Cecil Beaton: "É claro que ela é uma mulher sensual, capaz de qualquer coisa, de seduzir um homem, ir para a cama com ele e então jogá-lo pela janela, mas ela guarda sua verdadeira sensualidade para a câmera."

E as platéias captavam isto. No auge de sua fama, ela recebia, e jamais leu, quinze mil cartas de fãs por semana, muitas pornográficas.

Garbo e o carismático maestro Leopold Stokowski se conheceram na casa de Anita Loos e partiram para uma viagem pela Europa que durou vários meses.

"Não haverá nenhum casamento nos próximos dois anos, por causa dos contratos e de nossos compromissos em Hollywood", declarou ela aos jornalistas. Logo em seguida, Stokowski se casou com a herdeira milionária Gloria Vanderbilt.

Em 1939, Garbo trabalhou junto com a ex-mulher de John Gilbert, Ina Claire, em *Ninotchka*. Tentou inutilmente seduzi-la. Foi o último filme de Garbo. Ela tinha 36 anos e se retirou para a reclusão em Nova York, pronunciando a famosa frase: "Desejo ficar só."

Sua relação com Mercedes esfriara. Garbo estava mais interessada na estilista russa Valentina. O marido desta, George Schlee, chegando ao salão de sua mulher, encontrou Garbo inteiramente nua, preparando-se para provar um vestido. Os três se tornaram tão íntimos que todos se perguntavam quem fazia o que com quem.

Dizia-se que Schlee confessara à esposa que amava Garbo, mas completara: "ela nunca vai querer se casar; além disso, eu e você temos tanto em comum". Outros juravam que era por Valentina que Garbo estava apaixonada. De qualquer forma, era vista sempre com Schlee, com quem viajava sozinha.

Em 1946, Schlee a levou a uma festa íntima oferecida por uma editora da revistas *Vogue*, Margaret Case. O célebre fotógrafo inglês Cecil Beaton lá estava. Suas atitudes em relação às mulheres eram ambíguas. Tivera vários casos com outros homens, mas desejava casar-se e ter uma vida respeitável. Não conseguia aceitar sua homossexualidade, mas ao mesmo tempo não podia conceber a idéia de ter relações sexuais com uma mulher. Ele gostava da companhia das mulheres, mas, escreveu, em seu diário: "Jamais estive apaixonado por uma mulher e creio que jamais estarei do modo como estive por outros homens. Na verdade, sou terrivelmente homossexual e tento com afinco não ser."

Beaton esforçava-se para assumir um comportamento heterossexual, condenando os efeminados que, segundo confessava, o assustavam e o deixavam nauseado. O costureiro Charles James acusou-o de fingir-se de heterossexual, o que era verdade, como ele mesmo reconhecera em seu diário. Beaton sentia-se mais à vontade na companhia de homossexuais e lésbicas. Afirmava que, em sua primeira visita a Hollywood, tivera um caso com Gary Cooper.

Em Viena, em 1930, apaixonou-se pelo decorador Peter Watson, mas este o obrigou a uma relação platônica, na base do que denominava "olhe, mas não toque". O tormento chegou a tal ponto que Watson lhe sugeriu arranjar uma amante. Foi desta idéia que surgiu sua ligação com a glamourosa viscondessa Castlerosse. Londres inteira, que conhecia bem os personagens, e ninguém menos do que o próprio lorde Castlerosse, divertiram-se muitíssimo com o suposto caso.

Beaton não desanimou. Sua tentativa seguinte foi a socialite Lilia Ralli. Isto o levou a ser convidado para fotografar a princesa

Olga, da Iugoslávia, o duque e a duquesa de Kent e, mais tarde, até a rainha Elizabeth da Inglaterra.

Apesar de todas as suas tentativas, Beaton continuava a ser freqüentador assíduo de banhos turcos e orgias homossexuais. Era tão conhecido no mundo *gay* que poucos de seus amigos homossexuais acreditavam nas histórias de suas conquistas heterossexuais.

Beaton ficou deslumbrado com Garbo quando a viu em Hollywood em 1932. Revendo-a em 1946, confirmou suas impressões sobre sua beleza. Os dois passaram a passear juntos no Central Park. Um dia, ele lhe disse de sopetão: "Minha cama é estreita e casta. Eu a odeio."

Ela lhe explicou que até então jamais havia pensado em se dedicar a uma pessoa, casando-se com ela. Acreditava que havia sido um erro. Quanto mais velha ficava, mais solitária e mais necessitada de "uma companhia permanente". Beaton imediatamente se declarou.

Garbo criticava-o por ser muito frívolo. Apesar disto, alguns dias mais tarde confessou que o amava. No entanto, não podiam marcar nada naquele momento, pois estava com uma viagem marcada para a Suécia. Pediu-lhe para tirar uma fotografia para seu passaporte. Assim que ele começou, ela se entusiasmou e posou com várias roupas diferentes. Enquanto ela estava viajando, ele levou as fotos para a *Vogue*. Na Suécia, ela soube disto e lhe telegrafou afirmando que jamais o perdoaria se fossem publicadas. Beaton, desesperado, telefonou para a *Vogue*, mas era muito tarde. As revistas já estavam a caminho das bancas.

Quando Garbo retornou a Nova York, recusou-se a atender aos seus telefonemas. Um mês mais tarde, Beaton conseguiu vê-la em Hollywood, mas ela permaneceu irredutível. Durante um ano e meio, o fotógrafo a bombardeou com cartas, telefonemas e telegramas. Tudo em vão. Em outubro de 1947, ele escreveu em seu diário: "Estou completamente desesperado."

Uma amiga comum, Mona Williams Harrison, aconselhou-o

a parar de persegui-la. Se parasse de telefonar, talvez ela sentisse sua falta. Teria que parecer tranqüilo e indiferente. Ele aceitou o conselho. Quatro dias mais tarde, seu telefone no Plaza tocou. Era ela.

"Posso ir aí agora?", perguntou-lhe.

Ele replicou timidamente: "Está chovendo muito e tenho que sair."

Ela bancou a surda. "Daqui a pouco estarei aí."

Beaton continuou a se fazer de difícil, insinuando que tinha casos com outras mulheres e homens – estava "divertindo-se em ambas as direções", disse. Até que, em 3 de novembro de 1947, ela entrou em seu quarto no Plaza e ele começou a massagear suas costas. Ela se levantou e fechou as cortinas. E subitamente Beaton percebeu que seus sonhos se tornavam realidade.

A maior preocupação dela era evitar que Schlee soubesse do caso. Em 14 de novembro, ela ficou aborrecida por ter sido reconhecida por um empregado do hotel quando entrava sorrateiramente no quarto de Beaton pelas escadas do fundo do hotel. Uma xícara de chá a acalmou.

"Você quer ir para a cama?", perguntou-lhe alguns minutos depois. Beaton, como revelou mais tarde, sentiu-se como se estivesse sendo usado apenas como um corpo. Em outra ocasião, ela criticou suas maneiras efeminadas e disse que desejava transformá-lo em um homem. Ele respondeu que jamais se casaria com ela porque "não o levava a sério".

"Que absurdo", disse ela. E então declarou, ternamente: "Eu o amo, Cecil... Estou apaixonada por você."

Eles passaram o mês de dezembro juntos, falando seriamente sobre seu relacionamento. Beaton mostrou-lhe fotos suas vestido de mulher em Cambridge e descobriram seu interesse comum em se vestir com roupas do sexo oposto. Falavam sobre a primeira vez em que se tinham visto e ele agradecia por não terem iniciado sua relação antes, pois tinha se tornado um homem mais experiente. Ela se lamentava por não ter se casado antes.

Garbo não passava todas as noites com Beaton e só o via durante a semana. Seus fins de semanas pertenciam a Schlee.

Beaton implorou-lhe para que fossem para a Inglaterra e se casassem, mas ela não queria ferir Schlee. Ele voltou sozinho e continuou alimentando a esperança de, um dia, casar-se com a atriz. Escrevia-lhe sempre. Em 1951, ela foi visitá-lo. Adorou a vida em Wiltshire, deu-se bem com seus amigos e até com a princesa Margaret. Como era de se esperar, brigou com a mãe dele, que a considerava uma ameaça. As férias terminaram quando ela recebeu uma longa carta de Schlee, na qual ele dizia: "Não há mais nada a fazer a não ser anunciar suas boas novas." Ela voltou imediatamente para Nova York. E Beaton percebeu como Schlee controlava a vida dela. Não havia a menor possibilidade de que as coisas se alterassem. Isto ficou mais claro ainda no ano seguinte. Um ultraconfiante Schlee foi à Inglaterra com Garbo e a entregou pessoalmente a Beaton.

Apesar de todos os anos de persistência, a paciência de Beaton começava a esmorecer. Uma noite em Nova York, em 1956, ela se recordou de uma antiga diferença que tinham tido.

"Se depois de todos estes anos você não pôde me perdoar, sou um fracasso", admitiu ele.

A resposta dela foi uma pergunta irônica: "Então não vai mais se casar comigo?"

Antes que ele voltasse à Inglaterra, Garbo lhe disse: "Eu amo você, mas penso que é um fiasco. Você deveria ter me agarrado pelo pescoço e me obrigado a ser um rapaz honesto. Você deveria ter sido meu Exército da Salvação."

Tudo que Beaton conseguiu balbuciar como resposta foi: "Obrigado por me dizer isto."

Apesar disto, eles não romperam. Em 1959, ele lhe telefonou para dizer que planejava casar-se com June Osborn, viúva do pianista Franz Osborn. Ela lhe respondeu: "Vou aí e corto sua cabeça. Dê-me outra chance."

Ela ainda permanecia com Schlee. Beaton também transferiu sua afeição. Quando estava em Nova York, chamava Valentina Schlee, sem mesmo visitar Garbo, no apartamento de cima.

Em 1964, Garbo estava em Paris com Schlee quando ele teve um ataque cardíaco e morreu. No ano seguinte, ela se encontrou com Beaton no iate de Cécile de Rothschild. Mantiveram-se indiferentes. Dizia-se que Garbo e Cécile eram amantes. O nome da atriz também aparecia junto ao do ator Van Johnson.

Em meados da década de 1970, Garbo visitou um *sex shop* com um amigo e revelou estar contente por aquela parte de sua vida ter chegado ao fim. Entre 1972 e 1973, Beaton publicou seus diários, com longas passagens sobre o relacionamento entre os dois. Os amigos se voltaram contra ele, horrorizados com sua deslealdade. Ele admitiu não ter pedido permissão àquela tímida amante da publicidade. Quando lhe telefonou, ela simplesmente desligou o telefone. Ele confidenciou a um amigo que achava uma desonestidade deixar de fora a maior parte de sua vida "por causa da neurose daquela mulher".

Beaton ficou parcialmente paralisado por um derrame em 1974. Ela o ignorou. Um amigo comum, Sam Greene, conseguiu finalmente persuadi-la a visitá-lo em janeiro de 1980. Vendo-a, ele começou a chorar. Ela se sentou em seu colo e lhe disse: "Beattie, estou de volta."

"Oh Greta, estou tão feliz", disse ele.

No dia seguinte, ela fez uma despedida teatral. Beaton morreu quatro dias mais tarde, legando-lhe um quadro com uma rosa solitária.

Greta Garbo morreu em Nova York em 15 de abril de 1990. Deixou para sua sobrinha uma herança de 32 milhões de dólares. O abandono da carreira no auge da juventude e do sucesso, a persistente recusa a voltar a filmar e o silêncio do vulto fugidio captado pelos fotógrafos em seus últimos anos fizeram dela a mais enigmática das criaturas. Em terras nórdicas, só Hamlet se compara a ela.

SEXO, BEBIDAS E DROGAS

Errol Flynn foi o maior de todos os heróis de capa-e-espada. Alto, belo e com um corpo bem modelado, uma expressão meio zombeteira nos cantos da boca tornava inesquecível sua imagem de espadachim perfeito. Quem o viu no auge da juventude, esquivando-se ligeiro entre os golpes das espadas dos adversários, que sempre vencia, jamais poderia imaginar a ruína daquele físico impecável. Graças às doses cavalares de sexo, bebidas e drogas, bem cedo se tornou uma figura constrangedora, prematuramente envelhecida e esgotada.

Errol Flynn

Mas ele se orgulhava dos feitos que o destruíram. Entre seu primeiro amor, uma criada que trabalhava na Austrália para sua família, e o último, cujo nome, cavalheiro que era, jamais revelou, Errol dizia ter passado entre doze e quatorze mil noites fazendo amor. Como Chaplin, também tinha uma pronunciada queda por jovens. Mas, diferentemente do pequeno vagabundo, de ambos os sexos. Aos 17 anos, seu sorriso já se tornara irresistível e ele não o desperdiçava. O sexo logo se tornou sinônimo de aventura para ele. Vindo da Austrália, correu mundo, enfureceu pais e maridos em todos os lugares por onde passou, até que chamou a atenção de Jack Warner, um dos chefões da indústria cinematográfica, e abriu seu caminho para Hollywood.

De início, o estúdio não tinha nada a lhe oferecer. Encontrou-se com Lily Damita, uma estrela que já conhecia, e foi viver com ela. Isto lhe permitia mostrar-se nos lugares convenientes. Sua vida com Lily, cinco anos mais velha, não o fez desistir da carreira na qual já era veterano. À espera de oportunidades no cinema, passava seus dias com belas garotas. Apesar disso, os dois se casaram e ela, enfim, conseguiu para ele seu primeiro, e definitivo, papel de espadachim. Errol desejava fazer *O Capitão Blood*, recusado por outro ator, e Lily o ajudou a consegui-lo. Ela conversou com Ann, noiva de Jack Warner, e este passou a espalhar que tinha o ator ideal para o filme sob contrato. No inevitável teste, ele fez o que melhor sabia, representando uma cena tórrida com Jean Muir. Não deixou dúvidas e foi escolhido imediatamente. Muir, no entanto, foi substituída pela virginal Olivia de Havilland, o que o deixou muito desapontado.

Para que ele não fizesse feio em seu novo papel de astro, Lily lhe propôs comprar um novo guarda-roupa e lhe deu cinco mil dólares. Ele os dilapidou jogando pôquer. Suas preferências definiram-se pelas jovens entre 13 e 16 anos e por rapazes dos 17 aos 19. Mas enquanto não se preocupava em exibir-se com garotas, escondia dos olhos curiosos suas tendências bissexuais, marcando encontros com os rapazes na fronteira ao sul do México. Em Cuernavaca, Errol também se permitiu entregar-se às suas fantasias de *voyeur*. Havia lugares em que os homens podiam observar as mulheres fazendo amor através de buracos na parede; uma casa noturna exibia apresentações ao vivo e pagando mais caro se podia ver homens e mulheres tendo relações com animais. Ele gostava tanto de observar quanto de atuar.

Como as mulheres corriam atrás dele, Lily se tornou mais e mais ciumenta e violenta. Errol, ironicamente, explicou que aprendeu a manter seu olhar "fixo e vítreo, como o dos guardas em frente ao palácio de Buckingham" quando ela estava por perto. "Mas, longe dela, eu continuava atrás das belas de

Hollywood", dizia. Seus únicos momentos de paz com sua mulher eram na cama.

Inevitavelmente, ele se cansou. Para fugir de sua fúria, foi lutar na Guerra Civil Espanhola, atração fatal para inúmeros artistas e escritores na época.

Ele amava as ardentes espanholas e encantou-se com Estrella, uma jovem de longas pernas e pele de alabastro que, para ele, parecia simbolizar a Espanha. Lily, que não era tola, não demorou muito a ir para a Europa e os dois protagonizaram uma apaixonada reconciliação. De volta aos Estados Unidos, selaram as pazes com uma lua-de-mel a bordo de seu iate. Enquanto ela permanecia a bordo, ele desembarcava e dava suas escapadas. Pois Errol não achava a monogamia um estado natural para um homem: "As mulheres tentam tornar os homens uma posse pessoal. Mas acredito que, quando se ama alguém, deve-se desejar vê-lo livre."

Lily Damita e seu filho Sean

A possessividade de Lily, para ele, arruinara desde o início suas relações. Mas ela tinha todos os motivos para não confiar nele. Numa festa a fantasia, numa das casas do milionário William Randolph Hearst, Errol livrou-se da mulher e deslizou para fora com uma jovem socialite, Eloise Ann Onstott. Os dois procuraram um lugar sossegado e encontraram um caramanchão perto da piscina. Não havia cadeiras ou bancos e eles se contentaram com o chão.

"Estava escuro", disse ele, "mas dava para nos vermos". De repente, ele ouviu um barulho e olhou para cima. Havia, e eles não tinham percebido, uma sacada dando vista para o caramanchão. Quatorze seguranças apreciavam o panorama oferecido pelos dois.

Jovens aspirantes a estrelas jogavam-se constantemente nos braços dos atores, na esperança de conseguir um lugar ao sol. Errol lhes explicava bem que não poderia ajudá-las. Mas mantinha um estratagema dúbio, para dizer o mínimo, com o diretor Raoul Walsh. Se alguma garota lhe interessasse, ele os apresentava. Walsh então declarava, observando a jovem: "Ela seria perfeita para o papel da irmã."

As que caíam demonstravam efusivamente seu agradecimento. Mas quando recebia o roteiro, Errol lhes dizia: "Veja o que aquele danado de produtor fez! Cortou toda a sua parte, deixando apenas uma linha!"

Nem sempre, porém, era bem-sucedido. Ele fez uma aposta com Ann, a noiva de Jack Warner, que o ajudara a tornar-se o capitão Blood. Se ele ganhasse um jogo de pingue-pongue, ela dormiria com ele. Ganhou. "Mas ela jamais pagou", reclamou ele.

Uma atriz que ele teve prazer em ajudar foi Linda Christian. Conheceu-a na cidade do México e foi imediatamente conquistado por seus olhos felinos, sua boca delicadamente torneada e "uma figura que devia ter sido esculpida". Ele estava a caminho de Acapulco, lugar que, ela lhe declarou, sempre desejara visitar. Seu maior desejo era ser artista de cinema. Quando voltaram para a Cidade do México, Linda já exibia um contrato assinado. Mais tarde, ela se tornou a senhora Tyrone Power.

Enquanto filmava *Patrulha da Madrugada*, Errol passava horas na casa de David Niven, chamada *Cirrose sobre o Mar*, onde fumava e mascava haxixe, bebia e caçava garotas. Raramente aparecia em sua própria casa. Sentiu-se fortemente atraído pelo colorido moreno do belo Tyrone Power, bissexual como ele. Este havia se casado há pouco com uma atriz francesa, Annabella. Isto não os impediu de iniciar o que se tornou uma longa relação. Errol era o marido. Eles se encontravam em motéis e em casas de amigos homossexuais. Um deles, Edmund Goulding, oferecia orgias masculinas em sua homenagem, mas Power se recusava a comparecer. Era muito tímido e sensível. Errol apreciava especialmente os encontros bissexuais.

As brigas com Lily foram se tornando tão escandalosas e barulhentas que os vizinhos reclamavam. Em 1940, ela ficou grávida. Teria o filho, mas perderia o marido. Após seis anos de casamento, ela o levou à bancarrota com o divórcio, conseguindo metade de tudo que ele possuía, mais uma pensão mensal. Ele jamais se recuperou economicamente.

Quando seu filho Sean nasceu, Errol foi visitá-los e os levou para casa. Apesar de preocupar-se com o menino, viu-o muito pouco. Quando ele fez 12 anos, levou-o a um bordel, dando-lhe 25 dólares para preservativos e flores.

Tyrone Power

Sean Flynn tentou uma carreira no cinema, depois se tornou fotógrafo. Desapareceu no Camboja, durante a guerra do Vietnã.

Dois casos com duas menores de idade, fartamente explorados pela imprensa, levaram o público à histeria e Errol às barras dos tribunais, sob acusação de estupro. Ele precisou do auxílio de doses extras de vodca para acalmar-se antes de depor, jurando inocência. Seu convincente advogado provou que seu belo, rico e famoso cliente era puro como a neve. O júri, sabiamente escolhido, era composto por nove mulheres e três homens. Dois deles achavam que ele era culpado. As mulheres, obviamente, pensavam que Errol era inocente. Conseguiram absolvê-lo. Ao ouvir o veredicto, ele as cumprimentou. Escreveu depois que considerava engraçada sua fama de moderno Dom Juan.

A notoriedade do caso aumentou ainda mais o assédio das mulheres. Sua popularidade subiu às nuvens. Mas ele ficou profundamente perturbado, apesar de ter-se saído bem. Perdeu a espontaneidade com a qual, antes, atraía meninos e meninas. Sentia-se vulnerável e colocou um aviso na porta de entrada de casa: "Senhoras, por favor, mostrem seu registro de nascimento, a carta de motorista ou qualquer outro documento."

O que ele realmente desejava, então, era a segurança do amor de uma mulher capaz de idolatrá-lo, uma mulher como Lily Damita. O destino enviou-lhe Nora Eddington. Conheceram-se numa festa na casa dele e se sentiram atraídos. Filha de um policial e virgem, Nora não era fácil de ser conquistada. Ele, com a maior paciência, dedicou-se a educá-la, falando-lhe sobre literatura e música. Ela sabia perfeitamente que, quando ia embora, ele chamava "profissionais" para diverti-lo e também aos seus convidados. Afinal, com prostitutas não se corria risco de ser denunciado por estupro.

Mas Nora não respondia aos seus apelos e sua frustração explodiu em violência. Uma noite, depois de uma festa em sua casa, inteiramente dopado pelos excessos de álcool e cocaína, ele a levou para seu quarto, despiu-a e a atacou. Ela contou depois que gritou e gritou, mas ele estava completamente fora de si. Mais tarde, quando compreendeu o que fizera, chorou e pediu perdão.

Apesar deste episódio pouco edificante e de ter mais duas outras amantes na época, ele conseguiu reconquistar Nora. Para ela, o maior desafio era, vivendo com alguém com o estilo de vida de Errol, manter o equilíbrio emocional, como revelou: "Eu oscilava entre meu desejo de amá-lo até morrer e a vontade de matá-lo cada vez que ouvia falar das outras garotas."

Em uma viagem a Nova York, ele encontrou um jovem escritor ainda iniciante, Truman Capote, que viria a ser um dos mais notórios homossexuais da vida artística americana. Ele se

*O jovem
Truman Capote*

tornou uma lenda em 1966, ao publicar um livro de tirar o fôle-go, *A Sangue Frio* – depois transposto com sucesso para o cinema – no qual revelou um grande talento. Errol convidou Truman para sair e os dois acabaram a noite na estreita cama do jovem. Anos mais tarde, Marylin Monroe perguntou-lhe se achara a experiência satisfatória e ele lhe respondeu: "Se não tivesse sido Errol Flynn, nem mesmo a lembraria."

Nora ficou grávida quando ele enfrentava um processo para estabelecer a paternidade de uma criança de três anos. No tribunal, Shirley Hassan, mulher de um marinheiro, insistiu que engravidara tendo relações sexuais com Errol no banco da frente de um cupê. Ele rebateu, alegando o absurdo ridículo da afirmativa, pois como era muito alto, só poderia tê-lo feito no banco de trás e com o maior desconforto.

Depois do nascimento de sua filha Deidre, ele se casou com Nora e comprou uma casa para sua nova família. Mas continuou a viver sua vida de solteiro em Mulholland Drive: "Esta é a única maneira de se casar com alguém. Casas separadas, vidas separadas, pessoas separadas", sentenciava ele.

Sua vida, na verdade, se assemelhava a um pesadelo porno-gráfico – era uma orgia permanente. Esta era a cena que Mickey Rooney se recordava de ter presenciado na casa dele: "Batemos em sua porta e duas estonteantes gêmeas a abriram, inteiramente nuas".

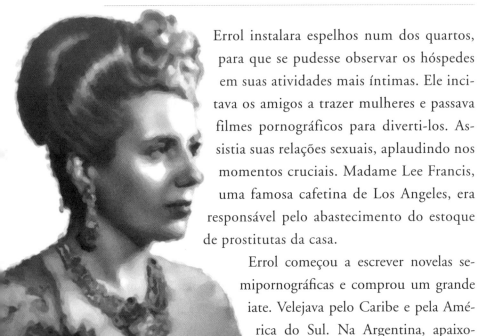

Eva Perón

Errol instalara espelhos num dos quartos, para que se pudesse observar os hóspedes em suas atividades mais íntimas. Ele incitava os amigos a trazer mulheres e passava filmes pornográficos para diverti-los. Assistia suas relações sexuais, aplaudindo nos momentos cruciais. Madame Lee Francis, uma famosa cafetina de Los Angeles, era responsável pelo abastecimento do estoque de prostitutas da casa.

Errol começou a escrever novelas semipornográficas e comprou um grande iate. Velejava pelo Caribe e pela América do Sul. Na Argentina, apaixonou-se por Eva Perón. Ele disse a um amigo em Hollywood: "Evita e eu fomos amantes durante muito tempo. Uma vez, em Buenos Aires, Perón descobriu tudo. Ordenou-me que saísse do país em 24 horas, senão seria encontrado morto em meu quarto." Apesar de tais ameaças, há quem diga que o caso durou até a morte dela, em 1951.

Em Hollywood, ele passava algum tempo com sua mulher. Idilicamente, como no início de seu relacionamento, falava-lhe sobre literatura e música. Tiveram uma segunda filha, Rory. Seu nascimento transformou temporariamente Errol e ele tentou se dedicar mais à família. Mas Nora sabia que era inútil sonhar em transformá-lo num modelo de pai de família. Ela acabou se cansando e foi para Palm Springs, onde começou a se encontrar com um cantor, Dick Haymes. Casou-se com ele nove dias depois de seu divórcio de Errol.

Aos 39 anos, seu crônico alcoolismo começava a afetar suas

habilidades sexuais. Mas durante as filmagens de *As Aventuras de Dom Juan,* talvez inspirado pelo tema do filme, centelhas da velha chama faiscaram novamente. Quando Errol desaparecia, o diretor Vincent Sherman sabia sempre o que ele fazia e onde encontrá-lo. Só desconhecia com quem ou, para sua surpresa, com quê. Pois teve um choque inesperado. Ele o surpreendeu em seu camarim, coberto apenas por uma toalha. Errol soltou-a e um pênis artificial gigantesco pulou em Sherman.

Em 1950, aos 41 anos, Errol casou-se em Mônaco com a atriz Patrice Wymore, de 24, que conhecera durante as filmagens de *Rocky Mountain.* Durante a recepção no Hotel de Paris, um oficial de justiça entregou-lhe uma ordem de prisão. De novo, era acusado de ter seduzido uma menor. Só que desta vez foi ele quem ficou escandalizado. Ao ser apresentado à jovem, que de fato jamais vira, horrorizou-se com os longos cabelos negros de suas pernas. Ela afirmava ter tido relações sexuais com ele no chuveiro de seu iate. Errol declarou ser impossível e convidou o juiz a visitar o local para prová-lo. Inspecionando a cena do suposto crime, o magistrado acidentalmente cutucou a tampa do chuveiro e se molhou. Mas notou que a água que saía era salgada. A jovem afirmara que era doce. O caso foi encerrado.

Como os anteriores, o novo casamento em nada o modificou. Quando filmava na Itália, teve hepatite, foi internado e os médicos o aconselharam a diminuir os abusos de sexo e álcool. Mas, como disse um amigo, "Errol ainda era Errol".

Teve uma filha com Patrice, Arnella, mas a mulher já se cansava e logo também sairia de sua vida. Ele continuou viajando, visitando bordéis homossexuais e dormindo com prostitutas. E então conheceu uma jovem de 15 anos, Beverly Aadland, que aumentara sua idade para conseguir um papel num filme. Ele a seduziu com a mesma sutileza com que violentara Nora. Sua ambiciosa mãe secou-lhe as lágrimas e a fez calar-se. Com as bênçãos de mamãe, os dois se tornaram inseparáveis. A vitalidade dela rejuvenesceu-o. Sua carreira também foi retomada e se falou nele para interpretar Humbert Humbert, o maduro sedutor-seduzido de *Lolita,* de Vladimir Nabokov. A vida mais uma vez imitava a arte.

Mas as extravagâncias de toda uma existência um dia refluíram e seu preço foi doloroso. Um câncer na boca o obrigou a uma sofrida operação, mas ainda teve energias para filmar com Beverly em Cuba. Em julho de 1959, um ataque do coração confirmou o que os médicos já sabiam e ele devia suspeitar: seu tempo se esgotara. Morreu aos 50 anos, com o corpo gasto de um homem muito mais velho. Fiel a si mesmo, o eterno capitão Blood deixou uma autobiografia admiravelmente sincera, *Meus Devassos, Devassos Anos.* Em seus caminhos, não se poderia exigir nada mais honesto de um homem.

A MULHER QUE
AMOU DEMAIS

A maior rival de Garbo em Hollywood era outra estrangeira, a alemã Marie Magdalene Dietrich – para os fãs do cinema, apenas Marlene Dietrich. Nascida na Alemanha em 27 de dezembro de 1901, soube como poucas explorar a sedução de sua evidente ambigüidade sexual. Esta se manifestara desde a infância. Na escola, ela se identificava como Paul e se apaixonou por sua professora de francês, que chamava de "meu amor secreto". Mas também era fascinada, como todas as garotas alemãs, por Henry Porten, o maior astro do cinema alemão da época.

*Marlene
Dietrich*

Seu olhar, frio, langoroso e perscrutador, que lhe conferia um ar misterioso, desde cedo impressionava. Aos 16 anos, muito provocante, já começava a manipular sua aparência. Vestia-se de rapaz e tinha uma "amiga especial", Hilde Sperling, que a adorava. Quando foi estudar em Weimar, divertia as colegas cobrindo-se apenas com um lençol e imitando um pagode chinês. Insistiu em ter aulas particulares de violino com o professor Reitz, para quem se apresentava com um vestido de chiffon que deixava pouco espaço para a imaginação. Mais tarde, Marlene disse à sua filha que foi com seu professor que perdeu a virgindade.

Ao se mudar para Berlim, morando com tios burgueses e liberais, resolveu tentar o teatro. Para sobreviver, tocava violino num cinema e depois no teatro. Mas não foram seus dons artísticos que a impeliram para a frente dos holofotes, saindo do fosso da orquestra. Foram suas pernas, e ela passou a dançar no Girl-Kabarett.

Sua carreira foi impulsionada por sua ousada tia Jolli, que lhe emprestava vestidos escandalosos. Seu rico tio Willi conhecia diretores de cinema e usou sua influência para ajudá-la. Quando conheceu o ator e diretor Rudi Sieber, Marie percebeu que encontrara o homem de sua vida. O fato de ele ser mulherengo não lhe importava.

Aos 21 anos, ela se casou com Rudi em Berlim. Os dois permaneceram casados durante 53 anos, até a morte dele, em 1976. Em 1924, Marie teve uma filha, Maria ou "Heidede", e parou durante um ano para cuidar dela. O marido não lhe abriu as portas para o estrelato e ela continuou fazendo pequenos papéis sem importância. Na época, a figura de Garbo dominava as telas.

Depois da crise da bolsa de Nova York, Berlim se tornara um antro de divina decadência. Todas as perversões imagináveis encontravam-se disponíveis nas ruas. O casal Sieber freqüentava os bares e Marie exibia sua beleza nos vestidos extravagantes de tia Jolli. Mas chamava mais a atenção vestindo calças. Os papéis que conseguia eram inexpressivos, de coristas parisienses e de *vamps* da era do jazz, algumas vezes usando o monóculo que mais tarde seria uma de suas características marcantes. Mas foi nesses espetáculos que Rudi conheceu a outra mulher que o acompanharia durante toda a sua vida, a atriz Tamara "Tami" Matul. Marlene, por seu lado, envolvia-se com uma atriz lésbica, Claire Waldoff, que a ajudou a criar o estilo masculino que a tornaria única.

Atuando sempre bem no centro do palco, muito próxima do público, ela trabalhava uma imagem de mulher sensual e mostrava suas maravilhosas pernas. Robert Klein, diretor artístico dos teatros Reinhardt, viu-a em Viena. Chamou-a para uma audição em Berlim, para uma revista musical que pretendia montar. Durante o teste, ele lhe perguntou se ela tinha algum talento especial. Marlene disse que sabia tocar violino e serrote. Como ele jamais tinha ouvido tal instrumento, pediu-lhe uma demonstração. Ela conseguiu o papel.

Marlene se apresentava em nove números importantes. Um cavalheiro já entrado em anos chegou a assistir ao espetáculo vinte e cinco vezes, na primeira fila, só para ver a *fräulein* Dietrich. Mesmo Max Reinhardt apareceu para vê-la. E, de repente, ela e suas pernas apareciam em toda parte. As fábricas de meias de seda a contrataram para sua propaganda. Pouco tempo depois, suas fotografias eram estampadas nas revistas americanas.

Leni Riefenstahl

O passo seguinte foi o cinema, no papel principal de *A Princesa O-la-la*, no qual ela ensina os segredos do amor a um jovem príncipe e à sua jovem esposa, a princesinha, casados por conveniência. Para as revistas alemãs, ela era a "nova Garbo". G. W. Pabst procurava então a atriz para o papel de Lulu em *A Caixa de Pandora*, que Marlene já havia representado no palco. A imprensa insistia para que ela fosse a escolhida. Pabst a considerava muito velha e sensual para o papel, mas esteve a ponto de contratá-la quando viu Louise Brooks, para ele a personificação perfeita de Lulu.

Em 1929, Josej von Sternberg chegou a Berlim para filmar *O Anjo Azul*. Faria duas versões, uma em alemão e outra em inglês. Todas as atrizes em Berlim ansiavam pelo papel de Lola Lola, a provocante cantora de cabaré. Centenas desfilaram pelo escritório de Sternberg. Leni Riefenstahl, que mais tarde faria a propaganda do nazismo com seu filme *O Triunfo da Vontade*, estava convencida de que seria a escolhida, quando ouviu o diretor pronunciar o nome de Dietrich.

"Só a vi uma vez", disse Riefenstahl, desejando derrubá-la. "Ela estava com algumas jovens atrizes e o que chamou minha atenção foi sua voz profunda, grossa. Acho que estava um pouco bêbada. Ouvi-a dizer em voz alta: 'Quem disse que devemos ter belos seios? Por que não podem ser um pouco caídos?' Depois, levantou o seio esquerdo e o acariciou, espantando as jovens sentadas perto dela."

Von Sternberg já tivera a oportunidade de apreciar os seios de Dietrich, exibidos num filme alemão chamado *Três Amantes*, que estreara em Nova York com algum sucesso. O *The New York Times* chamara a atenção, especialmente, para a beleza "garboniana" da atriz alemã.

Dietrich sabia que Sternberg estava interessado nela e fingiu indiferença. Os dezessete filmes que ela fizera não o haviam impressionado, mas estava convencido de que ele, como diretor, enfim poderia lhe fazer justiça. Durante o teste, ela cantou *My Blue Heaven*, com seu estilo inimitável. Isto o convenceu de ter encontrado uma estrela.

Quando Riefenstahl soube que Dietrich havia conseguido o papel, ficou tão desgostosa que cancelou uma entrevista com a mais importante revista alemã. Marlene relaxava num bar *gay* quando o diretor musical do filme, Friedrich Holländer, lhe deu a notícia.

"Ela pediu tanto champanhe que dava para tomar banho nele", disse ele.

Durante as filmagens, Marlene se esforçou ao máximo. Um dia, quando cantava *Falling in Love Again*, von Sternberg perdeu a paciência.

"Sua porca", gritou. "Puxe as calças para cima. Todo mundo está vendo seus pêlos." Isto talvez fosse apenas uma demonstração de ciúme. Naquela época, seus discretos lanches *à deux* com sua descoberta, no camarim dela, davam muito que falar.

Quando o filme foi lançado, um crítico a chamou de "a nova encarnação do sexo". O que não significava necessariamente um elogio. Pois os chefões da UFA, a companhia alemã produtora do filme, quando viram a edição final, ficaram horrorizados e vetaram sua distribuição.

Isto não prejudicou a carreira de Marlene. Antes mesmo do fim da filmagem, as notícias sobre a descoberta de von Sternberg já haviam chegado aos Estados Unidos. O representante da Universal em Berlim, Joe Pasternak, visitou-a em seu camarim. Foi recebido por uma Marlene "envolta displicentemente num roupão transparente e nada mais". Ben Schulberg, da Paramount, vira cópias de cenas ainda não editadas; o chefe do departamento comercial, Sidney Kent, vira a atriz no estúdio. Jesse Lasky não perdeu tempo – contratou-a. Em 26 de fevereiro de 1930, Marlene chegou a Hollywood.

Von Sternberg decidiu então filmar *Marrocos*, em que Marlene faz uma cantora de cabaré que adora vestir-se com roupas masculinas. Ele queria John Gilbert para contracenar com ela, mas foi obrigado a aceitar Gary Cooper. Desde o primeiro dia, a química sexual dos dois atores se tornou evidente. Von Sternberg, obcecado por ela, não conseguia esconder seus ciúmes. Na tentativa de afastá-los, passou a dirigir em alemão. Cooper ameaçou esmurrá-lo se não voltasse a falar inglês. Sabia perfeitamente que Sternberg crescera em Nova York e era tão americano quanto ele.

Sternberg fez outro filme com Marlene, apesar da oposição de sua mulher, que lhe perguntou: "Por que você não se casa com ela? Talvez isto o faça feliz."

Ele apenas respondeu: "Seria mais fácil entrar numa cabine

telefônica com uma víbora." Alguns dias mais tarde, pôs a mulher para fora de casa. Madame Sternberg retaliou, entrando na justiça com uma ação indenizatória, exigindo 500 mil dólares de Marlene, que a imprensa chamava, a esta altura, de "pirata do amor".

Maurice Chevalier era vizinho de camarim de Marlene e os dois acabaram se tornando amantes. Mesmo a chegada de seu marido e da pequena Maria não esfriou seu ardor. Tamara, a 'outra' de Rudi, havia ficado em Paris, num luxuoso apartamento pago por Marlene. Mas o caso com uma atriz alemã às vésperas da Segunda Guerra Mundial acabou criando constrangimentos para Chevalier na França. Durante um concerto no Casino de Paris, ele a beijou. A platéia os vaiou. Ele salvou a situação dando outro beijo na lendária atriz Mistinguett, sua antiga amante.

Marlene dizia para sua filha Maria, perplexa com o vaivém de homens em sua vida, que não procurava sexo, "um fardo ao qual as mulheres têm que se submeter", mas sim romance. Por isto, preferia homossexuais ou homens impotentes: "São simpáticos. Podemos dormir e é tão cômodo."

Mas não conseguia ser sempre tão sincera com a filha. Quando Tamara Matul chegou a Hollywood, foi necessária muita imaginação e troca-troca de camas para impedir que a pequena descobrisse o estranho arranjo matrimonial.

Uma noite Marlene viu Mercedes de Acosta com Cecil Beaton e ficou imediatamente apaixonada – por ela. No dia seguinte, apareceu em sua casa com um enorme ramo de rosas brancas, explicando que conhecia poucas pessoas em Hollywood e nenhuma que as pudesse apresentar. Levou-lhe flores, com uma explicação: "Porque você parecia uma princesa ontem à noite." Também observou que Mercedes parecia triste. Esta lhe explicou que Greta Garbo estava fora da cidade.

"Também estou triste", disse Marlene, "triste e solitária.

Você é a primeira pessoa aqui por quem me senti atraída. Sei que parece pouco convencional, mas vim vê-la porque não consegui me conter."

Marlene bombardeou Mercedes com flores. Primeiro com tulipas, que a outra rejeitou como muito fálicas; depois, dúzias de rosas e cravos, que chegou a enviar duas vezes ao dia. Uma ocasião, pediu dez dúzias de orquídeas raras de São Francisco. Quando a empregada de Mercedes reclamou que não havia tantos vasos para tantas flores, Marlene enviou vasos Lalique. E mais flores.

"A casa ficou parecendo um hospício", queixou-se Mercedes. "Eu estava andando sobre flores, caindo sobre flores, dormindo sobre flores. Até que não agüentei mais e chorei e fiquei furiosa."

Ela mandou a empregada levar todas aquelas "malditas flores" ao hospital e ameaçou jogar Marlene na piscina se lhe enviasse outras. Assim, Marlene passou a escolher presentes diferentes. Caixas e mais caixas chegavam da Bullock's, no bulevar Wilshire, com roupões, pijamas, calças, suéteres, luminárias e abajures.

"A Bullock's de Wilshire mudou-se para minha casa", disse de Acosta e devolveu os presentes para a loja.

Marlene derramava seus sentimentos numa chuva de cartas e telegramas. Finalmente, em 16 de setembro de 1932, Mercedes rendeu-se. As duas passaram a tarde na cama juntas. Quando de Acosta deixou Marlene em casa, ela saiu depressa do carro e entrou rapidamente em casa, com medo de que sua filha a visse.

Elas passavam muito tempo numa casa de praia em Santa Mônica, que Marlene tinha alugado de Marion Davies. Ela cozinhava para Mercedes, e esta a encorajava a sair sem maquiagem e a vestir calças. Quando o estúdio começou a se preocupar com os rumores sobre a ligação lésbica de Marlene, ela calou Schulberg dizendo-lhe: "Na Europa, não importa se é com um homem ou uma mulher, fazemos amor com quem achamos atraente."

Continuou a comprar presentes para Mercedes da Bullock's, mas passou a escolhê-los no departamento masculino. De Acosta escrevia poesias de amor e cartas chamando Marlene de "a Loura Divina" e prometendo-lhe "beijá-la toda. E beijo tanto seu espírito quanto seu adorável corpo".

Mas repreendeu-a por dizer que a amaria para sempre: "Jamais diga sempre, pois no amor isto é blasfêmia", escreveu Mercedes.

A verdade é que as cartas da própria Marlene se tornavam mais e mais convencionais. Gradualmente, foi se cansando das constantes referências de Mercedes a Garbo, que tinha um lugar especial em sua vida.

"Dietrich era uma profissional; Garbo era uma artista", escreveria ela depois, em suas memórias.

Em 1933, a família – Rudi, Tami, Maria e Marlene – foi para a Europa passar férias. Foi então a vez de Mercedes enviar flores, tentando manter a relação. Passou por uma depressão terrível enquanto a amante estava fora. Mesmo o retorno de Garbo não a consolou.

Marlene voltou aos Estados Unidos para representar a insaciável Catarina, a Grande, imperatriz da Rússia. Foi quando se ligou a John Gilbert, o ex-noivo de Garbo. Esta fizera o possível para ajudá-lo quando sua carreira começou a declinar, insistindo para que representasse seu amante em *Rainha Cristina*. Ele tinha rejeitado para o papel John Barrymore e Laurence Olivier. Mayer acabou aceitando Gilbert, mas o filme foi um fracasso comercial. O público queria atores viris como Clark Gable e Gary Cooper, não os maneirismos dos astros do cinema mudo. Gilbert já estava fora de moda quando Marlene o descobriu.

Ela fez tudo o que pôde para reanimá-lo. Convenceu-o a fazer análise, levava-o para jantar e dançar e passava muitas horas tomando banho de sol com ele na piscina. Sob sua influência,

Marlene Dietrich e Gary Cooper

ele parou temporariamente de beber. Ela conseguiu um papel para ele em seu filme seguinte, *Desejo*. Junto com Gary Cooper, fariam um triângulo amoroso.

A lenda diz que Marlene brigou com Gilbert depois de ver o carro de Garbo em sua garagem. Na verdade, não houve nenhum reatamento entre os dois ex-noivos. O reencontro fatal na verdade foi entre Marlene e Cooper. Com este, Gilbert não tinha condições de competir, pois o alcoolismo o havia deixado impotente. Perdeu Marlene, voltou a beber e foi demitido. Ela procurou confortá-lo, mas era muito tarde.

Em 9 de janeiro de 1936, Gilbert morreu, asfixiado com sua própria língua. Marlene, segundo sua filha, estava com ele em seus momentos finais. Quando percebeu que ele estava morrendo, ela simplesmente desapareceu. Conhecia os padrões morais do estúdio e sabia que teria dificuldades em sua carreira se fosse encontrada com ele. Deu ordens às empregadas para que removessem qualquer vestígio de sua presença no quarto dele. Depois de chamar um médico, ela saiu. Em seu funeral, teve um colapso nervoso.

Depois Marlene teve um caso em Londres com Douglas Fairbanks Junior, ao qual, de início, incomodava muito a presença de Rudi e o fato de os dois só conversarem em alemão. Mas logo compreendeu que o marido não representava a menor ameaça. Perturbou-o também seu hábito de nadar nua mesmo nas festas de amigos nas casas de campo inglesas. Mais tarde, no jardim da casa de Fairbanks, de onde se podia ver a piscina de Marlene, o diretor Fritz Lang lhe explicou que aquele era um hábito alemão.

Marlene mudou-se para o apartamento de Fairbanks em Grosvenor Square. Ele encontrou nela "uma amante maravilhosamente anticonvencional", e "bastante maliciosa". Esculpiu um nu dela, deu-lhe o original, mas conservou uma cópia de gesso.

Em Berlim, Marlene encontrou o escritor Erich Maria Remarque, autor de *Nada de Novo no Front*. Ela lhe disse que ele parecia muito jovem para ter escrito um clássico como aquele. Conversaram uma noite inteira e ela ficou felicíssima quando ele lhe disse ser impotente.

"Que maravilha! Que alívio!", disse-lhe.

Explicou-lhe que odiava sexo. Ficava aliviada, pois poderiam conversar, dormir e se amar de uma forma "bastante agradável e cômoda".

Temendo os nazistas, Remarque fugiu para Paris, seguido por ela. Foram para Hollywood, onde se hospedaram juntos num bangalô do hotel Beverly Hills. Ele começou a escrever um romance sobre seu exílio, dedicado a "M.D.".

Marlene já estava beirando os quarenta anos e já não era o

que fora. Segundo sua filha, os famosos seios já não eram tão firmes, em conseqüência de seu hábito de não usar sutiã. Ela mandou fazer sutiãs da cor exata da carne, que eram costurados em seus vestidos. Daí por diante, não deixaria mais que seus amantes a vissem inteiramente nua.

Um dia, na Universal, ela viu o novato John Wayne. Passou por ele como se fosse invisível. Então parou, voltou-se e, olhando-o de cima em baixo, sussurrou: "Papai, compre esse para mim." Ele conseguiu um pequeno papel no filme em que ela trabalhava então, *Seven Sinners*, no qual, pela primeira vez, a atriz usava um vestido que imitava a pele nua. Era feito de tecido fino e transparente, com lantejoulas espalhadas nos pontos estratégicos. Wayne ficou deslumbrado. Apesar de ela não o considerar exatamente brilhante ou excitante, gostava de caçar, pescar e beber com ele. Fizeram mais dois filmes juntos.

Hitler era um grande fã de Marlene. Leni Riefenstahl surpreendeu-o em Berchtesgaden assistindo a um de seus filmes. O Führer pediu-lhe que voltasse para a Alemanha, mas ela se negou a fazê-lo. Em 6 de março de 1937, tornou-se cidadã americana e colaborou entusiasticamente para angariar fundos durante a guerra. Sentava-se no colo dos bêbados nos cabarés e os induzia a colaborar. Quando o presidente Roosevelt soube disto, agradeceu-lhe, mas convenceu-a a valer-se de meios mais próprios para uma dama.

Marlene havia conhecido o ator francês Jean Gabin antes da guerra, em Paris. Ele se exilou durante algum tempo em Hollywood e os dois passaram a morar juntos. Ela declarou às amigas que Gabin tinha as mais belas ancas do mundo. Enquanto tomavam banho de sol nus no terraço, a vizinha, Greta Garbo, pôde avaliá-las. Isto deixou Gabin perturbado.

Ele tinha ciúme das amigas lésbicas dela, como Claudette Colbert e Lila Damita. Conhecendo seus sentimentos, de deusa sexual ela passou a dona de casa, cozinhava e cuidava da casa para ele.

"É surpreendente que uma mulher como aquela fosse capaz de colocar um avental e fazer uma bela refeição", disse seu amigo Orson Welles.

Para Gabin, tudo parecia absolutamente normal. Como um camponês francês conservador, ele se sentava e fumava seu cigarro enquanto lia o jornal, esperando que uma das mais glamourosas mulheres do mundo servisse seu jantar. Pouco satisfeito com os filmes que lhe ofereceram, Gabin alistou-se no Exército de Libertação Francês e foi para o norte da África. Deixou para Marlene três quadros valiosíssimos, um Renoir, um Sisley e um Vlaminck, como prova de fidelidade. Dizia que, depois da guerra, voltaria aos Estados Unidos, pegaria suas pinturas e se casaria com Marlene.

Os caminhos dos dois não pararam de se cruzar na Europa, onde ele entretinha as tropas. Quando foi desmobilizado, Gabin passou a viver com ela em Paris. Ele tinha ciúme de suas amigas alemãs e batia nela.

Mas ela se vingou. Tempos mais tarde, ele pediu de volta seus quadros, que ainda estavam na Califórnia. Marlene lhe respondeu que ele os havia dado. Gabin concordou, mas replicou que desejava casar-se com ela, ter filhos e os quadros. Obviamente Marlene não queria mais filhos em sua idade e nem interromper sua carreira. Com uma oferta da Paramount no bolso, voltou para Hollywood. Ele jamais voltou a pronunciar o nome dela.

Apesar dessa separação, ela continuou a amá-lo. Reverenciava todas as suas cartas de amor. Comprou um apartamento na avenida Montaigne, perto do dele, que manteve pelo resto da vida. Quando soube que ele ia se casar, correu para Paris, mas ele não quis vê-la. Gabin comprou um jazigo num cemitério da Normandia, perto de sua cidade natal, mas quando Marlene comprou o terreno ao lado, ele o vendeu. Anos mais tarde, quando Gabin morreu, alguns anos depois da morte de seu marido, Rudi, ela disse melancolicamente: "Agora fiquei viúva pela segunda vez." Gabin foi o amor de sua vida.

A separação não significou o fim da vida amorosa da atriz. Ela teve um breve caso com Kirk Douglas e outro mais duradouro com um homem de negócios americano, que queria se casar com ela. As mulheres continuavam a atraí-la, mas, como concluiu, são maravilhosas desde que não se viva com elas. Conquistou Michael Wilding, doze anos mais novo, mas ele a traiu, interessando-se por Elizabeth Taylor. Ela perguntou ao produtor Herbert Wilcox: "O que Elizabeth tem que eu não tenho?"

Jean Gabin

Ele foi galante em não mencionar os 19 anos de Taylor. Dietrich tinha 49. Ela se consolou com Yul Brinner, que se mostrou infiel à esposa com uma mulher que admirava desde a infância.

Em 1952, ela encerrou sua carreira com um filme produzido por Howard Hughes e dirigido por um antigo amante, Fritz Lang, *Rancho Notorious*. Foi um fracasso. Mas, promovendo-o, ela descobriu outra carreira. Em dezembro de 1953, contra os conselhos de Maurice Chevalier e Noël Coward, ela estreou no Sands Hotel em Las Vegas. Ao entrar no palco, deixou cair a capa, revelando um dos famosos vestidos "nus". O espetáculo foi um enorme sucesso e outro homem entrou em sua vida, o compositor Burt Bacharach. Ele fez arranjos musicais para ela e aumentou seu repertório. Tornou-se, como ela disse, sua "amizade amorosa".

Depois de visitar a exposição de Alberto Giacometti no Museu de Arte Moderna de Nova York, Marlene ficou obcecada pelo escultor. Como fizera com Mercedes, bombardeou-o com flores. Passava horas sentada em seu poeirento ateliê, vendo-o trabalhar. Ele não resistiu ao assédio durante muito tempo, mas logo depois voltou para sua mulher. Marlene consolou-se com uma nova "palpitação", agora pelo ator italiano Raf Vallone.

Apesar de todos este casos, Bacharach ficou com ela até 1965. Compositor de sucesso, queria algo que Marlene não podia lhe dar, uma vida familiar. Dietrich ficou furiosa quando ele se casou com Angie Dickinson.

Pouco tempo depois, Tamara Matul morreu, assassinada por um paciente do hospital psiquiátrico onde estava confinada desde um colapso nervoso. Dietrich correu para a Califórnia para consolar Rudi. Em seus sessenta anos, ela ainda o considerava divino. Ele teria um ataque do coração em maio de 1967, seguido por um derrame. Marlene não saiu de seu lado até que melhorasse. Em seu quarto, ele mantinha um retrato de Tamara, perto da cama, bem à vista. Rudi morreu em 1976, na mesma casa em que vivera com Tamara. Foi enterrado junto dela, em Hollywood.

Depois da morte do marido, Marlene abandonou sua carreira. Em 1978, foi convencida a participar de um filme desastroso, *Just a Gigolo*, ao lado de David Bowie. Apareceu também num documentário sobre sua vida, dirigido por Maximilien Schell.

Ela morreu em 6 de maio de 1992, em seu apartamento da Avenida Montaigne. Seu caixão foi coberto com a bandeira francesa e a cerimônia fúnebre se realizou na igreja da Madeleine. Depois, envolto na bandeira americana, ele foi trasladado para Berlim, onde recebeu ainda a bandeira da Alemanha que acabava de ser reunificada.

Sobre Marlene, disse Fritz Lang: "Quando se apaixonava por um homem, entregava-se totalmente a ele, mas nem por isso deixava de prestar atenção nos outros. Esta foi a grande tragédia de sua vida."

UM GALÃ QUASE PERFEITO

E le podia não ser o melhor amante do mundo, mas era o mais magnético dos homens. A testa meio franzida emoldurando o olhar cínico, o bigodinho fino sobre a boca repuxada nos cantos, a voz incisiva de um homem muito seguro – assim as mulheres de todo o mundo o viram em ...*E o Vento Levou*. E, entre suspiros, jamais entenderam porque Scarlett O'Hara preferia Leslie Howard.

Clark Gable

Com a certeza de quem se reconhece um rei, Clark ironizava suas qualidades sexuais: "Acho que preciso praticar mais." E o fez metodicamente, mesmo quando era casado com a linda Carole Lombard, que amava acima de tudo no mundo.

Gable se orgulhava de saber lidar com as mulheres. E elas o reconheciam: "Só as mortas não se sentem atraídas por ele", decretou Joan Blondel. Mas ele também demonstrou talento para valorizar suas habilidades. Seu nome esteve romanticamente ligado a quase todas as estrelas que trabalharam com ele, de Grace Kelly a Ava Gardner, passando pela louríssima Jean Harlow. Uma vez, observando os cartazes da MGM para a publicidade de suas artistas, ele declarou: "Que maravilhosa exposição de belas mulheres. E eu tive todas elas..."

Nas telas, indiscutivelmente ele era a quintessência do macho. Na vida real, contudo, a necessidade o obrigou a se comportar de modo diferente. Ainda jovem desconhecido em

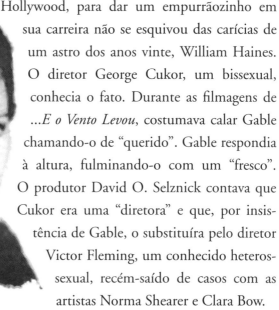

Josephine Dillon

Hollywood, para dar um empurrãozinho em sua carreira não se esquivou das carícias de um astro dos anos vinte, William Haines. O diretor George Cukor, um bissexual, conhecia o fato. Durante as filmagens de *...E o Vento Levou*, costumava calar Gable chamando-o de "querido". Gable respondia à altura, fulminando-o com um "fresco". O produtor David O. Selznick contava que Cukor era uma "diretora" e que, por insistência de Gable, o substituíra pelo diretor Victor Fleming, um conhecido heterossexual, recém-saído de casos com as artistas Norma Shearer e Clara Bow.

William Clark Gable nasceu em 1º de fevereiro de 1901, em Cadiz, Ohio. Cresceu sem a mãe, morta no parto. Aos 14 anos, já era bastante alto, mas ainda nada prometia, pois suas orelhas eram muito grandes. Ele e seu pai fizeram de tudo para sobreviver. Não era a vida que Gable sonhava e quando soube que uma companhia mambembe estava se formando no Kansas, decidiu tentar a sorte. Acabou contratado para levantar as tendas. Trabalhou depois durante algum tempo como vendedor de gravatas numa loja de departamento. Sua estréia no palco aconteceu em 23 de julho de 1922, numa companhia de teatro do Oregon. Não parecia nada promissor, como declarou o diretor da companhia: "Ele não tem nada, absolutamente nada a oferecer ao teatro. Tem dificuldade até para entrar e sair do palco."

Mas Gable descobria aos poucos um talento mais interessante: sua capacidade para agradar às mulheres. Nessa época, conheceu em Portland aquela que seria sua primeira mulher, a atriz Josephine Dillon. Ela já se apresentara na Broadway e ele passou a freqüentar suas lições de interpretação. Feia e mais velha,

Josephine fez de tudo para ajudá-lo, sabendo que tinha nas mãos um diamante. Bastava lapidá-lo. Dedicou-se a fazê-lo, até que a rivalidade entre ela e uma antiga namoradinha de Gable, a atriz Franz Dorfler, a convenceu a partir. Resolveu ir para Los Angeles, abrir uma escola de dramaturgia. Arranjou um emprego para Gable na mesma companhia em que Franz trabalhava e se mudou. Alguns meses depois, ele a seguiu e assim chegou a Hollywood. Franz jogou todas as suas cartas no fogo e chorou durante anos.

Josephine estava convencida de que a Gable só faltava polimento. Comprou-lhe um carro por 60 dólares, para que pudesse rondar os agentes. Ele se postava nas filas dos portões dos estúdios, com centenas de outros, à espera de uma oportunidade. Nessa época, Josephine

O jovem Clark Gable

já estava completamente apaixonada por Gable. Então, os dois se casaram em 18 de dezembro de 1924 apenas para economizar dinheiro. Pois assim poderiam viver juntos respeitavelmente num bangalô de um quarto, sem que ele desperdiçasse dinheiro em hotéis. Apesar de o casamento ser apenas nominal, sem jamais ter sido consumado, os dois eram muito próximos e devotados. Ele conseguiu enfim um pequeno papel num filme mudo, *Homem Branco*, ganhando 15 dólares. E em seguida vieram algumas oportunidades no teatro. Velhas atrizes se interessavam muito por ele.

Josephine descobriu que seus dentes precisavam de um trato especial e pagou uma fortuna em prestações para cobri-los com jaqueta – um desastre mais tarde consertado por outros dentistas. Mesmo assim, seu novo sorriso surtiu efeito em Billy Haines, um dos grandes artistas da MGM. Em troca de pequenos favores, ele escalou Gable para três de seus filmes. Joan Crawford, amiga de Haines e amante de Gable, comentou posteriormente:

"Empregos são difíceis de conseguir. Se você não conhecer ninguém, esqueça. Essas coisas aconteciam o tempo todo nos cantos escuros."

Após alguns filmes e peças, os papéis desapareceram; ele se desesperou e foi Josephine quem o socorreu. Mas a sorte voltou e, então, foi ela que se tornou o problema, inibindo sua vida social. Ela aceitou o divórcio, com a condição de ele atuar na Broadway.

Ela foi em seguida para Nova York e conseguiu um papel para Gable. O produtor Arthur Hopkins contratou-o para sua nova produção, *Maquinal*. Ele telefonou em seguida para a ex-mulher e lhe declarou que estavam quites. Ela voltou para a Califórnia e ele encantou os críticos com sua atuação. O *New Yorker* referiu-se a ele como "um grande amante".

Foi nessa época que Gable passou a cultivar sua marca registrada, o fino bigode. Ligou-se a uma milionária, Ria Langham, com quem se casou secretamente. Ela o forçou a aceitar um papel em *The Last Mile's*, um grande sucesso. Seu salário subiu, os agentes passaram a bater em sua porta. Apesar disso, a Warner recusou-se a contratá-lo para representar um gângster porque suas orelhas eram muito grandes.

E então chegou o som. Hollywood passou por uma revolução. Grandes estrelas do cinema mudo provaram-se incapazes de se adaptar e caíram no esquecimento. Gable não tinha o menor problema, pois Josephine passara anos ensinando-lhe a colocar sua voz. Em sua busca desesperada por uma nova leva de artistas, a MGM contratou Gable, convencida de ter encontrado um novo astro. O único senão era o fato de ele ser casado. O estúdio não gostava de artistas casados. Além disso, Ria era bem mais velha que Gable.

Ele foi escalado para contracenar com Joan Crawford em *Dance, Fools, Dance*. Eles sentiam medo um do outro, mas quando se conheceram a atração foi instantânea.

"Chamem isto de química, amor à primeira vista ou atração

física. Qual a diferença? A eletricidade entre nós contaminou até a tela. Não era atuação. Cada beijo e cada abraço eram realmente sentidos", disse ela.

Ria tentou tornar-se amiga de Joan e de seu marido, Douglas Fairbanks Junior. Ansiava por ser convidada para desfrutar o charme de Pickfair, a antiga mansão dos ídolos Mary Pickford e Douglas Fairbanks pai. Mas Gable não se interessava absolutamente por relíquias. A verdade é que o casamento de Joan e Douglas ia mal. O que faltava no marido, porém, ela encontrava em Gable. Seu relacionamento com ele duraria toda a vida, como ela revelou: "Estávamos sempre indo e vindo entre casos, casamentos e divórcios. Mas sobrevivemos a tudo."

Em seu filme seguinte, *A Free Soul*, ele atuou em tórridas cenas com Norma Shearer, mulher de seu chefe, Irving Thalberg. Este, cavalheirescamente, declarou: "Gable é o homem que toda mulher deseja e o homem que todo homem deseja ser." As milhares de cartas que o estúdio recebeu, no entanto, deixaram claro que o público desejava mesmo era ver o homem "que esbofeteara Norma Shearer".

Em 1931, a MGM descobriu que a união do ator com Ria não era legal na Califórnia. Para evitar o escândalo, o estúdio, que sempre a esnobara, providenciou um casamento – rápido e discreto, apenas na presença do juiz de paz. Mas foi impossível evitar os repórteres, que se apinhavam na porta de saída. Eles reviraram a vida de Gable, voltando seus holofotes para Josephine, em busca dos detalhes escabrosos de sua vida. Ela soube se aproveitar da ocasião. Candidamente, chamou a MGM e ameaçou vender sua história para os tablóides. Seu silêncio custou ao ex-marido 200 dólares por mês.

Dez filmes mais tarde, um deles com Garbo, os Gable se mudaram para Beverly Hills. Ria, enfim, se aproximava de Pickfair, onde Joan continuava a morar. A paixão entre Gable e Crawford continuava, porém nada tinha a ver com fidelidade. Durante anos ele manteve um relacionamento com a jornalista Adela Rogers St John. Perguntaram certa vez a Adela se estava grávida dele e ela disparou: "Que mulher negaria que Clark Gable é o pai de seu filho?"

Reunidos no filme *Possuídos*, Joan e Gable não se contiveram. Quando o diretor dizia "cortem", eles simplesmente não ouviam. "Era como invadir seu quarto", declarou um observador.

Joan estava preocupada com o futuro de sua carreira, de seu casamento e de suas relações com Gable, por isso sugeriu-lhe que se casassem. Hollywood fervilhava de mexericos a respeito dos dois. Ria, sabendo que enfrentar o marido seria pior, embarcou com os filhos para Nova York, à custa da MGM. Gable considerou sua partida uma separação definitiva. Ele e Joan exibiam-se em público sem a menor preocupação. Louis B. Mayer então interveio. O caso em nada os ajudaria, explicou-lhes. Gable respondeu-lhe que pretendiam se casar. Mayer não desconversou: "E o que fará com as outras com quem você dorme?"

Joan acreditava, como lhe confidenciou, que, se se casassem, ele se tornaria mais tranqüilo. Mayer também não a poupou: "Você e eu sabemos que isto não é verdade."

Ele jogou duro. Se não rompessem, ele os demitiria e ainda faria com que nenhum outro estúdio os contratasse. Gable foi forçado a chamar Ria de volta. Como prêmio de consolação, Joan ganhou um papel em *Grande Hotel*, ao lado de Greta Garbo e Lionel Barrymore. Ela registrou seu encontro com a mítica sueca: "Ficamos pertinho uma da outra, nossos narizes quase se tocando. Meus joelhos fraquejaram. Ela era de tirar o fôlego. Se alguma vez pensei em me tornar lésbica, foi naquele momento."

Apesar de tudo, pelas costas de Ria, Fairbanks e Mayer, ela e Gable continuaram a se encontrar. A máquina publicitária da MGM ocupava-se em expor nos jornais as maravilhas dos casais perfeitos – Ria e Gable, Joan e Fairbanks. Em público, eles encenavam

*Clark Gable e
Joan Crawford*

as platitudes oficiais. Sozinhos, revoltavam-se, xingavam Mayer
e se amavam. Quando este compreendeu, enfim, que era enganado, comprou as passagens de Joan e Fairbanks para a Europa,
obrigando-os a um arremedo de segunda lua-de-mel.

Gable foi escalado para contracenar em *Red Dust* com a
louríssima Jean Harlow. Ela tinha se casado com um produtor
da MGM, Paul Bern, e na noite de núpcias tivera a surpresa de
descobrir que ele era impotente. Ela simplesmente se atirou sobre
Gable durante as filmagens. Numa das cenas, devia tomar banho
num barril. Recusou-se a colocar um maiô e se exibiu nua para
Gable. A câmera funcionando ou não, os dois se comportavam
como se estivessem sozinhos. Paul Bern, humilhado com sua impotência, se matou. O escândalo se tornou inevitável. Gable foi
muito cavalheiro, apoiando Harlow até o fim das filmagens.

Os Fairbanks voltaram da Europa e as aparências foram
mantidas, com encontros freqüentes dos dois casais. Mas Joan

estava furiosa com Gable por seu caso com Harlow. Não pôde impedir que ele voltasse a filmar com ela – ironias do destino – em nada menos que *Segure seu Homem*. A química explosiva entre os dois voltou a incendiar as telas.

Mas afinal Joan conseguiu trabalhar com Gable em *Dancing Lady*, um trabalho que deixou seu marido bem deprimido. Os dois anunciaram sua separação aos jornais. Joan pressionava Gable para que se casassem, mas ele adiava sua decisão. Ela pensou então em se unir a outro, Franchot Tone. Foi Mayer quem a vingou, escalando Gable para trabalhar com Claudette Colbert em *Aconteceu numa Noite*. Claudette era páreo para ele: fazia parte do conhecido grupo de lésbicas de Marlene Dietrich. Mas o feitiço, como sempre, virou contra o feiticeiro, pois o filme fez muito sucesso e Gable ganhou o Oscar por sua interpretação. Isto obrigava Mayer a dar-lhe papéis ainda mais importantes.

Ele e Joan voltaram a se encontrar em *Chained*, no qual também trabalhava Franchot Tone, com quem ela ainda saía. Mas a atração entre Joan e Gable era realmente fatal e eles reataram. Desta vez, foi mesmo a gota d'água para Ria. Ela sentia que seus 50 anos não lhe permitiriam mais competir com os 24 da rival. Retirou-se para Houston e Gable declarou a Joan que estava livre. De qualquer forma, não poderiam se casar, pois o estúdio se opunha. Ninguém os impediria, porém, de jurar amor eterno, o que fizeram, sem compromisso de fidelidade.

Ele jamais negava suas aventuras. Os colunistas diziam que ele e Loretta Young haviam derretido a neve nas geladas noites em Washington ao filmar juntos em *Call of the Wild*. Ela foi para a Europa em seguida. Mas se encontrou com Gable na América do Sul, de onde voltou depois com um bebê que "adotara". Isto apesar de a adoção por solteiros na Califórnia ser proibida. A aparência da criança também não colaborou, pois se dizia que tinha orelhas muito grandes e se parecia cada vez mais com Loretta.

Gable e todos os astros de Hollywood tinham a seu dispor garotas de programa contratadas pelo estúdio. Para servi-los e ao mesmo tempo protegê-los, a MGM criou um serviço chamado The Cat House. Era integrado por ex-aspirantes a estrelas, que eram examinadas regularmente para impedir a disseminação de doenças venéreas. Mayer, muito atento, cuidava da reputação e da saúde de seus contratados, evitando as inevitáveis chantagens e divórcios caso suas "atividades" viessem a público.

Gable podia ter quase todas as mulheres que quisesse, sem precisar pagar por isto. As garotas do estúdio o viam como o homem mais excitante do mundo, e o mais limpo. Pois sempre tomava um banho depois. Dormir com Gable as valorizava profissionalmente. Nem todas porém, concordavam com isso. Um dia em que ele estava deitado nu na cama de um hotel, a camareira entrou. Ele lhe perguntou: "Por que você não se junta a mim?"

"Quanto você me paga para isto?", respondeu-lhe ela.

"Estar comigo já não é pagamento suficiente?", surpreendeu-se ele. Ela não se abalou, saiu.

Seu relacionamento com Carole Lombard foi tempestuoso desde o início. Conhecendo a paixão dele por seu carro conversível Duesenberg, ela comprou um Ford de segunda mão por 15 dólares, mandou pintar enormes orelhas nele e o enviou para Gable no dia dos namorados. Após recebê-lo, ele lhe telefonou e a convidou para sair. Chegou metido em um belo *smoking* e a levou, vestida num glamouroso longo, para jantar no famoso Trocadero. Dirigia o Ford, ornamentado com as longas orelhas.

Os dois já se conheciam havia muito tempo, quando a imprensa passou a se interessar por eles. Quando lhe perguntaram se estava apaixonado por Carole, ele lhe respondeu: "Não, apenas gosto do modo como ela sacode seu traseiro num vestido de cetim."

Passou a levá-la em caçadas e pescarias. Ela soltava os palavrões mais sujos, contava as piadas mais indecentes e pegava

Carole Lombard

sempre o maior peixe. Logo todo mundo estava sabendo do caso entre os dois. A casa dela vivia sitiada pelos repórteres e era muito inconveniente visitá-lo no hotel em que se hospedava. Mudaram-se para casas vizinhas, num canto escondido de Bel Air. Com suas agendas lotadas, esse era o único modo possível de se encontrarem. Pela primeira vez em sua vida, ele dava sinais inequívocos de ter sido conquistado.

Durante as filmagens de *Saratoga*, Jean Harlow, que contracenava com ele, morreu. Ela estava prestes a se casar com William Powell, o ex-marido de Carole Lombard. Carole e Gable ficaram profundamente abalados e isto os aproximou ainda mais. Ela passava muito tempo no estúdio com ele, o que inibia suas escapadas. Estava determinada a se casar, mas ele ainda não se divorciara de Ria.

Em 1938, quando Gable se preparava para entrar na pele de Rhett Butler, no lendário ...*E o Vento Levou*, a revista *Photoplay* publicou um artigo cujo título era: "Os Maridos e Esposas Descasados de Hollywood." Revelava ao público que Robert Taylor e Barbara Stanwyck, George Raft e Virginia Rice, Clark Gable e Carole Lombard viviam abertamente juntos sem se incomodar com as alianças. A reportagem causou um escândalo, que piorou quando Ria deu uma entrevista dizendo que Gable poderia obter o divórcio quando quisesse. Desde, é claro, que tivesse uma postura "comercial" sobre o assunto. Mayer, atento como sempre, interveio e pediu a Gable que negociasse com Ria.

Durante as filmagens de ...*E o Vento Levou*, não houve necessidade de apostas. Ninguém acreditava que Vivien Leigh resistiria a Gable. Os dois fulminaram as telas com a alta voltagem sexual que circulava entre eles. Mas na verdade não se entendiam. Ela considerava pouco profissional que ele deixasse o estúdio às seis da tarde, em ponto, todos os dias. Trabalhadores de fábrica observavam relógios de ponto, não atores, dizia ela. Ele achava um abuso oferecer um papel essencialmente americano a uma atriz inglesa. Vivien se entendia bem com o delicado e compreensivo diretor, George Cukor. Gable preferia Victor Fleming, que o substituiu na direção. Vivien odiava o hálito de Gable – ele comia cebolas de propósito – e o cheiro de licor que a deixava com náuseas. Ele revelou que quando a beijava pensava num bife. Na verdade, na pele de Rhett Butler e Scarlett O'Hara ou na de Clark Gable e Vivien Leigh, eles jamais se entenderam.

Em janeiro de 1939, Gable obteve seu divórcio. Em seu primeiro dia livre durante as filmagens, ele e Carole partiram para

Kingman, no Estado do Arizona, onde se casaram. No dia seguinte, deram uma entrevista coletiva. Em seguida, ele voltou ao estúdio.

No rancho em que viviam, Gable e Carole foram muito felizes. Mas havia um senão – não conseguiam ter um filho. Parece que o problema da infertilidade era de Gable. Para não prejudicar sua imagem viril, Carole assumiu a responsabilidade. O que não adiantou grande coisa, pois ele continuou tão mulherengo quanto antes. Carole não gostava, mas se ocupou com o trabalho e com a esperança de ficar grávida um dia. Partiu então para Indiana, engajada nos esforços para a guerra.

"Nenhum sobrevivente. Todos instantaneamente mortos." Este foi o telegrama que Gable recebeu quando o avião em que Carole voltava para casa caiu. Ansiosa para reencontrá-lo, ela não escutou seu numerologista, que a aconselhara a tomar um trem. Na noite seguinte, ele foi buscar consolo para seu incurável desespero com uma antiga conhecida, Joan Crawford. Chorou e se embebedou. Sentia-se culpado por estar com outra mulher na hora da morte de Carole, que amava verdadeiramente.

"Ele estava em outro mundo e jamais voltou", disse Crawford.

No rancho, Gable manteve o quarto de Carole exatamente como estava no dia de sua partida. Seu maior desejo era também morrer e dedicou-se a realizá-lo. Comprou uma motocicleta e teve um acidente quase fatal, até que o estúdio o obrigou a se livrar dela. Alistou-se na Aeronáutica, na esperança de desaparecer na guerra. Enviado para a Inglaterra, as mulheres não o deixavam em paz. Todos os que voavam com ele percebiam sua vontade de morrer. Mas ele sobreviveu e voltou. A dor, porém, não diminuíra. Ao assistir ao lançamento de um navio chamado *Carole Lombard*, teve um colapso nervoso.

O antigo Clark Gable somente começou a emergir quando voltou ao trabalho. Divertiu-se como antes com as mulheres. Mesmo assim bebia muito e se sentia solitário. Freqüentava a famosa casa de Errol Flynn com Robert Taylor e Spencer Tracy.

A atriz Ann Sheridan comparou as duas lendas hollywoo-dianas, Gable e Flynn: "Flynn foi o homem mais bonito que vi. Sem defeitos. Mas não possuía o efeito eletrizante de Gable. Errol fazia meu coração bater mais rápido, mas a primeira vez em que vi Gable meu coração parou de bater."

Gable namorou Paulette Goddard e uma jovem aspirante a estrela, Nancy Davis, que mais tarde se casou com Ronald Reagan e se tornou primeira-dama dos Estados Unidos. Volta e meia, ele reencontrava sua eterna Joan Crawford. "Nós nos entendemos", disse ela. "Este é o problema. Conhecemo-nos demais."

Em 1949, ele conheceu a viúva de Douglas Fairbanks pai, lady Sylvia Ashley. Entre uma bebedeira e outra, os dois se encontraram e logo se casaram. Joan Crawford divertiu-se muito: "Se eu ainda fosse mulher de Douglas Junior, ele seria meu sogro." Todo mundo concordava que o casamento não duraria muito. Lady Ashley, porém, não se intimidava. Colocou os pertences de Carole no sótão, aumentou a casa e redecorou o rancho em cor-de-rosa, que Gable detestava. A simples culinária americana foi substituída pela sofisticação da européia e também a lista de convidados passou por uma revisão: só distintos europeus como os Niven, os Boyer, os Coleman.

Após anos de cansativa dissipação, não é de admirar que a modificação tenha agradado a Gable. Sua saúde melhorou. No entanto, a visão dele carregando Minnie, o terrier de lady Ashley, com sua coleira de diamantes, embrulhava o estômago de muita gente. Minnie era presença constante no estúdio enquanto ele filmava *Across the Wild Missouri*, no Colorado. Lady Ashley decorou o camarim com cortinas de renda. O café da manhã era servido em porcelana chinesa e com talheres de prata. Os coquetéis eram oferecidos em taças de cristal lavrado.

De volta a Los Angeles, Gable, vestido a caráter com seu

melhor *smoking*, dormiu na ópera. Fora sua esposa, que ficou furiosa, todo mundo se divertiu muito com o episódio. Os refinados tempos de lorde já haviam durado demais. Em 1951, ele preencheu os papéis de divórcio. Seus olhos estavam voltados para uma morena espetacular, de olhos verdes, Ava Gardner. Ele se encantara com ela enquanto esperava resolver sua situação com lady Ashley. Quando voltou a encontrá-la, no entanto, ela já estava bem casada com Frank Sinatra.

Na África, ele filmou *Mogambo* com uma novata loura de 24 anos, Grace Kelly. Ela lhe explicou que se apaixonara por ele vendo *...E o Vento Levou*. Ela não o impressionou. Ao descobrir que em quilômetros não haveria uma única mulher branca, mudou imediatamente de idéia. Uma noite, acharam-nos juntos na cama. Instantaneamente, as notícias chegaram a Hollywood. Louella Parsons enviou suas felicitações. Gable respondeu num telegrama: "Este é o maior cumprimento que já recebi. Sou velho o suficiente para ser pai dela."

No fim das filmagens, os dois tiraram umas férias no Oceano Índico. Mas ele estava decidido a não se casar mais. Voltou para os Estados Unidos e retomou seus antigos casos. A porta de Joan Crawford permanecia aberta para ele, apesar de ela estar namorando o vice-presidente da Pepsi-Cola, com quem depois se casou e cujo cargo herdou.

Em 11 de julho de 1955, ele se casou com uma antiga namorada, Kay Williams. Foi duro, mas ele resistiu a uma tentação chamada Sophia Loren, com quem filmou *Começou em Nápoles*. Em *Os Desajustados*, seria ainda mais difícil, pois ele enfrentava Marilyn Monroe, decidida a seduzi-lo: "Nunca tentei tanto conquistar um homem."

Gable aparentemente não cedeu. Ficou muito feliz ao saber que Kay estava grávida. No dia seguinte ao fim das filmagens, ele sofreu um ataque do coração. Dois dias mais tarde, morreu.

Uma Estrela Indestrutível

Em 1953, quando se preparava para filmar com ela, o diretor Charles Walters foi convidado para tomar uns drinques em sua casa. Quando chegou, encontrou-a vestida apenas com um roupão. Depois de recebê-lo, ela deixou o roupão cair e exibiu seu corpo inteiramente nu. Walters sentiu-se elogiado e embaraçado. Ela o deixou passear os olhos por suas formas magníficas antes de tornar a se vestir.

Joan Crawford

"Não havia nada sexual no que ela fez", contou ele depois. "Era puramente profissional. Era nosso primeiro filme juntos e o que ela estava dizendo era: 'Ok, é melhor você saber com o que está lidando.' Ela simplesmente desejava me mostrar o equipamento."

O diretor ficou impressionado. Joan Crawford tinha, na época, cinqüenta anos. Aos 65, ela quase fez a mesma coisa com Steven Spielberg, mas quando descobriu que, com vinte anos, ele podia ser seu neto, desistiu.

Lucille Fay LeSueur – seu verdadeiro nome – teve uma vida difícil. As únicas vantagens que possuía eram o corpo espetacular e uma prodigiosa habilidade sexual. Descobriu cedo suas qualidades como dançarina e um talento inato para o *strip-tease*, que lhe garantiram a sobrevivência antes de entrar para o cinema. Desesperada para se tornar atriz, apareceu em inúmeros filmes pornográficos. O mais famoso deles foi *The Casting Couch* (O Teste do Sofá), narrando a história de uma jovem que, para conseguir um papel, se "apresenta" para um agente. Tira suas roupas, faz sexo oral e depois tem relações sexuais com ele em todas as posições possíveis no sofá que dá título ao filme.

Este não era ainda o caminho para o estrelato, mas Lucille provaria ser persistente. Conheceu Nils Granlund quando trabalhava no bar de Harry Richman, um dos amantes de Clara Bow. Para circular com os clientes como Richman exigia que fizesse, ela precisava de uma roupa adequada. Granlund deu-lhe o dinheiro para comprá-la e Joan foi ao seu escritório para mostrá-la. Havia acabado de se despir para pôr o vestido novo quando entrou Marcus Loew, da MGM. Ele gostou muito do que viu e conseguiu um teste para ela. Algum tempo depois informaram-na de que a MGM pretendia contratá-la por cinco anos.

Lucille aprendeu rapidamente e se integrou muito bem no sistema do estúdio. Quem quisesse um papel devia provar seu talento no sofá. Isto não era problema para ela. Logo estava trabalhando, graças a uma "entrevista" com o publicitário da MGM, Harry Rapf. Decidiu-se que seu nome não era conveniente para uma estrela. A revista *Movie Weekly* organizou um concurso para encontrar o nome para a nova promessa do estúdio. O vencedor foi "Joan Crawford", o que ela passou a ser.

Fora das telas, em pouco tempo a atriz conquistou a reputação de "a garota mais sensual da cidade". Francis Scott Fitzgerald, o grande escritor que trabalhava na época como roteirista em Hollywood, descreveu-a como "o melhor exemplo de uma melindrosa". Dançando todas as noites, ela chamou a atenção dos jornais. O chefão Louis B. Mayer se interessou por ela e assim Joan conseguiu o papel principal em *Old Clothes*. Esperta, percebeu que estavam dispostos a investir nela e irrompeu pelo escritório de Mayer dizendo-lhe que desejava muito comprar uma casa que vira. O problema era que não tinha dinheiro algum. O escritório foi fechado, os telefonemas foram adiados enquanto Mayer dedicava a devida atenção à questão. Meia hora mais tarde, ele saiu do escritório e ordenou à sua secretária que fizesse um cheque de 18 mil dólares para que a mais nova grande estrela do estúdio tivesse um lugar digno de seu status para viver.

Ela teve a sabedoria de dormir com os diretores de seus filmes para que eles lhe dedicassem toda a sua atenção. Mas não dedicava a menor atenção aos galãs com quem contracenava. Também não descartou o sofá para projetar sua carreira. Desejava o papel principal em *Dancing Daughters*, mas o produtor Hunt Stromberg queria Clara Bow. Joan apareceu em seu escritório e

Joan Crawford

tirou as roupas para demonstrar além de qualquer dúvida que era a garota ideal para a parte. Stromberg ficou certamente impressionado pela magnitude de seu talento, mas lhe informou que o responsável pela escolha dos atores era o diretor Harry Beaumont. Sem colocar suas roupas, ela se dirigiu ao escritório de Beaumont, onde repetiu a demonstração. Conseguiu o papel que fez dela uma estrela.

Ela se sentiu muito atraída por John Gilbert, grande astro do cinema mudo, cuja carreira já se aproximava do fim. Na época, ele estava envolvido com Greta Garbo. Em seguida, Joan apaixonou-se por Douglas Fairbanks Junior. Indiferentes à oposição de seu pai e de sua madrasta, a poderosa Mary Pickford, os dois se casaram secretamente. Somente oito meses depois eles foram convidados pelo rei e a rainha de Hollywood para visitar Pickfair, onde mantinham sua corte.

Mary foi contundente, advertindo Joan: "Nem pense em me transformar em avó, pois eu a matarei."

Joan dedicou-se ao casamento, mas a carreira do marido declinava e ele estava mais interessado em se divertir do que em atuar. Depois de uma exaustiva semana de trabalho, ele a carregava para passar os fins-de-semana em San Simeon, o castelo de Randolph Hearst. Lá, ela só se sentia à vontade com Marion Davies.

Seu casamento já estava condenado quando ela conheceu aquele que mais tarde descreveria como o grande amor de sua vida, Clark Gable. Joan acompanhava a carreira dele com interesse. Escolheu-o para contracenar com ela em *Possessed*. Ficou completamente cativada. Ele possuía "mais magnetismo do que qualquer outro no mundo", disse. Desafiava qualquer atriz a trabalhar com ele sem sentir "um irresistível apelo sexual".

"Eu sabia quando Clark entrava no estúdio", disse. "Não sabia por qual porta entrara, mas sabia que estava lá. Ele se fazia presente. Eu sabia que estava caindo numa armadilha contra a

Douglas Fairbanks Jr.

qual sempre prevenira as jovens atrizes: jamais se apaixonar pelos atores ou levar as cenas românticas a sério – 'Deixe o estúdio e esqueça tudo, pois a sensação maravilhosa passará.' Tive que engolir todas essas palavras, mas seu gosto era muito doce."

Anos mais tarde, David Frost lhe perguntou qual era a grande atração de Gable.

"Colhões", ela revelou. "Ele os tinha." O palavrão teve que ser suprimido da entrevista.

Gable e Joan pensaram em se casar, mas o estúdio proibiu. A MGM não toleraria ver suas duas estrelas mais famosas envolvidas ao mesmo tempo na confusão inevitável dos processos de divórcio. O tempo provou, no entanto, que a relação dos dois não era um mero capricho passageiro: durou de 1931 até a morte de Gable, em 1960, apesar de outros casamentos e rumores de vários casos. Foi inclusive junto a Joan que um desesperado Gable encontrou conforto quando sua terceira esposa, Carole Lombard, morreu num acidente de avião em 1942.

O casamento dela com Douglas Fairbanks Junior se arrastava para seu fim, mas eles tentaram salvá-lo numa viagem à Europa. Quando voltaram à Califórnia, Joan alugou uma casa na praia de Malibu e se mudou para lá sem mesmo dizer ao marido onde ficava. Fairbanks logo se viu envolvido num escândalo. Um dinamarquês, Jorgen Dietz, processou-o por ele ter "alienado o afeto" de sua esposa Lucy, uma atriz que fazia figuração para a Warner.

O homem seguinte na vida de Joan foi Franchot Tone, ator recém-chegado a Hollywood, que já havia trabalhado com ela e Gable. Tone era muito carinhoso, mas ela se recusava a se casar, dizendo-se convencida de que uma atriz não deveria fazê-lo. Além disso, também se encontrava com Ricardo Cortez, um dos protagonistas de *Montana Moon*. Ela mudou de idéia sobre a proposta de Tone quando, em 1935, descobriu que ele e Bette Davis, sua colega em *Dangerous*, ensaiavam suas cenas de amor sozinhos no camarim de Bette.

A noite de núpcias dos dois foi estragada por um telefonema de um chantagista, que alegava ter uma cópia de seu filme pornográfico *The Casting Couch*. Joan chamou Louis B. Mayer, que pagou 10 mil dólares pela tal cópia. Diz-se que o estúdio gastou, nos anos seguintes, cerca de meio milhão de dólares comprando as cópias ainda existentes. Quando um homem se recusou a vender a sua, misteriosamente a casa dele pegou fogo. Acreditava-se que um grande fabricante de armas checo possuía uma coleção completa dos filmes pornográficos protagonizados por Joan e os via toda noite. Uma seqüência deles foi mostrada numa compilação dos anos 1960, mas ninguém, nem mesmo quem a fizera, poderia imaginar que a fogosa estrela pornográfica adolescente das cenas fosse a lendária Joan Crawford.

Joan descobriu que tinha uma rival em Loretta Young, que já tivera um caso com Gable. Spencer Tracy tinha abandonado sua mulher por ela. Quando Joan se apaixonou por Tracy, durante a filmagem de *Mannequin*, Loretta foi vista na companhia de Tone. Joan acabou flagrando os dois tendo relações no camarim dele. Quando lhe perguntou o porquê, Tone lhe respondeu: "Para provar a mim mesmo que ainda sou um homem."

O divórcio esteve a ponto de ser negado, pois Joan e Tone foram fotografados dançando juntos numa boate de Nova York. O juiz lhe perguntou como podia dançar com um homem do qual se divorciava alegando crueldade mental.

"Acredito ser suficientemente inteligente para ter uma relação amigável com meu marido", declarou ela. O divórcio acabou concedido.

Aos 33 anos, Joan teve uma relação diferente, com um jovem de 17 anos, Jackie Cooper. Ele ouvira falar sobre seu voraz apetite sexual e resolvera experimentá-lo. Durante uma festa na casa dela, ele se recusou a ir embora. Ela então simplesmente fechou as cortinas e tirou suas roupas.

"Fiz amor com Joan Crawford", disse Cooper, "ou melhor, ela fez comigo." A experiência se repetiu outras vezes nos seis meses seguintes. Os encontros eram na calada da noite. Cooper esperava sua mãe e seu padrasto irem dormir, empurrava o carro até que estivesse longe o suficiente para que não ouvissem o motor e ia para a casa dela.

Jackie Cooper

Cooper reconhecia que Joan lhe havia ensinado muito sobre sexo.

"Ela era uma professora erudita no amor", disse ele. "Ela me banhava, passava talco em mim e me perfumava. Depois fazia tudo de novo. Colocava saltos altos, cinta-liga, um chapéu de abas largas e dançava diante do espelho." Depois de cada encontro, marcava o seguinte. Até que decidiu que era hora de parar. Durante trinta anos não se viram, mantendo o que ela chamava de "maravilhoso segredo".

Joan tentou seduzir Glenn Ford, mas ele considerou suas tentativas de levá-lo para cama muito agressivas. Ela saíra da MGM e fora para a Warner Bros, onde estava Bette Davis, enlutada por seu segundo marido. Ele fora fatalmente ferido por um amigo que o encontrara na cama com sua mulher. Joan não teve muita compaixão.

"Afinal", disse ela, "seu primeiro marido a pegou na cama com Howard Hughes. Deus sabe quantas vezes eu o rejeitei."

Em 1942, Joan se casou com o ator Phillip Terry. Estava terrivelmente ocupada, pois adotara duas crianças; ainda adotaria mais duas. Sua vida seguia uma agenda apertada e tinha pouco tempo para o marido. Não foi nenhuma surpresa quando os dois se divorciaram, em 1946. Ela jurou que jamais voltaria a se casar.

Joan teve suas tentações lésbicas também, apesar de declarar que se sentira atraída apenas por Greta Garbo. Tentou com tamanha persistência seduzir a babá de seus filhos que ela acabou pedindo demissão do emprego. Não se inibiu com jornalistas e outras atrizes. Dizia-se que teria até mesmo uma queda por Bette Davis. Todas estas atividades não a afastaram dos homens, entre os quais Yul Brinner. Ela jamais negou ser uma mulher sexualmente voraz. Era ciumenta e impetuosa. Quando acreditava que um homem a enganara, obrigava-o a se humilhar e a pedir perdão.

Com Greg Bautzer, advogado das estrelas de Hollywood, teve uma relação altamente tempestuosa e duradoura. "Eu o amava e o odiava ao mesmo tempo", declarou ela. Em contínuo vaivém, o caso se arrastou por dez anos.

"Havia sempre um fluxo contínuo de homens", revelou uma antiga criada. "Entravam e saíam a qualquer hora. Quando ela tinha um encontro, mais tarde eu a via pegar a visita pela mão e levá-la para o andar de cima. Não sei se ela era mais divertida ou mais sensual, mas Miss Crawford sempre conseguia o que queria, e, como recordo, poucos cavalheiros se mostravam relutantes."

Marilyn Monroe recebeu da revista *Playboy* o título de "A Mais Promissora Estrela de 1952". Na cerimônia de premiação, apareceu num vestido colante, com um decote que descia até o umbigo. Crawford maldosamente disse ao jornalista Bob Thomas, da Associated Press: "Não tenho do que me queixar de meus seios, mas não saio por aí jogando-os na cara das pessoas."

*Joan Crawford e
Alfred Steele*

Marilyn atribuiu o comentário ferino à uma vingança de Joan por ela ter recusado seu assédio. Sua resposta foi sutil: "Sempre a admirei por ser uma mãe maravilhosa, adotando quatro crianças e levando-as para viver numa bela casa. Quem melhor do que eu para reconhecer o que isto significa para um órfão."

Todo mundo em Hollywood sabia que, para facilitar o "fluxo contínuo de homens", Joan havia tirado os filhos de casa.

Joan tentou também exasperar Elizabeth Taylor. Quando trabalhava com seu marido, o ator inglês Michael Wilding, afirmou-lhe, assim por acaso, que dormia com todos os atores com quem atuava.

Joan conheceu Alfred Steele, um antigo astro do futebol universitário, quando ele já era presidente da Pepsi-Cola. Casado e vivendo em Nova York, para o primeiro encontro com ela Alfred voou até Los Angeles, onde jantaram juntos. Ela ficou muito impressionada e, quando ele se divorciou, os dois se casaram. Personalidades fortes, os dois brigavam como cão e gato. Em uma de suas discussões, um olho roxo a impediu de filmar no dia seguinte. Apesar de tempestuoso, o casamento foi feliz.

"É divino encontrar o amor e ser amada", disse ela. "Há coisas que aprendemos num bom casamento. Aprendi que sexo não se usa, se dá."

Steele e Joan permaneceram juntos até a morte dele, em 1959, aos 58 anos. Viúva, ela voltou ao trabalho. Em *O Que Aconteceu com Baby Jane* ela e sua antiga rival Bette Davis tiveram a oportunidade de comparar seus talentos. Brigaram pela atenção do diretor Robert Aldrich.

Visitando a Inglaterra para seu último filme, *Berserk*, Joan teve uma recaída em seus antigos truques. Mostrou-se nua para o diretor Herman Cohen em seu camarim. Ele jamais revelou se se deixou seduzir.

Depois da morte de Joan Crawford, em 1977, aos 69 anos, sua filha Christina tentou destruir sua reputação publicando um livro, depois filmado, *Minha Querida Mamãe*, em que descreve as crueldades que teria sofrido nas mãos de Joan. Num livro posterior, *Sobrevivente*, Christina confessou-se uma alcoólatra. No fim, parece que Joan levou a melhor – uma estrela de sua grandeza é indestrutível.

III – O Pós-Guerra
Heróis Tímidos, Mulheres Fatais

CAÇADORA DE PAIXÕES

A o contrário da maioria de suas colegas, Ava Gardner não precisou de qualquer esforço para chegar ao estrelato. Uma das mulheres mais lindas da história do cinema, foi exatamente sua beleza que lhe abriu as portas de Hollywood, sem que ela jamais tivesse pensado em tal possibilidade.

Ava nasceu em 1922, em Brogden, na Carolina do Norte. Cresceu no campo, andando de pés descalços nas plantações de tabaco. A idéia de se tornar uma estrela do cinema jamais lhe havia passado pela cabeça. Aos 18 anos, foi visitar sua irmã Bappie, que se casara com um fotógrafo e vivia em Nova York. Seu cunhado tirou algumas fotos dela e as expôs na vitrine de seu estúdio em Manhattan. Elas foram vistas por um caçador de talentos de MGM, que a convidou, junto com Bappie, para ir a Hollywood. Foi assim, de uma forma prosaica, que sua carreira teve início.

Ava Gardner

"Ela não sabe atuar. Ela não sabe falar", exclamou Louis B. Mayer quando viu o teste de Ava. "Ela é terrível."

Mas contratou-a por sete anos, pagando-lhe 50 dólares por semana. Pois afinal ela tinha tudo que ele admirava numa mulher – pele de alabastro, cintura fina, seios firmes e mamilos proeminentes.

Ela passou a freqüentar aulas de interpretação e contrataram para ela um professor particular de dicção, para acabar com seu sotaque sulista. Depois de quatro meses em Hollywood,

Ava foi vista por alguém que pensou ser Carmem Miranda. Na verdade era Mickey Rooney travestido. Ele ficou hipnotizado por ela. Apesar de ser apenas dois anos mais velho – e ter 15 centímetros a menos – Mickey Rooney já era um grande astro de Hollywood.

Ele lhe telefonou todos os dias durante duas semanas implorando por um encontro. Ela recusava. Mas os publicitários da MGM refletiram que poderia ser uma boa idéia ela ser vista com um grande astro – e não faria mal algum a ele aparecer com uma bela garota.

Ava fora criada à moda antiga e só aceitava sair com Bappie acompanhando-os. Rooney logo descobriu que, para ela, um mero beijo fora do casamento beirava à prostituição. Então a pediu em casamento. Ava aceitou, desde que esperasse até ela fazer 19 anos. Seguindo a tradição à risca, ele a apresentou à sua mãe, que, também seguindo os costumes, olhou desconfiada a futura nora.

Mayer era contra o casamento mas, depois de uma encenação chorosa de Rooney, deu sua permissão. Eles se casaram discretamente, fora de Los Angeles, a 10 de janeiro de 1942. Mesmo com a aliança no dedo, Ava ainda não estava realmente pronta para cumprir suas obrigações matrimoniais. Rooney, por seu lado, tinha enorme experiência no assunto. Apesar disto, ele confessou ter ficado constrangido de início, até que ela superasse sua timidez e se tornasse mais acolhedora. Anos mais tarde, ele admitiu ter orgulho de ter tirado sua virgindade.

Logo no dia seguinte ao casamento, no entanto, ele saiu de casa e foi jogar golfe. Ava declararia depois que, em sua lua-de-mel, vira mais o agente de publicidade do estúdio, que os acompanhava, do que o próprio marido. Ela jamais o perdoou por isto.

De volta a Hollywood, percebeu que teria que competir não apenas com o golfe, mas com corridas de cavalo, jogos de pôquer e as bebedeiras de Mickey com os amigos. O problema do casal, como ela revelou, não foi o sexo, mas o fato de não terem vida em comum.

Ele se tornou mais atencioso depois que ela foi operada de apendicite. Passaram a sair juntos e a freqüentar festas. Mas quando ela conversava ou dançava com outros homens, o ciúme o tornava intratável.

Mickey usou sua influência para conseguir para ela papéis importantes. Mais tarde, quando se tornou uma estrela, Ava reconheceu que lhe devia tudo. "Ele não entendia nada de casamento", disse certa vez, "mas sabia tudo sobre *show business*".

Mickey Rooney

Nove meses depois do casamento, em 1942, quiseram se separar. Preocupado com o impacto negativo que o fato geraria, Mayer persuadiu-os a tentar mais um pouco. Mudaram-se então para uma casa de campo em Bel Air, o que nada resolveu. Rooney permanecia o mesmo; as brigas entre os dois ficavam cada vez mais violentas. Quando ele chegava bêbado, ela atirava em cima dele o que estivesse à mão. Chegou a cortar os móveis e as cortinas com uma faca. Rooney pensou que um filho talvez pudesse salvar o casamento, mas ela foi direta: "Se ficar grávida, eu mato você."

Ava saía com Lana Turner, recém-divorciada do músico Artie Shaw. Um novo acesso de ciúme de Rooney foi a gota d'água. Ava abandonou-o.

Mayer estava preocupado com a situação e mandou Rooney filmar em Connecticut. Ainda apaixonado por ela, Rooney lhe enviava presentes caros. Quando voltou à Califórnia, tentou invadir o apartamento dela durante uma festa e teve que ser retirado à força.

Ava ameaçou contar tudo à imprensa se a MGM não o controlasse. Mayer chamou Rooney e o persuadiu a deixá-la sossegada. Em 1943, divorciaram-se. Ela recebeu 25 mil dólares e um carro. Mayer advertiu-a de que se pedisse mais, jamais voltaria a trabalhar na MGM – ou em qualquer outro estúdio.

Como qualquer outra jovem iniciante em Hollywood, ela devia freqüentar a vida noturna. Foi vista com Peter Lawford, com o ator turco Turhan Bey e o latino Fernando Lamas. Mas quando recebeu um convite para representar um papel ousado em *Three Me in White*, foi a Rooney que ela pediu conselho. Ele foi visitá-la no estúdio e depois foram vistos de mãos dadas num restaurante. A imprensa especulava sobre uma reconciliação. O filme foi um enorme sucesso.

Quando Rooney foi recrutado para o serviço militar, Ava lhe disse que esperaria por ele. Depois de sua partida, ele lhe escrevia todos os dias e ela respondia a todas as cartas. Gradualmente, as respostas foram rareando até cessarem. Ava lhe telefonou e pediu que não mais escrevesse. Ele confessou que a amava. Como resposta, ela disse adeus. Rooney chorou e voltou a beber.

Depois de alguns casos sem importância, Ava se envolveu com o milionário excêntrico Howard Hughes. Lana Turner, que também andava com ele, estava convencida de que conseguiria se tornar sua esposa.

Hughes era conhecido por suas ligações com as divas de Hollywood – Ida Lupino, Olivia de Havilland, Constance Bennett, Ginger Rogers, Bette Davis, Susan Hayward. Ele apreciava especialmente recém-divorciadas. Mantinha casas para várias mulheres em toda Hollywood, para ter acesso a elas quando desejasse. Ava recusou-se a ser mais uma dessas, e permaneceu morando com sua irmã Bappie.

Mas não era fácil escapar de Hughes e ela acabou se mudando para a casa que ele alugara para ela. Um dos guarda-costas mórmons dele recebeu a missão de vigiá-la vinte e quatro horas por dia. Mas ela aprendeu rapidamente como enganá-lo. Certa noite, numa boate de nome Mocambo, Ava conheceu um toureiro mexicano – o primeiro de muitos – e o levou para casa consigo. Ele saía de manhã quando Hughes chegou. A briga que se seguiu foi formidável. Hughes bateu tão forte no rosto dela que deslocou seu maxilar. Ela o nocauteou com um objeto de bronze.

Apesar de tais vexames, a tumultuosa relação durou por dois anos. Ele a impressionava levando-a a bordo de seu avião particular para o México, a qualquer momento, reservando um restaurante inteiro somente para os dois ou lhe mandando centenas de flores, apenas por capricho.

Hughes, no entanto, era um homem perigoso. Uma ocasião, depois de uma briga, mandou pedir o Cadillac que lhe dera de presente de aniversário, para consertar. Quando o recebeu de volta, ela dirigiu apenas alguns poucos quilômetros e ele enguiçou. Soube depois que ele próprio mandara preparar a falha.

Anos depois, Ava admitiu que jamais havia amado Hughes, "mas qual mulher poderia resistir a um homem que aparece com uma bandeja de diamantes e lhe pede para escolher um"? Em 1945, ela conheceu na Mocambo o ex-marido de Lana Turner, o músico Artie Shaw. Ele tinha tido casos com Judy Garland e Betty Grable. Garland chorou quando ele se casou com Lana e Grable fez seu primeiro aborto.

Ava ficou imediatamente fascinada. Apenas alguns dias depois, mudou-se para a casa dele, em Bedford Drive. No estúdio, todos ficaram desconsolados. Era um comportamento totalmente inadequado para uma estrela. Afinal, os dois não eram casados. Mayer somente a manteve porque ela havia sido casada com Mickey Rooney e seu departamento de publicidade suava sangue para manter sua vida privada fora dos jornais.

Shaw era um homem metódico e disciplinado. Ao saber que Ava só tinha lido um livro em sua vida, ...E o Vento Levou, dedicou-se a educá-la. Quando ela lhe confessou que se preocupava por só lhe darem papéis pequenos, para sua surpresa ele a obrigou a fazer análise.

Ela se matriculou na Universidade de Los Angeles para se aprimorar e ser capaz de corresponder às expectativas dele. As conversas de seus amigos intelectuais durante os jantares a deixavam tonta. Ela preferia mexericos do gênero "quem está dormindo com quem" e "quem está se divorciando de quem, e por quê". Sentia-se mais à vontade lendo as revistas de cinema do que textos de Hemingway ou Steinbeck. Adorava tirar os sapatos e andar descalça em casa, mesmo quanto tinha convidados.

"Não é um hábito civilizado", reclamava Shaw. "Você não está mais nos campos de tabaco."

Ao ouvir tal comentário, Ava corria para o quarto e chorava.

Os amigos pensaram que a relação chegava ao fim. Para surpresa de todos, eles se casaram. O fato é que os colunistas haviam começado a insinuar nos jornais o que se passava e Mayer lhes deu um ultimato. Os dois sabiam que o casamento não era a melhor decisão, mas Ava estava desesperadamente apaixonada por Shaw e ele, como Rooney, era viciado no corpo dela.

Apesar de ela ter regularizado sua situação, no estúdio ainda não estavam satisfeitos e passaram a emprestá-la a outros produtores. O que foi ótimo, pois lhe ofereceram papéis importantes. Na Universal, Ava trabalhou ao lado de Burt Lancaster em *The Killers*, baseado numa história de Hemingway. Ela conheceu o escritor e surgiram rumores de que seriam amantes.

Sua carreira deslanchava, o que significava horas e horas fora de casa. Como *bandleader*, Shaw trabalhava à noite.

Os dois se viam pouquíssimo e nem mesmo dormiam na mesma cama. Em 8 de julho de 1946, Ava saiu de casa.

Hughes – que as más línguas diziam ainda ser seu amante – sofreu um acidente de avião e ela correu para seu lado. Lá encontrou Lana Turner, que tinha chegado primeiro. Enquanto Hughes se recuperava, as duas tiveram tempo para trocar suas impressões sobre Artie Shaw. Lana dizia que a vida com ele era uma espécie de reformatório, com o que Ava concordava. Ela apenas escapara antes de enlouquecer.

Ava entrou com um pedido de divórcio alegando crueldade mental. Não queria pensão nem nenhuma propriedade de Shaw. Quando Shaw colocou sua casa à venda, os compradores notaram que faltava uma fôrma de waffles que constava do inventário.

Artie Shaw

"Ava levou-a quando se foi", explicou ele. Os maldosos espalharam que Ava recebera como indenização a fôrma de waffles. Dois dias depois de o divórcio ser concedido, Shaw casou-se com Kathleen Windsor, autora de um best-seller, *Forever Amber*. Quando Ava soube, soltou um palavrão. Uma vez, em Chicago, ela tinha comprado um exemplar do livro. Shaw tomou o livro de sua mão e o jogou fora.

"Sou responsável por sua educação", disse. "Você não vai ler estes lixos." Shaw admitiu para sua nova mulher jamais ter lido seu livro. Era muito longo, desculpou-se. O casamento durou dois anos.

Quando Hughes saiu do hospital, ele e Ava retomaram seu

tórrido caso. Ele a pediu em casamento, como havia feito com Gene Tierney, Terry Moore e inúmeras outras. Havia oferecido um milhão de dólares a Elizabeth Taylor para se casar com ele. Ela preferiu Michael Wilding. Em geral, era apenas um meio para levá-las para a cama. Se aceitassem, algum tempo depois ele se livrava delas com seu dinheiro. Ava não levou a sério e se aproveitou de uma viagem dele para escapar.

Um amigo percebeu que a convivência com Artie a modificara. "Ela não confia mais nos homens. Era como se quisesse vingar-se deles. Amar e fugir. Estava tão diferente da Ava que chegara a Hollywood com um sonho – conhecer um bom rapaz e viver feliz para sempre."

Ela dormiu com o ator inglês David Niven, que considerava Hollywood sua "reserva especial", e com o diretor John Huston. Durante os quatro anos de seu casamento com Evelyn Kayes, John foi amante de Ava e a dirigiu em *A Noite do Iguana* e *A Bíblia*.

Ela voltou a se encontrar com Fernando Lamas e Peter Lawford, enquanto se envolvia numa nova aventura com o cantor Mel Torme. Uma noite, este a flagrou de braços dados com Lawford. Às duas e meia da madrugada, Ava lhe telefonou, pedindo-lhe que fosse vê-la. Assim que Mel chegou, Lawford abriu a porta, dizendo que estava de saída. De fato saiu, Torme entrou e tomou seu lugar. Certamente Ava havia perdido a sua timidez. Havia inúmeros homens em sua vida ao mesmo tempo.

Massageando suas virilhas com a ponta dos dedos, Ava havia curado a impotência de Robert Taylor, cujo casamento com Barbara Stanwyck estava ameaçado. Ele se encontrava com Ava na casa da mãe dele. Quando esta reclamou, Robert lhe disse que estava apenas preservando sua carreira: "Você prefere que eu seja pego por um fotógrafo na porta de um motel?"

A MGM enfim começava a reconhecer Ava. Passaram a lhe pagar 1.250 dólares por semana, deram-lhe o antigo camarim de

Norma Shearer e a elegeram a "Glamour Girl de 1948". Foi a essa época que ela teve um aborto, que foi escondido pelo estúdio.

Filmando com Robert Mitchum, decidiu-se a seduzi-lo e fez todos os esforços possíveis. Seus beijos eram longos e cheios de paixão. Mitchum, no entanto, tinha o dever moral de resistir. Fora apanhado pela polícia fumando maconha com duas atrizes. Saíra do apuro graças à ajuda de sua mulher e de Howard Hughes. Este havia comprado seu contrato e lhe dera dinheiro para adquirir uma casa. E ainda o contratara para trabalhar ao lado de Ava, que Mitchum sabia ser uma de suas garotas. Para resolver a questão como um homem, Mitchum chamou Hughes e lhe perguntou se podia ir para a cama com Ava.

"Se você não for, todo mundo vai pensar que é um efeminado", foi a resposta do milionário, que não ajudou muito. Ninguém sabe se Ava conseguiu seu objetivo, apesar de Mitchum estar louco por ela. Chamava-a "honesta Ava" por não aumentar seus seios artificialmente. Em suas memórias, ela afirma não tê-lo perseguido por estar muito ocupada com Frank Sinatra.

Quando Frank e Ava se conheceram, sentiram uma hostilidade recíproca e instantânea. Ela o achou arrogante e autoritário; ele a achou dissimulada. Casado e com dois filhos, Frank Sinatra tinha, na época, um contrato com a MGM.

Durante seus quatro anos em Hollywood, o cantor havia tido várias mulheres, mas não abandonara a família. Sua mulher, Nancy, disse à colunista Hedda Hopper que ele desejava sua liberdade sem divorciar-se. Em 1946, depois de uma escapada de duas semanas com Lana Turner, voltara para casa.

Em janeiro de 1950, Ava deveria ir para a Espanha. Sinatra convenceu-a a passar por Nova York. Hospedaram-se numa suíte do hotel Hampshire e foram juntos assistir à estréia de *Os Homens Preferem as Louras*. George Evans esforçou-se o quanto pôde para plantar a história de que os dois tinham se encontrado "por acaso" na estréia. No entanto, em 12 de dezembro, era Ava, como convidada de honra, que acompanhava Sinatra na festa de seu aniversário no Copacabana. Em seguida, ele pediu o divórcio de Nancy – um erro, como admitiu mais tarde. Mas não podia evitá-lo; estava completamente apaixonado por Ava.

Nancy aceitou tudo estoicamente. "Frank já saiu de casa antes e fará isso de novo", disse ela. "Mas não considero isto o fim de nosso casamento." Como boa católica, não aceitava o divórcio.

Mas a situação saiu de controle. Ava, em vez de ir para a Espanha, voltou para Los Angeles. Evans, que durante anos fizera o máximo para manter os casos de Sinatra longe das manchetes dos jornais e seu casamento nos trilhos, teve um colapso e morreu com 48 anos. Mayer ouviu dizer o que acontecia com suas duas estrelas e proibiu Ava de sair de Los Angeles. Isto teve o efeito de uma provocação. Ela voou com Sinatra para Houston, só voltando duas semanas depois. Um fotógrafo os surpreendeu em um pequeno e aconchegante restaurante italiano. No dia seguinte, o caso estava nas primeiras páginas dos jornais.

No dia dos namorados, Nancy trocou as fechaduras da casa de Sinatra no lago de Toluca. Os colunistas chamavam Ava de Jezebel e de destruidora de lares. Ela recebia cartas ameaçadoras. Mayer estava fora de si. Não podia punir Ava, pois a essa altura de sua carreira ela já era auto-suficiente, mas rompeu o contrato com Sinatra. Este pouco se importou; estava mesmo cansado de fazer papéis de marinheiro. Além disso, como disse à imprensa, não podia compreender por que faziam todo aquele barulho por causa de "alguns poucos encontros com Ava".

Os dois voaram para Nova York, onde ele faria um show no Copacabana. Apesar de se hospedarem em suítes separadas, os jornalistas não os largavam. Sua carreira estava ameaçada e ele ainda tinha que suportar a tremenda pressão da família para que voltasse para casa. Antes de sua apresentação, ainda no camarim, Ava

ajudou-o a se acalmar e foi sentar-se depois na platéia para mostrar-lhe seu apoio.
Mas isto não ajudou. Sua voz soava fraca.
Ele cantou *Nancy with the Laughing Face*
(Nancy com o rosto sorridente) e o público
pensou que era uma brincadeira.
Ava ficou furiosa. Sinatra explicou
que aquela era sua canção da sorte,
que cantava há anos.

"Ou a canção ou eu", disse ela.
Ele parou de cantá-la.

Tentando complicar ainda
mais as coisas, Artie Shaw convidou Ava e Sinatra para assistirem
a uma apresentação sua no Bop
City e depois jantarem com ele.
Sinatra odiava Artie e recusou no
ato. Ava foi. Quando Sinatra voltou ao hotel depois de seu show,
achou que a encontraria lá, esperando por ele. Não estava. Ele telefonou
para Artie e chamou Ava. Disse-lhe adeus
e ela ouviu então, pelo telefone, dois tiros.

*Ava Gardner e
Frank Sinatra*

David Selznick, que estava hospedado no hotel, também
os ouviu. "Pensei que o filho da mãe se matara", ele relembrou
depois. O diretor da Columbia, Manie Sachs, e o ator Tom
Drake apareceram correndo. Encontraram Sinatra com um revólver na mão e dois buracos de bala em seu colchão. Tomaram a
arma e rapidamente trocaram o colchão pelo do quarto de Sachs,
antes que a polícia chegasse.

Ava teve que abrir caminho entre a multidão para entrar
no hotel. Encontrou Sinatra sentando na cama, lendo um livro.

Ela contou sua versão da história à polícia; ele negou tudo. No dia seguinte, a MGM exigiu que ela fosse imediatamente para a Espanha – do contrário, recorreriam a uma cláusula moral do contrato para demiti-la. Mas, na verdade, depois da farsa da tentativa de suicídio de Sinatra, ela estava ansiosa para partir.

Filmando *Pandora* na Espanha, ela se interessou por Mário Cabre, toureiro na vida real e na tela. Moreno e esbelto, era o tipo latino ao qual ela jamais resistiu. Mal falava inglês, mas escrevia poesia e fazia serenatas para ela com um violão cigano. Apesar de este ser apenas um caso sem a menor importância, a MGM aproveitou-o para desfazer a péssima imagem criada pelo romance entre ela e Sinatra.

Quando a fotos dos dois apareceram nos jornais, entretanto, Sinatra teve uma crise de ciúme. Ava, ao telefone, lhe assegurou que tudo não passava de invenção. Tempos depois, ela admitiu que, depois de uma bebedeira na Espanha, acordara ao lado de Mário. Sinatra deu-lhe o troco, saindo com uma antiga amiga, Marilyn Maxwell. A temperatura dos telefonemas entre Nova York e a Costa Brava ficou altíssima.

A essa altura, ele perdeu a voz. Cancelou o show no Copacabana e, contra os conselhos de seu médico, voou para a Espanha, carregando um colar de diamantes de 10 mil dólares. Sem contrato para filmar ou cantar, sem nenhum sucesso nas paradas musicais e com as cordas vocais temporariamente fora de uso, era um presente que ele não tinha condições de oferecer.

A chuva pesada que caía obrigara a adiar as filmagens na Espanha. Sabendo da chegada de Sinatra, a MGM despachou Mário Cabre para a Itália, onde este confessou que seu amor por Ava era profundo e definitivo. Durante uma entrevista, ele até leu seus poemas de amor para os jornalistas.

A MGM alojou Sinatra e Ava em vilas separadas e passou a vigiar todos os seus movimentos. O que não os impediu de continuar brigando.

"Se souber que aquele tampinha espanhol ainda a persegue, matarei os dois", ameaçou Sinatra em alto e bom som durante um jantar, diante de várias pessoas. Ava observou que supunha que ela e o "tampinha espanhol" estavam fazendo um filme juntos. Além disso, tivera conhecimento de suas saídas com Marilyn Maxwell.

"Mas somos velhos amigos", protestou Sinatra.

"E eu e Mário somos novos amigos", replicou ela.

Sinatra interrompeu sua viagem e voltou para Los Angeles a tempo de ler, nos jornais, o relato do apaixonado reencontro de Ava e Mário em um festival de touradas em Tossa del Mar. Segundo a imprensa, o toureiro havia mostrado a Ava os ferimentos que sofrera no peito, em uma tourada da véspera. A imagem dela, dizia ele, o impedira de concentrar-se nos movimentos do touro.

No aeroporto, inúmeros jornalistas testemunharam o beijo de despedida do toureiro em Ava. Ela explicou que beijava inúmeras pessoas. Sinatra não se convenceu, mas mesmo assim continuou com seu processo de separação, comprometendo-se a dar à mulher e aos filhos um terço de suas receitas, que eram cada vez menores.

Ava foi terminar as filmagens em Londres. Ele a seguiu, pois devia se apresentar no London Palladium. Em sua estréia, ela estava na primeira fila. Em Londres, ninguém se constrangia com sua situação e os dois foram convidados para toda parte. Apesar de alguns resmungos de contrariedade de membros da Igreja Anglicana, eles foram até apresentados à rainha durante uma estréia de gala.

Já em Los Angeles, para onde voltaram, as coisas eram diferentes. Nancy ainda recusava o divórcio e o estúdio estava desesperado para proteger a reputação da que era, então, sua maior estrela. Proibiram-na de ver Sinatra a sós. É claro que ela nem tomou conhecimento das exigências e foi com ele para Nova York, onde viram a disputa pelo título mundial de boxe entre Joe Louis e Ezzard Charles. Apesar de tudo, deram a Ava o papel principal em *O Barco das Ilusões*. Desapontada, a atriz Dinah Shore, mais adequada para representá-lo, perguntou ao produtor Arthur Freed por que não tinha sido escolhida.

"Porque você não é uma prostituta. Ava é", foi a pronta resposta que ele lhe deu.

Apesar do sucesso em Londres, a carreira de Sinatra estava à deriva. Aparições na TV e no rádio foram canceladas. Ava pediu a Hughes que usasse canções dele nos filmes que produzia. Sinatra aceitou 25 mil dólares para fazer uma adaptação livre de sua própria vida, *Meet Danny Wilson*. Durante as filmagens, a confusão foi grande. Os filhos, um padre e um psiquiatra o visitavam no estúdio. Ele perdeu sua voz de novo e teve um caso com Shelley Winters. Esta abandonou as filmagens e só voltou quando Nancy lhe revelou que Sinatra só receberia depois da conclusão do filme e ele precisava do dinheiro, pois o banco ameaçava executar a hipoteca de sua casa.

Para tranqüilizar os filhos, Sinatra passava bastante tempo na casa da mulher. Ava acreditava que um rompimento definitivo faria bem a todos, principalmente porque Sinatra a estava acusando de dormir com Artie Shaw.

Em seu filme seguinte, *Lone Star*, ela contracenou com Clark Gable, que acabava de se separar de sua quarta esposa, lady Sylvia Ashley. Os dois aproveitaram para desabafar. Quando o filme terminou, Ava disse a Sinatra que iria para o México de férias. Ele temia que isto fosse o fim e implorou à mulher que lhe concedesse o divórcio. Apesar de a simpatia do público começar a se voltar contra Nancy, ela não cedeu.

Sinatra e Ava foram para o México. Levaram tanta bagagem que se especulou que estavam planejando um divórcio mexicano, um casamento rápido e uma lua-de-mel na América Latina. Por isto, os jornalistas não lhes deram descanso. Ava, confiante no sucesso de sua carreira, levou tudo na esportiva. Mas a situação dele era precária e, sentindo-se ameaçado, fez cenas terríveis. A polícia foi chamada para impedi-lo de atirar num fotógrafo. Na chegada a Los Angeles, quase atropelou um jornalista quando tentava sair a toda velocidade do aeroporto.

Para a MGM, todos os limites haviam sido ultrapassados. Ava devia decidir – ou se casava ou rompia. Mas Sinatra ainda tinha amigos. Ofereceram-lhe shows em Reno e Las Vegas, o que, além de lhe dar um reforço de caixa, lhe permitiria arrumar uma casa em Nevada antes do divórcio. Ele tentou também se reconciliar com a imprensa. Mas a 1º de setembro de 1951, o nome do cantor aparecia de novo nas manchetes dos jornais. Dizia-se que, depois de uma terrível briga com Ava, ele tentara o suicídio tomando comprimidos para dormir.

Ele negou tudo e ela correu para seu lado. A MGM, impaciente, decidiu agir. Seus advogados passaram a se ocupar do divórcio para impedir qualquer outro adiamento e o estúdio fixou uma data para o casamento dos dois – 19 de setembro, quando se completariam as seis semanas de sua residência em Nevada, necessárias para a obtenção do divórcio. Ava e Sinatra, no entanto, se precipitaram. Em 17 de setembro, apareceram juntos na estréia de *O Barco das Ilusões*, em Hollywood. Na MGM, diretores ficaram lívidos, mas o que parecia um desastre acabou sendo um triunfo. As multidões fora do Teatro Egípcio ovacionaram o casal e o filme fez um enorme sucesso.

Nancy contestou o divórcio de Nevada. Insistia em que ele se realizasse na Califórnia e arrestou a casa de Sinatra de Palm Springs para compensar a pensão alimentícia. Ava teve um colapso nervoso e foi hospitalizada. Dizia-se que tivera um aborto.

Em 31 de agosto, Nancy obteve o divórcio na Califórnia com a alegação de crueldade mental. Ava e Frank estavam livres para preparar seu casamento, que seria na casa do fundador da CBS, Isaac Levy, na Pensilvânia.

Noivos, eles passaram o fim de semana anterior à cerimônia em Nova York. No sábado à noite, foram a um clube do Harlem com o ator James Mason e sua esposa. Sinatra flertou ostensivamente com uma mulher na mesa vizinha àquela em que estavam. Ava teve um ataque de raiva incontrolável. Disse-lhe que o casamento estava fora de questão e jogou no meio do salão seu anel de noivado, com um diamante de seis quilates.

Na verdade, a causa da briga não foi o flerte dele. Foi uma carta que ela havia recebido de uma mulher, que afirmava ser uma prostituta, e declarava ter tido um caso com Sinatra. De volta ao hotel, aquele mesmo em que ele havia encenado seu suicídio, a briga continuou. Sinatra jogou pela janela um bracelete de ouro valiosíssimo que Howard Hughes dera a ela. Acusou-o de ser o autor da carta. Hughes tinha mandado seguir Sinatra e havia dito a Ava que ele tinha relações com uma dançarina.

James Mason interveio e os ânimos se acalmaram quando a mãe de Sinatra, Dolly, os convidou para um jantar italiano em sua casa. Sogra e nora se deram às mil maravilhas. Ambas amavam Frank e desejavam vê-lo de novo no auge do sucesso. Na quarta-feira, como planejado, o casamento se realizou.

A briga em Nova York, obviamente, não passara despercebida. A imprensa se pôs de novo à caça do casal. Sabendo que a licença de casamento fora concedida, os jornalistas se aglomeraram na frente da casa de Levy. Sinatra se comportou como de costume, ameaçando repórteres e fotógrafos. Apesar de tudo, a cerimônia de casamento chegou ao fim sem problemas e o feliz casal embarcou para sua lua-de-mel na Flórida. Assim que a bagagem chegou, eles foram para o Hotel Nacional, em Havana.

Quando os recém-casados se instalaram na casa de Palm Springs, a máquina publicitária da MGM se pôs em ação. As revistas exibiam os planos de decoração de Ava, as receitas que sua sogra Dolly lhe enviara e os segredos da felicidade do casal. Apesar de todos os esforços da MGM, logo os colunistas apelidaram-nos de os "briguentos Sinatras". Na verdade, os dois continuavam com aquela tempestuosa relação porque de alguma forma isso os satisfazia. Alguém contou que, depois de uma de suas costumeiras discussões, o cheiro de perfume dela foi suficiente para que Frank voltasse a sorrir e fosse atrás dela, no andar de cima. Meia hora depois, os dois desceram de braços dados, sorridentes. Ninguém tinha ilusões. Em pouco tempo, voltariam a brigar.

A carreira de Sinatra deslanchava e Ava passou a acompanhá-lo. Acabou sendo suspensa pelo estúdio, mas era uma estrela tão consagrada que logo voltou. Em maio de 1952, imprimiu seus pés e suas mãos no cimento da calçada da fama. Logo depois, sofreu um aborto e foi hospitalizada.

Ava se tornava possessiva e não queria que Sinatra visse seus filhos. Uma noite, ele ficou durante algum tempo conversando com um amigo em um restaurante. Sentindo-se negligenciada, ela foi para o aeroporto e tomou um avião para a Itália. Noutra ocasião, ela viu a antiga amante dele, Marilyn Maxwell, sentada na primeira fila durante um espetáculo. Sinatra cantava *All of Me* e Ava pensou que dedicava a canção à outra. Enfureceu-se e devolveu-lhe a aliança de casamento.

Quando ele foi se apresentar em St. Louis, Ava passou a freqüentar todas as festas de Hollywood. Ele acompanhava pelos jornais, todas as manhãs, em todos os detalhes, a vida social de sua esposa. Como só poderia voltar após dez dias, a espera se tornou uma tortura.

"Isso é o que acontece quando nos casamos com um perua", decretou ao seu lado o amigo Sammy Davis Junior.

Após uma briga em Los Angeles, Sinatra anunciou que, se Ava precisasse dele, poderia encontrá-lo com Lana Turner em Palm Springs. Ela não perdeu a oportunidade, disposta a pegá-lo em flagrante. Há várias versões sobre o que ocorreu a seguir, mas seja como for a batalha só terminou quando, com a casa completamente destruída, a polícia finalmente apareceu. Ava se foi e só voltou depois de Sinatra ter feito, pela imprensa, um humilhante pedido de desculpas. A reconciliação foi num comício do candidato a presidente pelo Partido Democrático, Adlai Stevenson. Ava apareceu no palco com um vestido de seda preta sem alças e disse: "Senhoras e senhores, eu não posso ajudar em nada, mas posso apresentar um homem maravilhoso, verdadeiramente maravilhoso, do qual eu mesma sou fã, meu marido, Frank Sinatra!"

Quando ele filmou *A Um Passo da Eternidade*, no Havaí, os dois ficaram separados por quatro meses. Ela estava em Londres, trabalhando em *Cavaleiros da Távola Redonda*, com Robert Taylor. Ava suspeitava que ele tinha outra mulher. Frank foi encontrá-la e passearam pela Europa. Ao voltar, tinham voltado a ser os "briguentos Sinatras". Uma noite, convidaram Stewart Granger e sua esposa, Jean Simmons, para assistir ao espetáculo dele no clube Ambassador. Quando os Granger chegaram, os dois não se falavam. Durante o show, ele dedicou todas as músicas a ela. Ava desmontou: "Filho da mãe, desgraçado, como posso resistir a você?"

Sinatra voltou sozinho para os Estados Unidos. Ava foi para a Espanha, onde conheceu o mais famoso toureiro da época, Luis Miguel Dominguín.

"Assim que vi Dominguín", disse ela, "soube com certeza que ele era meu. Era alto e elegante, com olhos escuros, penetrantes e atentos, que gostava de girar sem mover a cabeça." Ela jamais resistiria a um toureiro.

Sinatra iniciava uma temporada no Sands, em Las Vegas, enquanto Ava assistia à estréia de *Mogambo* em Nova York. Ele estava aborrecido, pois acreditava que ela devia estar ao seu lado. Para demonstrar seu desgosto, deixou-se fotografar numa festa com duas dançarinas. Ava não teve dúvidas e chamou seu advogado.

Os colunistas escreviam sobre as escapadas dele em Las Vegas. Ava reclamava que ele parecia desejar qualquer mulher, menos ela. "Talvez, se eu estivesse disposta a compartilhar Frank com outras, pudéssemos ser mais felizes", lamentou ela.

Ele negava ter outras mulheres. Mas ela estava cansada do casamento; desejava sair do país. Adorou quando o estúdio, preterindo Elizabeth Taylor e Rita Hayworth, a chamou para fazer Maria Vargas em *A Condessa Descalça*, em Roma. Era o papel perfeito para ela, pois contava uma história muito parecida com a sua, de uma mulher que adorava andar descalça e vivia a trocar de amantes.

Luis Miguel Dominguín

Enquanto ela estava fora, Sinatra teve problemas de saúde. Os amigos temiam que ele tivesse um colapso nervoso ou se suicidasse. Ele chamava Ava o tempo todo, mas ela estava irredutível. Precisavam se separar. "Foi Ava quem lhe ensinou a cantar canções de amor", disse o *bandleader* Nelson Riddle. "Ela foi o grande amor de sua vida e ele a perdeu."

Em Roma, Ava se encontrava com o ator italiano Walter Chiari. No fim do ano, planejava ir à Espanha ver Dominguín, mas Sinatra lhe telefonou e os dois se encontraram em Madri. Passaram o Natal juntos, mas quando ele caiu de cama atacado por uma gripe, ela deu uma escapadinha para ver seu toureiro. Quando Sinatra voltou para os Estados Unidos, Dominguín o substituiu.

"Jamais compreenderei seu desprendimento", disse Humphrey Bogart, que trabalhava com ela em *A Condessa Descalça*. "Metade das mulheres do mundo se jogaria aos pés de Frank e você circula por aí com sujeitos que vestem capas e sapatos de bailarina."

Dominguín, no entanto, era tudo que Frank não era. Descendia de uma família aristocrática, enquanto o outro era filho de imigrantes italianos. Seus amigos eram Hemingway, Picasso e Stravinsky; Sinatra era associado a gângsters. Dominguín era destemido na arena; Sinatra vivia rodeado de guarda-costas.

Obrigado a conformar-se, restou ao cantor criar um pequeno santuário dedicado a Ava em sua casa de Hollywood. Sentava-se nele à noite, com uma garrafa de conhaque, olhando sua foto e uma estátua dela feita para *A Condessa Descalça*. "Poderíamos ter dado certo", disse aos amigos. Tentando se consolar, saía com Judy Garland e Elizabeth Taylor.

Foi a vez de Ava se fixar em Nevada, para conseguir o divórcio. Dominguín seguiu-a, mas quando voltou à Espanha, Howard Hughes tomou seu lugar na cama dela. Ele estava desesperado para se casar com ela. A vida com ele era tão fácil que se tornava uma proposta tentadora, como ela revelou à revista *Look*: "Se você está em Palm Springs e quer ir à Cidade do México fazer compras, tudo que precisa é chamar. Dentro de minutos, haverá um motorista esperando para levar você ao aeroporto."

Havia um lado menos encantador. Ava caíra cada vez mais na velha armadilha de Hughes. Ele a rodeou de espiões para saber o que fazia quando estava fora. Um dia, frustrada, ela tomou uma bebedeira com um jornalista. Um homem lhe perguntou se ela era Ava Gardner. O jornalista negou; apenas se parecia com ela.

"Você tem sorte de se parecer com ela", disse o homem, "mas espero que não seja tão imoral quanto ela."

Ava ficou chocada. "Em todo lugar é a mesma coisa", reclamou, "graças às indecências que os jornais publicam sobre mim." Sua moral era irrepreensível; a imprensa é que era culpada.

Nessa mesma noite, tentou levar o jornalista para a cama.

Somente quando filmava *O Sol Também se Levanta*, na Cidade do México, ela pediu divórcio, alegando abandono do lar. Sinatra tinha na época um caso com Lauren Bacall, viúva, havia pouco, de Humphrey Bogart. Mas os anos haviam passado e suas situações se inverteram. Enquanto ele fazia um retorno triunfal, consagrado como "A Voz", a carreira de Ava começava a declinar.

Sua vida amorosa continuou tão agitada quanto antes, mas o contrato dela com a MGM não foi renovado e ela passou três anos sem trabalho. Levava uma vida boêmia, vagando pela Espanha. Nos Estados Unidos, de vez em quando ainda a viam em companhia de Sinatra. Em 1962, reapareceu em *55 Dias Em Pequim*, e *Sete Dias em Maio*.

Seu ex-amante, o diretor John Houston, a contratou para *A Noite do Iguana*, cujo elenco era um emaranhado de amantes seus. A ex-esposa de Huston, Evelyn Keyes, estava casada com o ex-marido de Ava, Artie Shaw. O segundo marido de Deborah Kerr era Peter Viertel, um dos antigos amantes de Ava. Richard Burton carregou consigo Elizabeth Taylor, enquanto filmavam no México. Ela ainda era casada com Eddie Fisher. Seu ex-marido, Michael Wilding, se tornara agente de Burton. Para completar o quadro, Ava e Burton tinham a reputação de sempre dormir com aqueles com quem contracenavam.

Durante as filmagens, Houston presenteou-os com pequenas pistolas douradas e balas nas quais estavam gravados os nomes de todos os atores.

"Se a competição se tornar muito feroz", disse ele, "vocês podem recorrer às armas."

Ava, na verdade, tentou seduzir Burton. "Richard é o homem com quem eu deveria ter me casado", ela disse a Elizabeth Taylor. "Ele tem senso de humor e é um homem de verdade."

Terminado o filme, Ava voltou à Espanha. Suas preferências, como os vizinhos atestavam, eram os jovens toureiros. Mas ainda teve um caso rumoroso com George C. Scott, enquanto filmavam *A Bíblia*, com John Huston. Quando ela foi para Londres, Scott a seguiu, arrombou a porta do Hotel Savoy e a esmurrou. Foi preso, passou a noite na cadeia e teve que se apresentar a um tribunal no dia seguinte. Ele tentou a mesma coisa depois, em um hotel de Hollywood, mas Sinatra contratou dois guarda-costas para protegê-la e Scott desapareceu.

Sinatra acabou se casando com a atriz Mia Farrow, que tinha 19 anos. "Sempre soube que ele acabaria na cama com um rapaz", foi o comentário de Ava.

No fim de sua vida, Ava foi morar em Londres. Continuou bebendo e amando, como sempre fizera. Howard Hughes fez uma breve reaparição em sua vida, antes de desaparecer em total reclusão em 1976. Sinatra se casou com aquela que seria sua última mulher, Barbara Marx, mas permaneceu em contato com Ava até sua morte, em 1990. Diz-se que ele gastou mais de um milhão de dólares com os médicos durante a fase final da doença dela.

ATRAÇÃO FATAL

Uma jovem loura de 15 anos tomava uma coca-cola na lanchonete em frente de sua escola, a Hollywood High, quando um cavalheiro bem-vestido se aproximou dela e lhe perguntou se gostaria de se tornar estrela de cinema. Ele a apresentou a um agente e assim surgiu uma estrela.

Não, isto não é o roteiro de um daqueles filmes românticos típicos, em que as jovens sonhadoras encontram a sublimação de seus sonhos impossíveis. Pois o cavalheiro não era um personagem de ficção, mas sim Billy Wilkerson, editor do *Hollywood Reporter*, como mostrava o cartão que entregou à moça. Conhecido por apreciar garotas, aquele não era mais um de seus truques. Naquele momento, ele estava sendo sincero.

Lana Turner

Wilkerson levou a jovem a Zeppo Marx, o quarto dos irmãos Marx, que se tornara agente. Por meio dele a loura conseguiu um papel de figurante em *Nasce Uma Estrela*, versão de 1937. E foi assim que surgiu Lana Turner.

Na época, o diretor Mervyn LeRoy procurava uma jovem especial, que fosse ao mesmo tempo inocente e sensual. Já havia entrevistado mais de cinqüenta garotas quando Lana entrou em seu escritório. Ele soube imediatamente que havia encontrado a atriz ideal para *They Won't Forget*.

"Havia algo nela ardendo por baixo, reprimido", disse ele. "Além disso, ela tinha uma aparência fantástica."

O diretor a vestiu com uma saia bem apertada, para realçar o movimento de seus quadris, e um sutiã azul de seda, sem o recheio de espuma que se usava na época, deixando seus seios livres. Como a blusa era da mesma cor, parecia não ter nada por baixo. Para chamar ainda mais atenção para seus atributos, o pessoal da publicidade a denominou "a garota do suéter". Lana jamais se livrou desse título.

LeRoy ficou tão impressionado com sua presença na tela que a contratou. Treinou-a para o sucesso e a levou consigo quando se transferiu para a MGM, em 1938. Como Lana ainda não havia se formado, passou a freqüentar a "escolinha verme-lha" da MGM. Um de seus colegas era Mickey Rooney, que se encantou ao descobrir que ela era tão sensual quanto ele. Anos depois, soube que a engravidara e que ela abortara.

Lana pintou seus cabelos escuros de louro e, aos 17 anos, passou a ser uma das figuras mais conhecidas da vida noturna, saindo cada noite com um homem diferente. Um ator reclamou que "Lana parece à primeira vista uma adolescente; de repente, se torna uma tigresa apaixonada, febril, insaciável".

O sempre atento Mayer chamou sua atenção para a cláusula moral de seu contrato. Ela era jovem e selvagem, mas não ti-nha nada de estúpida. Depois de ter sido repreendida por Mayer, ainda circulava pela cidade, mas com um único companheiro. Ela fez uma má escolha, porém: o advogado Greg Bautzer, cujo hobby era dormir com estrelas e aspirantes ao estrelato.

"Eu tinha apenas 17 anos; era romântica e virgem", decla-rou candidamente, mais tarde, em sua autobiografia. "Minha única experiência até então se resumia a uns agarros e chamegos. Sempre impedi meus namorados de tocar meus seios."

Bautzer era sofisticado demais para lutar com uma adolescente no banco traseiro de um carro. Lana se sentiu honrada, quando finalmente ele conseguiu o que queria, não em um mo-tel, mas na casa dele.

"Greg era carinhoso e paciente comigo", escreveu ela.

Joan Crawford e
Greg Bautzer

"O ato em si mesmo foi extremamente doloroso, mas confesso que gostei. Eu nem mesmo sabia o que era um orgasmo. Mas amei estar perto de Greg... Eu me entreguei inteiramente."

Bautzer a enganou com um suposto noivado, dando-lhe um anel de diamante. A desilusão não demorou muito. Joan Crawford não teve muita delicadeza ao lhe dizer: "É a mim que ele ama. Só que ainda não conseguiu encontrar um jeito de se livrar de você."

Lana ficou magoada, mas se recusou a demonstrá-lo. A princípio Bautzer negou tudo, mas logo ficou evidente que Joan dissera a verdade. A experiência infeliz teve para ela conseqüências desastrosas.

Artie Shaw e Lana já se conheciam. Uma noite, ele lhe telefonou convidando-a para jantar. Enquanto desciam de carro pelo Sunset Boulevard, faziam planos para se casar e ter filhos. Estes projetos poderiam se tornar realidade imediatamente, sugeriu Shaw, em Nevada.

"Suponha que eu telefone agora e mande reservar um avião", disse Shaw. "Você iria comigo?"

"Sim", foi a resposta.

Deixaram de lado o jantar e voaram para Las Vegas. Um táxi os levou até o juiz de paz George E. Marshall, que os casou metido em seu roupão. Artie tirou de seu dedo um anel com uma safira, colocou-o no de sua noiva e a beijou. Enquanto celebravam com uma xícara de café numa lanchonete, Lana se lembrou que sua mãe não tinha a menor idéia de onde estaria. Enviou-lhe então um telegrama em que dizia: "Casei-me em Las Vegas. Telefono depois. Amor, Lana."

Sua mãe naturalmente pensou que ela tivesse se casado com seu namorado e telefonou para Bautzer. Ele obviamente não sabia de nada e tentou descobrir o que se passava, avisando a imprensa.

Quando Lana e Shaw retornaram, encontraram todos os repórteres diante da casa dele. A MGM ensinara a Lana a manter o sangue-frio diante da imprensa. Mas Shaw ficou fora de si; gritou obscenidades e quase partiu para a briga. Depois de terem entrado, os jornalistas passaram a bater nas janelas, até que o vidro de uma delas se quebrou. Lana chamou o estúdio. O chefe de publicidade da MGM, Howard Strickling, enviou assessores para controlar a situação.

De madrugada, o casal saiu sorrateiramente e foi para a casa de um amigo de Artie, Edgar Selwyn, que os alojou em seu quarto de hóspedes. Lana estava exausta depois de tantos acontecimentos, mas Artie se comportou como um noivo ansioso. Depois, ao vê-lo deitado de costas, ela compreendeu que fizera tudo aquilo apenas por despeito, para se desforrar de Bautzer. Estava casada com um homem que não conhecia e do qual gostava menos ainda.

Judy Garland, então com 17 anos, não estava muito mais feliz, pois havia sido namorada de Artie e, durante o café da manhã, começou a chorar ao ler as manchetes dos jornais. Betty Grable, grávida de Artie, telefonou para um amigo dele, Phil Silvers, e disse: "Quem esse filho da mãe pensa que é?"

No entanto, mais infeliz ainda do que todos ficou Louis B. Mayer. Ele não queria que sua jovem e promissora estrela se casasse, muito menos ainda que engravidasse. Chamou os noivos ao seu escritório e insistiu para que usassem preservativos. Deu a Lana apenas três dias para sua lua-de-mel. E a maior parte dela foi gasta com entrevistas preparadas pelo estúdio. Foi então que Lana soube que seu marido já havia sido casado duas vezes.

Shaw proibiu Lana de se maquiar. Expulsou a sogra de casa, jogando no chão a macarronada que ela tinha feito. Na frente de convidados, obrigou-a a limpá-lo. Cinco meses de casamento foram o suficiente para Lana: ela não agüentava mais. Telefonou a Greg Bautzer e lhe pediu para salvá-la.

O estúdio mandou-a ao Havaí para recuperar-se, depois internou-a num hospital, por "exaustão nervosa" – o que nas entrelinhas era entendido como um aborto. Ela se divorciou de Artie, mas continuou a visitá-lo e a passar noites na casa dele. Viam-na com Bautzer, com o baterista Buddy Rich, o *bandleader* Tommy Dorsey, o musculoso Victor Mature e o cantor Tony Martin. Por isto, Carole Lombard teve um ataque de nervos quando soube que Lana ia filmar com seu marido, Clark Gable.

Lana fora advertida pelo sempre atento Mayer contra a figura sombria de Stephen Crane. Ele afirmava ser um comerciante de tabaco, mas na verdade era um marginal, amigo do gângster Bugsy Siegel. Ela ficou perdidamente apaixonada por ele. Três semanas depois de se encontrarem, fugiram para Las Vegas e se casaram.

Apesar de Crane ficar em casa vagabundeando enquanto Lana trabalhava, o casamento foi muito feliz durante cinco meses. Quando ela soube que estava grávida, ele lhe revelou que ainda lhe faltavam dois meses para obter o divórcio definitivo de sua esposa anterior. Ou seja, era bígamo.

Ela o expulsou de casa e trocou as fechaduras. A MGM conseguiu uma anulação do casamento e o juiz deu a ela a custódia do filho ainda por nascer. Crane ficou arrasado. Implorou a ela para se casar de novo com ele, para lhe dar uma chance como pai de seu filho. Diante de sua recusa, ele se jogou com o carro num precipício, mas saiu ileso. Alguns dias mais tarde, tentou de novo o suicídio com pílulas para dormir. Um amigo o levou para o hospital e Lana correu para seu lado.

A pressão acabou surtindo efeito e, no dia dos namorados, Crane e Lana partiram para Tijuana, no México. A testemunha de seu novo casamento foi um desconhecido pego na rua por acaso e que não falava uma palavra de inglês. Mayer teve vontade de matá-los.

Crane foi recrutado para o serviço militar, mas ela usou sua influência para que ele fosse incorporado aos Serviços Especiais, no forte MacArthur, perto de sua casa. Assim, poderia passar os fins de semana com ele. Quando sua filha Cheryl nasceu, ele estava assistindo a uma luta de boxe.

Lana cuidava da filha em casa, enquanto ele passava as noites nos cabarés Mocambo e Ciro's. O dinheiro começou a escassear, mas Crane não demonstrava a menor disposição para o trabalho. Para resolver sua situação, ela passou a se apresentar em shows de rádio e acabou voltando a filmar.

Em abril de 1944, os dois se divorciaram. Crane trabalhou em três filmes como ator coadjuvante e teve um caso com Rita Hayworth. Mas cometeu o erro de se envolver com a namorada do chefão do estúdio, Harry Cohn, e assim sua carreira chegou ao fim.

Howard Hughes, como todos sabiam, tinha uma queda por mulheres recém-divorciadas. Afirmou, e Lana desmentiu, que ela tinha tanta certeza de que se casariam que havia mandado bordar seus lençóis com o monograma "HH".

O amor da vida dela, no entanto, era Tyrone Power. Enquanto ele esteve casado com a atriz francesa Annabella, Lana manteve distância. Mas depois de sua separação, os dois passaram a se encontrar. Os amigos dos dois falavam de um noivado secreto. Ela engravidou e ele pediu que fizesse um aborto. O estúdio encobriu tudo com a desculpa de umas férias na América do Sul.

O que os unia não era uma paixão sexual, como ela revelou: "O que compartilhávamos era, para mim, mais importante do que o amor físico." Em sua autobiografia, Lana confessou não ser uma grande amante. "Não era frígida, [mas] o sexo não me fazia muita falta." Mãos dadas, carinho e proximidade eram mais importantes para ela do que a relação sexual.

"Tyrone jamais me pressionou", escreveu ela. "Mais tarde, ouvi rumores sobre um quê homossexual em sua natureza, mas jamais o percebi." Os dois estiveram juntos por dois anos, mas ele não insistiu com sua esposa para lhe conceder o divórcio e nem chegou a contratar um advogado. Sabia que, assim que estivesse livre, Lana desejaria se casar.

Enquanto ele filmava na Europa, ela foi vista com Frank Sinatra em Nova York. Isto confirmou sua impressão de que Lana jamais se satisfaria com um único homem. Em Roma, ele encontrou por acaso Linda Christian e os dois se tornaram amantes.

Lana lhe telefonou e os dois combinaram encontrar-se em Nova York. Em vez disso, Power foi para Los Angeles. Ela foi atrás dele, mas, quando chegou, ele não a estava esperando no aeroporto. Apareceu depois, bêbado. Ela lhe perguntou diretamente se havia outra mulher. Ele disse que sim.

"Mas isto não precisa ser o fim para nós", acrescentou. "Você sabe que gosto de você, podemos ser amigos, não podemos?"

"Não", disse Lana. "Por favor, vá embora."

Para que nada faltasse ao seu sofrimento, um mês depois a esposa de Power lhe concedeu o divórcio. No mesmo dia, ele se casou em Roma com Linda Christian.

Lana se encontrava com Bob Topping, herdeiro de uma fortuna de 140 milhões de dólares. Quando Lana lhe disse que não o amava, ele respondeu simplesmente: "Você me amará."

Bob se separou de sua mulher, a atriz Arlen Judge. Esta revelou aos jornalistas, então, que seu casamento ia muito bem até o aparecimento de Lana.

Jantando com Topping no Clube 21, Lana viu algo brilhando no fundo de sua taça. Ela enfiou a mão e tirou um anel com um diamante de quinze quilates.

"Para que é isto?" perguntou ela.

"Estou pedindo você em casamento", disse Topping.

"Aceito", respondeu ela.

Mayer estava furioso. Sua artista se envolvera em dois casos de divórcio, recusara o papel de lady de Winter em *Os Três Mosqueteiros* e há cinco dias chegava atrasada para trabalhar. Ele a suspendeu e ameaçou processá-la. Houve encontros tensos. Lana explicou que rejeitara o papel de lady de Winter apenas por ser muito pequeno. Uma semana mais tarde, ela voltava ao trabalho, ganhando cinco mil dólares por semana.

Topping conseguiu seu divórcio na sexta-feira, 23 abril de 1948. Na segunda-feira seguinte, ele e Lana se casaram. Das outras vezes, ela tinha fugido para se casar. Agora, então, desejava um casamento normal. A cerimônia foi na mansão de Billy Wilkerson, no Sunset Boulevard. Topping a encheu de flores e uma enorme recepção foi preparada.

O vestido da noiva era de renda cor de champanhe, forrado com seda da mesma cor. As orquídeas de seu buquê haviam sido especialmente compradas no Havaí. A imprensa, convidada pela MGM, comentou que era extravagância demais, mesmo para Hollywood.

Os recém-casados foram passar a lua-de-mel na Europa. Quando voltaram, Lana já estava grávida. Topping organizava festas exorbitantes; Lana falava em parar de trabalhar. Mas começou a perceber que ele bebia demais. Em janeiro de 1949, ela teve o bebê, que nasceu morto. Topping levou-a ao Caribe para se recuperar. Ao voltar a Connecticut, descobriram que já não podiam se dar ao luxo de viver à larga como até então haviam feito. Mudaram-se para a Califórnia, onde Lana, com seu dinheiro, comprou uma casa. Topping continuava a presenteá-la com jóias, peles e outros presentes. Quando aconteceu o que ele previra – que ela se apaixonaria –, era muito tarde. Arruinado, a essa altura ele era um alcoólatra crônico.

A carreira dela também não ia bem. Precisava parar de beber e emagrecer. O problema é que, quando Lana não bebia com ele, Topping saía para procurar companhia. Desconfiada, acusou-o de ter outra mulher. Ele fez suas malas e partiu. Disse que ia pescar no Oregon. Na verdade, foi para Sun Valley com uma instrutora de patinação no gelo. Lana pediu o divórcio e o estúdio divulgou a história-padrão para casos como aquele: desejavam continuar suas carreiras separados.

Lana, profundamente deprimida, tentou o suicídio. Foi salva por seu agente, Ben Cole. No seu filme seguinte, *The Merry Widow*, usou inúmeros braceletes e luvas para esconder as cicatrizes dos cortes em seus pulsos. Mas da depressão não havia sinal, pois ela já estava apaixonada por Fernando Lamas, com quem contracenava. Ele tinha as chaves de sua casa e aparecia quando queria. Apesar de afirmar publicamente sua intenção de não mais se casar, ela já pensava nele como o possível número quatro.

Enquanto aguardava o divórcio de Topping, ela se mudou para a casa de Frank Sinatra em Palm Springs. Estava lá quando houve a famosa briga entre Ava e ele. Depois, as duas foram para o México passar uma semana. Quando o divórcio enfim saiu, ela

Lex Barker

disse aos repórteres que nunca mais se casaria. Topping se casou em seguida com a instrutora de patinação, o que deixou Lana deprimida, pois lhe parecia que seu caso com Tyrone Power se repetia.

Sua escolha seguinte também não foi feliz, o ator Lex Barker, com quem se casou em Turim, em 1953. Além de se encontrar com outras mulheres, Barker assediava a filha dela, Cheryl. Ele negava, dizendo que apenas queria dar-lhe conselhos sobre sexo. Mas quando Lana sofreu um aborto, Barker violentou Cheryl. Apesar de ameaçada pelo padrasto, a adolescente acabou contando tudo para a mãe. Examinada, um médico confirmou o fato.

De noite, Barker dormia quando Lana entrou com um revólver. Ele pensou que ia matá-lo, mas ela lhe deu vinte minutos para arrumar suas coisas e desaparecer. Ele negou as acusações mais uma vez, mas prudentemente foi embora. Voltou à Itália, declarando que Cheryl era a responsável pelo fim de seu casamento.

Lana foi para Palm Springs com Michael Dante, um astro do basquete que se tornara ator. Quando Cheryl, então com 13 anos, foi se encontrar com eles, Lana acusou-a de tentar seduzi-lo.

"Eu vi você – e você já fez isto antes", disse ela. E acusou a filha de ter flertado com Lex Barker. Cheryl ficou mortificada. No caminho de volta para Los Angeles, ela saltou do carro num bairro perigoso, mas teve a sorte de ser encontrada por um homem decente, que a levou para a delegacia de polícia mais próxima.

Durante a filmagem de *Peyton Place*, Lana passou a receber telefonemas de um misterioso John Steele. Ela se recusava a atendê-los, mas ele passou então a lhe enviar flores, com seu cartão e o número de seu telefone. Ela acabou lhe telefonando. Ele disse ser um amigo de Ava Gardner, mas Lana não quis encontrar-se com ele. Mais flores vieram, junto com discos de seus cantores favoritos. Quando voltou para casa depois do trabalho, encontrou-o parado em frente, sentado em seu Lincoln Continental preto. Saíram, tomaram uns drinques e falaram de Ava. Ele disse que havia se encontrado com ela, mas nada havia acontecido entre os dois. Lana concordou em vê-lo de novo.

Quando Steele tornou a lhe telefonar, sugeriu-lhe um almoço no apartamento dela. Levou-lhe seu prato favorito, de seu restaurante preferido. Depois, chegou um pacote. Dentro, um relógio de ouro cravejado de diamantes. Ela se recusou a aceitá-lo. Ele disse que não poderia aceitá-lo de volta, pois tinha seu nome gravado e um design especial de folhagens.

Durante todo o verão de 1957, Lana se encontrou com vários homens, mas Steele era o mais atencioso de todos. Ele a presenteava com jóias, todas sempre gravadas com o mesmo design de folhagens. Vendo todos aqueles presentes, ela lhe perguntou: "Você tem uma árvore de dinheiro?"

"Não, apenas as folhas", respondeu ele.

Steele encomendou um retrato dela a um artista que Lana jamais viu. Representava-a reclinada, com o corpo coberto apenas com um pano transparente. Ela não gostava da pintura; deixava-a embaraçada.

Somente depois de ter-se apaixonado descobriu que o nome verdadeiro do conquistador não era John Steele, mas Johnny Stompanato, gângster de profissão e mulherengo notório. Stompanato havia mentido, como admitiu depois, por saber que ela se recusaria a vê-lo se soubesse quem era. Lana queria se afastar dele.

"Tente livrar-se de mim agora", disse ele sorrindo.

Stompanato continuou telefonando e uma noite invadiu seu

apartamento. Ela estava na cama. Ele colocou um travesseiro contra seu rosto. Quando pensou que ia asfixiar, ele o retirou e tentou beijá-la. Lana o repeliu com uma torrente de obscenidades e ameaçou chamar a polícia. Mas ele sabia que seria a última coisa que ela ousaria fazer, pois não podia se dar ao luxo de um escândalo. A situação sem saída pareceu extremamente excitante a Lana.

"Chamem isto de fruto proibido", disse ela mais tarde, "mas a atração era muito profunda – talvez proveniente de algo doentio dentro de mim – e o fascínio foi muito além do mero sexo."

De fato, sexo com Stompanato não tinha nada de especial, mas a obsessão chegou a tal ponto que ela começou a presenteá-lo. Sua oportunidade para escapar veio quando foi filmar *Another Time, Another Place*, em Londres. Stompanato quis ir com ela, mas sendo ao mesmo tempo atriz e produtora do filme, ela não teria tempo para ele.

Stompanato telefonava todos os dias e escrevia longas cartas de amor. Com o passar do tempo, ela começou a se sentir solitária e as súplicas dele a amoleceram. Por fim, mandou-lhe uma passagem de avião e ele viajou para Londres, com um passaporte no nome de John Steele.

Não querendo ser vista ao lado do gângster, Lana alugou uma casa em Hampstead, bairro londrino longe do centro da cidade. Pediu-lhe que se mantivesse distante durante as filmagens. Depois do trabalho, ela costumava ir a um *pub* com Sean Connery, que iniciava então sua carreira. Stompanato soube, ficou morto de ciúme e apareceu no set empunhando um revólver. Connery derrubou-o com um soco e os seguranças o expulsaram do estúdio.

Stompanato não aceitava que Lana não quisesse ser vista com ele em público. Queria ser reconhecido como seu amante. Durante uma violenta briga em Hampstead, em que ele tentou estrangulá-la, a atriz ameaçou chamar a polícia. Sua criada conseguiu afastá-lo, mas a laringe de Lana foi afetada, impedindo-a

*Lana Turner
e Johnny
Stompanato*

de falar. As filmagens foram suspensas por alguns dias. Por fim, ela chamou a Scotland Yard, que o deportou. Dois policiais o acompanharam até o avião.

O filme terminado, Lana planejava tirar longas férias em Acapulco. Para chegar ao México, devia fazer uma escala na Dinamarca. No aeroporto de Copenhague, Stompanato a esperava. A imprensa finalmente conseguiu fotos dos dois juntos.

Em Acapulco, ela exigiu que ele ficasse em um quarto separado. Estavam em janeiro, na alta estação, e o hotel estava lotado. Ficaram juntos e logo a notícia chegou a Hollywood. Lana refugiou-se na bebida. Quando se recusou a dormir com ele, Stompanato arrombou a porta e a violentou, com uma arma apontada para sua cabeça.

"Suportei tudo sem sentir nada", disse ela. "A vodca que bebi me apagou."

De volta a Hollywood, soube que havia sido indicada para o Oscar por sua representação em *Caldeirão do Diabo* (Peyton Place). Teria que ir à cerimônia, mas sem Stompanato. Não podia ser vista em público com um gângster. Ele aceitou, desde que ela não fosse depois ao baile. É claro que ela foi.

Quando Lana chegou em casa, ele a esperava. Espancou-a brutalmente. A filha Cheryl ouviu tudo. Stompanato ameaçava as duas, dizendo que tinha contatos no mundo do crime e as faria desaparecer sem deixar traço. A mãe de Lana telefonou à polícia, mas lhe informaram que nada poderiam fazer sem uma queixa da própria Lana. Ela não era, ou assim pensava, capaz de fazer isso.

Por fim, em outra briga, Cheryl esfaqueou e matou Stompanato. Apesar de Lana assumir a culpa, a filha foi presa. O advogado Jerry Geisler, que havia defendido com sucesso Charlie Chaplin e Errol Flynn em casos de estupro de menores, foi contratado para defendê-la. Ele alegava que o assassinato de um criminoso violento por uma jovem de 14 anos era obviamente um caso de legítima defesa.

O apartamento de Stompanato foi roubado. Inúmeras cartas de amor sumiram e foram enviadas ao *Los Angeles Herald Examiner* pelo chefe do bando de Stompanato, Mickey Cohen. O público se divertiu com as melosas cartas de Lana, mas entre elas havia algumas de Cheryl, o que complicava sua situação. Talvez não tivesse matado para defender a mãe, mas por ciúme.

Cheryl acabou sendo absolvida, mas a imprensa dava a entender que todas as circunstâncias provavam que Lana não tinha idoneidade para ser uma boa mãe. A custódia de Cheryl foi entregue a sua avó.

O escândalo deixou Lana quebrada e sem público. Quem a salvou foi o produtor Ross Hunter, oferecendo-lhe um papel em

Imitação da Vida. Ela quase recusou, pois a história do filme se parecia demais com a que ela acabava de viver – uma atriz que sacrifica a filha e o homem que ama à sua carreira. O filme foi um enorme sucesso e Lana foi indicada para o Oscar. Reconquistou seu público e retomou sua carreira.

Durante as filmagens, ela conheceu Fred May, um magnata do ramo imobiliário que se parecia muito com Tyrone Power. Pouco depois, foi morar com ele em seu rancho, indo a Chicago esporadicamente para divulgar o filme. Em novembro de 1960, os dois se casaram. May era um homem compreensivo e equilibrado.

Cheryl Crane

"Gostaria de tê-lo conhecido anos atrás", disse ela.

Sua paciência e simpatia, no entanto, acabaram por entediá-la. Lana, na verdade, tinha um temperamento dramático; ansiava por grandes emoções. Uma tarde, ela provocou uma briga e saiu dirigindo pela estrada. Parou num bar e seduziu o balconista. Quando May chegou, procurando-a, viu seu carro na frente da casa dele. Enquanto batia na porta da frente, Lana saía pela dos fundos, vestida apenas com um casaco de pele e de óculos escuros. Eles se divorciaram em outubro de 1962, mas continuaram amigos.

Enquanto o processo de divórcio corria nos tribunais, o escritor Harold Robbins publicou *Where Love Has Gone*, romance em que narrava veladamente o caso do assassinato de Stompanato. Para escapar à publicidade, Lana foi para Acapulco filmar *O Amor Tem Muitas Faces*. Mas o México despertou recordações muito desagradáveis; a bebida e os rapazes foram seu refúgio.

Voltou a Hollywood para representar *Madame X*, a história de uma esposa adúltera que cai na prostituição. Conheceu Robert Eaton, um jovem bonitão e dez anos mais jovem.

"Falando francamente, Bob me revelou enfim os verdadeiros prazeres do sexo", disse ela. Aos 43 anos, depois de cinco maridos e incontáveis amantes, ela finalmente descobria a embriaguez do prazer.

"O modo como ele me amava era novo para mim – nada grosseiro ou incomum, mas sensual, gentil e sensível. Senti-me adorada, feminina e bela", confessou mais tarde. Bob a divertia com as histórias sobre suas conquistas, mas "sempre sabia como renovar a paixão".

Casaram-se em julho de 1965. Ela lhe deu um salário de 2.500 dólares por mês. "Eu era a imagem perfeita da mulher de meia-idade apaixonada e idiota", comentou um dia. Eaton continuou a viver de acordo com sua reputação de conquistador – de outras mulheres. Ela partiu para o Vietnã, para animar as tropas. Livre, ele passou a levar suas conquistas para a casa de Lana. Sua criada não perdeu a oportunidade: guardou até os lençóis sujos de batom como evidência para quando a patroa voltasse.

"Infidelidade já era bastante ruim", disse ela. Jamais suportei isto. Mas na minha própria cama!"

Ela o obrigou a fazer as malas e ir embora. Jurou que jamais o veria de novo e nunca mais confiaria nos homens. Não se passou muito tempo e ela o perdoou. Eaton a apresentou a Harold Robbins, a quem ela não perdoara pelo romance calcado em sua história. Mas acabou persuadida por ele a fazer o papel de esposa adúltera na série de TV *The Survivors*. Enquanto filmava, Eaton teve uma recaída; Lana expulsou-o de vez e se divorciaram em abril de 1969.

Numa discoteca de Los Angeles, ela viu o ex-marido com uma bela morena. Quando um homem alto, vestido de branco, a convidou para dançar, ela nem pestanejou. Seu nome era Ronald Dante e trabalhava como hipnotizador em casas noturnas. Dois dias mais tarde, ele a convidou para dar uma volta de motocicleta e a pediu imediatamente em casamento. Ela recusou, mas depois sentiu sua falta. Quando ele voltou a lhe telefonar, insistiu em sua proposta. Desta vez ela disse sim. Cinco semanas depois de seu divórcio de Eaton, em maio de 1969, em Las Vegas, Lana se casou outra vez.

Como Dante tinha um rosto macilento e olhos saltados, seus amigos disseram que ela tinha sido hipnotizada para se casar com ele. Não era um absurdo. Em 1963, a ex-esposa de Dante havia requerido a anulação alegando que ele a hipnotizara para convencê-la a se casar como parte de um plano para se apossar de suas economias. O juiz aceitou a alegação: anulou o casamento e devolveu seu dinheiro.

Lana ficava desgostosa com os freqüentes compromissos profissionais dele fora da cidade. Numa sexta-feira, deu-lhe um cheque de 35 mil dólares para investir num projeto imobiliário que o manteria em casa. No dia seguinte, assistiram a um show beneficente em São Francisco. Depois de beber bastante, ele saiu para comprar alguns sanduíches e desapareceu. Quando ela chegou em casa no domingo, Dante havia passado por lá, pegado suas roupas, sua motocicleta e fora embora, levando também os 35 mil dólares. E lá se foi Lana para o escritório do advogado, pedir o divórcio mais uma vez.

Durante seu breve período de casamento, ela empregara um cantor, Taylor Pero, como secretário. Com vinte e poucos anos, divorciado e com uma filha pequena, ele não escondia ser homossexual. Mas isto não os impediu de se aproximarem e se tornarem amantes. Viajando pelo Havaí, os dois freqüentavam juntos os bares *gays*, mas ela passou a ter ciúme de seus amigos.

"Ninguém, homem ou mulher, rouba um amante de Lana Turner", disse Pero.

Lana entrou em choque quando Cheryl, que morava com uma amiga, lhe confessou ser lésbica. Sentia-se culpada. Acreditava que a homossexualidade da filha fosse conseqüência do abuso que sofrera de Lex Barker, fruto de sua negligência como mãe.

Pero se tornou o amparo de sua vida. Em 1971, atuou pela primeira vez no teatro. Já com cinqüenta anos, representava uma quarentona divorciada, apaixonada por um homem com metade de sua idade. A história era muito semelhante à de sua vida real, pois Pero era muito mais jovem. Quando lhe perguntavam se eram amantes, ela ria e dizia que ele era secretário, nada mais. Mas estavam sempre juntos e quando ele conversava com outras mulheres Lana ficava enciumada. Das pessoas que os viram juntos, poucas acreditavam que não fossem íntimos.

Quando se desentenderam e se separaram em novembro de 1979, ela ficou desesperada. Emagreceu subitamente. Ele também ficou arrasado, declarando que queria se casar com ela, mas não lhe imploraria para ter seu emprego de volta. Em 1982, ela escreveu sua biografia, *Lana: A Dama, a Lenda, a Verdade*. Afirmava jamais ter sido amante de Pero ou de qualquer outro homem desde 1969. Lana Turner viveu seus últimos anos tranqüilamente, enquanto mergulhava no anonimato.

TÃO TÍMIDO, TÃO IRRESISTÍVEL

Ele encarnava como nenhum outro o ideal do bom moço americano. Lacônico, respeitável e tímido, parecia desprotegido. Ferido em seus brios, transformava-se. Sua testa se franzia, seu olhar se tornava frio e metálico, sua boca se crispava e ele mostrava então a que viera. O mais americano dos atores, Gary Cooper era filho de ingleses e boa parte de sua educação foi na Inglaterra. Quando nasceu, em Montana, em 1901, sua mãe esperava ter uma filha. Para sublimar a decepção, punha-lhe vestidinhos. Gary brincava com as meninas porque a mãe não gostava que ele se sujasse. Anos mais tarde, admitiu ter brincado com bonecas.

Gary Cooper

Seu pai, um juiz, tinha um rancho, e ali Cooper descobriu que odiava ser cowboy – um de seus papéis mais característicos na tela. Depois do ensino secundário, ele se empregou como motorista de um ônibus para turistas. Não precisou de muito tempo para achar sua verdadeira vocação: queria ser artista. Dois de seus amigos trabalhavam como figurantes em filmes de cowboy e ele se mudou para Hollywood. Durante algum tempo, como guia turístico um de seus roteiros era os estúdios onde John Gilbert e Valentino atuavam. Contratado como substituto de cavaleiro, fez pontas em cinqüenta filmes.

Conseguiu, enfim, um pequeno contrato na Paramount, ganhando 150 dólares por semana. Valentino morrera e, na primeira festa a que Cooper compareceu depois de sua contratação, todo mundo discutia quem substituiria o *sheik*. A atriz Clara Bow entrou, examinando todos os homens. Quando viu Cooper, convidou-o para sair. Levou-o diretamente para sua casa em Beverly Hills, onde ele passou toda a noite. Os amigos dela sabiam que poucos homens eram capazes de satisfazê-la. Mas não ouviram nenhuma reclamação sobre o desempenho do jovem aspirante a ator. Por suas habilidades noturnas, dizia-se que Clara o apelidara de "reprodutor".

Os colunistas não perderam tempo e Cooper viu-se apresentado ao público como o namorado de Clara. A notoriedade lhe foi benéfica; sua carreira começava. Conseguiu o papel principal em dois filmes e pôde comprar um Chrysler vermelho. Trabalhou em *It* e Clara exigiu tê-lo ao seu lado em seu filme seguinte, *Children of Divorce*. Os mexeriqueiros espalharam que ele baseava sua carreira em seus talentos de gigolô, o que deixou seus pais escandalizados.

No primeiro dia de filmagem, Cooper devia fazer uma cena de amor com Esther Ralston. Ele ficou paralisado e o veterano diretor Frank Lloyd lhe perguntou: "O que aconteceu?"

Cooper respondeu: "Eu não sei o que fazer."

"Tome-a em seus braços e beije-a", berrou Lloyd.

"Mas senhor", murmurou Cooper, "eu não conheço essa garota muito bem."

Lloyd despediu-o. Ele pulou dentro do seu carro e desapareceu, para chorar as mágoas. Quando Lloyd viu o tumulto que sua decisão causara, mudou de idéia e mandou buscar a raridade. Mas ninguém conseguia encontrá-lo. A polícia, chamada, achou-o na estação rodoviária, comprando uma passagem para Montana. De volta, ele explicou a Lloyd que era muito difícil para ele "enfarruscar-se com uma potranca desconhecida".

"Não se preocupe", respondeu-lhe o diretor, "amanhã você beijará Clara".

Nem assim seu desempenho melhorou. O filme foi um desastre, mas não o prejudicou. O estúdio prometeu-lhe designá-lo apenas para filmes de cowboy.

Ele se apaixonou por Clara e pediu-a em casamento. "Para que estragar tudo?", foi a resposta dela.

Ela o abandonou pelo diretor Victor Fleming; ele encontrou consolo com uma jovem de 19 anos, Carole Lombard, cuja língua era tão certeira quanto a de Clara. Logo, porém, esta o requisitou de novo, pois sentia falta dele em sua cama. Os dois continuaram sua relação, como Gable e Crawford, de forma independente.

Gary Cooper e
Clara Bow

Cooper fez sucesso exatamente por sua timidez: "Ele desperta o instinto materno das mulheres", explicou a atriz Evelyn Brent, um de seus inúmeros casos, a preferida de sua mãe para nora. Seus favores passaram a ser tão requisitados que ele dormia de exaustão durante as filmagens.

Em *Marrocos*, ele se viu diante da gélida e soberana Marlene Dietrich. Apaixonou-se imediatamente por ela. Seu problema era que o diretor, Josef von Sternberg, também estava sob o fascínio de Dietrich. Para afastar o rival, ele decidiu dirigir falando em alemão. Cooper agarrou-o pelo pescoço, ameaçou-o, esbravejou e lhe disse: "Se você quer continuar trabalhando neste país é melhor usar a língua que usamos aqui." A partir de então, no estúdio só se ouviu inglês perfeito.

Cooper desejava filmar de novo com Clara, mas ela foi expulsa do cinema por causa de um escândalo. Processada por tentativa de extorsão, sua criada Daisy DeVoe revelou que Clara era uma ninfomaníaca por cuja cama metade de Hollywood passara, incluindo, em uma certa ocasião, todo o time de futebol da Universidade do Sul da Califórnia. Daisy também não escondeu que acordara uma manhã deitada ao lado de Clara e Cooper. Depois do julgamento, seus horrorizados pais se recusaram a falar com ele.

Tipicamente, Cooper não se justificou e agüentou tudo em silêncio. Suas relações com Clara eram muito conhecidas. Ser um entre seus muitos amantes não melhorava em nada sua reputação. Carole Lombard ajudou-o a suportar o golpe, enquanto filmavam *I Take This Woman*. Uma tarde, quando Cooper e Clark Gable pescavam e caçavam juntos, este lhe perguntou sobre seu caso com sua mulher. Ela lhe contara tudo durante uma briga.

"Ele ficou pálido como o diabo", recordou Gable. "Tenho que admitir que eu tinha ciúmes."

As caçadas de Gable e Cooper não se repetiram muitas vezes mais.

Para aliviar a tensão, o estúdio o aconselhou a passar umas férias na Europa. Em Roma, Cooper visitou o conde e a condessa di Frasso, que conhecera numa festa em Pickfair. A condessa, a americana Dorothy Taylor, bem mais jovem que o marido, tornou-se inseparável de Cooper. Na Paramount chegou-se à conclusão de que se ele já estava suficientemente bom para circular com uma atraente jovem também já podia voltar a trabalhar. Mandou-o voltar. A condessa fez de tudo para mantê-lo. Comprou-lhe as melhores roupas italianas, deu-lhe lições sobre arte e vinhos e levou-o para cavalgar. Quando a Paramount cortou seu salário, Cooper em seus momentos de devaneios pensou até em comprar o estúdio. Somente quando a condessa, imprudentemente, falou-lhe sobre casamento foi que ele percebeu ser hora de atender aos chamados do estúdio.

Ela lhe ofereceu uma refinada festa de despedida, repleta de cabeças coroadas e herdeiras. A imprensa noticiou erroneamente que a condessa celebrava seu divórcio e seu noivado com Cooper. O pessoal do estúdio entrou em crise. Ao chegar aos Estados Unidos, ele teve que desfazer o mal-entendido.

Hollywood preparava-se para receber Cooper de volta quando, subitamente, ele embarcou para a África. Decidira gastar o que ainda lhe sobrava num safári com o conhecido homossexual Jimmy Donahue. Quatro dias depois de sua chegada em Tanganica, a condessa apareceu. O estúdio cortou de novo seu salário. Depois de abater quase oitenta animais, Cooper e a condessa foram para Roma descansar. Os americanos ficaram ainda mais chocados com um cruzeiro a três – conde, condessa e Cooper – pelo Mediterrâneo.

"Os europeus têm mentes tão abertas", declarou a condessa à colunista Elsa Maxwell. "Os americanos deviam aprender com eles. Afinal, estamos em 1932, não na Idade Média."

Enquanto jogava em Monte Carlo, Cooper ouviu falar do terremoto que abalara o alto escalão da Paramount. Jesse Lasky fora demitido; Victor Fleming fora para a MGM e o estúdio tinha uma nova estrela – um certo Archie Leach, rebatizado Cary Grant. Cooper ficou furioso. "Este rapaz tem minhas iniciais ao contrário", ele reparou.

Era realmente hora de voltar para Hollywood. Mas ele ainda tinha um trunfo no bolso. Causou enorme sensação ao chegar a Nova York com o conde e a condessa di Frasso, antes de voar sozinho para Los Angeles. Estava tão quebrado que a condessa pagou sua passagem.

Em Hollywood, teve de pedir dinheiro emprestado para alugar uma casa. Mas rapidamente seu nome voltou à folha de pagamento do estúdio e com um enorme aumento de salário – passou a receber 4 mil dólares por semana para atuar em dois filmes por ano. Como o conde passava grande parte do tempo fora, Cooper continuou tranqüilamente visitando sua mulher. Olhando as jovens à sua volta, ela compreendeu quão dura seria a competição e passou a fazer regime.

Em 1933, ele conheceu e começou um longo caso com a *designer* Irene Gibbons, casada com o roteirista Eliot Gibbons. Um ano antes da morte de Cooper, Irene cortou seus pulsos e se atirou do décimo quarto andar de um hotel. Antes, havia revelado a Doris Day que Gary Cooper fora o único amor de sua vida.

Cedric Gibbons, diretor de arte da MGM e cunhado de Irene, convidou Cooper na Páscoa de 1933 para uma festa em homenagem à sua sobrinha de vinte anos, Verônica Balfe, conhecida como Rocky. Ninguém podia imaginar, mas meses depois os dois se casariam. Cooper também não desconfiava de uma mudança em seus rumos. Tanto que ainda se dedicou solicitamente a algumas mulheres e esperou a condessa convencer-se de que o melhor caminho era o que a levava de volta à Itália, devidamente acompanhada pelo compreensivo conde.

De certa forma, ele estava cansado. Queria casar-se e ter filhos, apesar de duvidar de sua capacidade para permanecer fiel. Algum tempo depois de seu primeiro encontro com Verônica, ele comprou uma casa e a levou para uma caçada no Arizona. Louella Parsons declarou que os dois haviam fugido. Verônica voltou exibindo no dedo um anel com um enorme diamante de quinze quilates.

"Verônica é a jovem ideal para mim", revelou o apaixonado noivo aos jornais. "Ela sabe cavalgar, caçar e fazer tudo que eu gosto."

Mas ele não escondeu considerar que "o lugar de uma mulher é em casa" e que "uma carreira é mais do que suficiente em uma família".

Os dois se casaram em 15 de dezembro de 1933, duas semanas depois do noivado. A palavra "obedecer" fora omitida da cerimônia. A lua-de-mel foi no Arizona. Foram viver no rancho

*Gary Cooper e
Verônica Balfe*

que ele comprara e no qual pensava criar gado. Para Verônica,
garota da cidade, não era uma vida especialmente atraente. Os
mexeriqueiros davam um ano de prazo para ela se cansar.

O novo estado de Cooper o tornou ainda mais atraente para
as mulheres. Mas elas também não deixaram de ser fascinantes
porque ele se casara. O problema é que havia muitas mulheres
e algumas eram deslumbrantes, como as estrelas de seus filmes,
Marlene Dietrich, Madeleine Carroll ou Paulette Goddard. E
havia também multidões de encantadoras garotas no estúdio,
roteiristas, secretárias, cabeleireiras, figurantes e tantas outras.
Talvez também algum homem, ocasionalmente. Cecil Beaton,
o famoso fotógrafo, afirmava ter se rendido aos encantos de
Cooper em sua primeira visita a Hollywood. Ali, tudo se sabia e
os comentários sobre os extraordinários feitos sexuais de Cooper
alimentavam as conversas.

Em 15 de setembro de 1937, Rocky deu à luz uma menina chamada Maria. Apesar de orgulhosíssimo, isto não o estimulou a voltar para casa à noite.

Em Sierra Nevada, a terra tremeu quando ele e Ingrid Bergman se encontraram no filme *Por Quem os Sinos Dobram*. Para quem apreciava romances tórridos, as montanhas forneceram um cenário incrivelmente romântico. E eles puderam ficar três meses longe dos olhares curiosos de Hollywood. Ingrid negou qualquer envolvimento, mas seu marido, Peter Lindstrom, não gostou da possibilidade de eles voltarem a filmar juntos. Rocky, por seu lado, já se acostumara. Convidou o casal Lindstrom para um jantar e seus filhos brincaram juntos. Muito tempo depois, Ingrid admitiu o que todos sabiam: "Todas as mulheres que o conheceram apaixonaram-se por ele."

Patricia Neal

Patricia Neal concordaria com ela. Ao ser escalada para contracenar com Cooper, ela já tinha sido advertida dos riscos. Em seus 22 anos, e Cooper com 47, seguiram à risca o roteiro de sempre dos bastidores dos filmes: trabalharam juntos, apaixonaram-se e deixaram todos os que os acompanhavam constrangidos – pois Rocky visitava o estúdio. Esta por fim compreendeu que aquele era mais do que um caso passageiro de seu marido, como haviam sido todos os outros.

Cooper levou Patricia a Cuba, para apresentá-la a seu velho amigo, o escritor

Ernest Hemingway. Na volta, ela soube que estava grávida. Teria sido ótimo, não fosse o detalhe de Rocky ser católica e recusar o divórcio. Patricia temia que sua mãe cometesse suicídio se ela se tornasse mãe solteira. Não lhes restou nenhuma alternativa. Ela e Cooper choraram quando, em 1950, ela fez o inevitável aborto. Em sua autobiografia, Patricia escreveu: "Durante trinta anos, eu chorei por aquele bebê. Se pudesse refazer apenas uma coisa na minha vida, eu o teria."

Rocky foi para Nova York, evitando os comentários. Cooper freqüentava as festas sozinho. Em todos os seus momentos livres, porém, corria para Patricia. Porém, a discrição não ajudou a moça. A Warner rescindiu seu contrato e corriam rumores de que ela era perseguida na rua por mulheres furiosas. A situação parecia insolúvel até que Rocky encontrou ajuda na mais improvável das aliadas – Grace Kelly.

High Noon começa com uma festa de casamento. Tudo que Cooper tinha que fazer era dizer "sim", tomar Grace em seus braços e beijá-la. Mas por algum motivo a cena foi refilmada sem parar. Cooper a beijou pelo menos cinqüenta vezes. O resultado foi previsível.

Grace não escondia sua preferência por homens mais velhos. Ele se enquadrava perfeitamente em seu figurino. Um companheiro de filmagens, o roteirista Bob Slatzer, revelou: "Ela o embaraçava às vezes, colocando seus braços em volta dele e sendo óbvia na frente de todos."

Por causa de Patricia, ele evitava ser visto com Grace. Mas foi impossível impedir os mexericos dos colunistas e o impasse foi solucionado. Rocky e ele se separaram legalmente. Depois de três anos, o caso entre ele e Patricia também chegava ao fim.

Em Hollywood, Cooper saía com Clark Gable e Robert Taylor. Eles bebiam e se distraíam com prostitutas. Cooper na época se encontrava com Kay Williams, que depois se tornou a última senhora Gable. Mas ele ainda via Rocky. Reencontrou-se com ela e a filha na Europa e viajaram como uma família feliz. Apesar de continuar muito vulnerável às mulheres, depois de Patricia ele não queria mais se envolver seriamente. Curara-se completamente de sua timidez. Era direto quanto às suas intenções e jamais deixou escapar uma ocasião.

Acabou voltando para Rocky, declarando à imprensa que haviam aprendido a lição. Mas dormiam em quartos separados e ele se sentia triste e doente. Ele e Patricia sentiam falta um do outro. No dia em que Patricia se casou, ela chorou amargamente: "Sentia meu coração arrebentando. Eu queria muito me casar, mas com outro homem."

Eles ainda se encontraram uma última vez, na Inglaterra. Conversaram rapidamente. Seus amigos sempre acreditaram que Cooper perdeu o gosto de viver quando perdeu Patrícia. Viveu para sua filha, Maria, e teve sempre o apoio de Rocky. Gary Cooper morreu de câncer em 14 de maio de 1960. Quando Patricia soube, disse apenas duas palavras: "Meu amor..."

Uma Infeliz Deusa do Amor

A primeira deusa do cinema em technicolor foi Rita Hayworth. Nascida no Brooklyn, bairro de Nova York, em 17 de outubro de 1918, Margarida Carmen Cansino era de origem espanhola. Seu pai, Eduardo Cansino, um dançarino de Sevilha, já lhe ensinava dança desde os quatro anos. Quando Rita tinha nove, a família se mudou para a Califórnia, onde seu pai abriu uma escola de dança.

Rita Hayworth

Rita se apresentou pela primeira vez em público em 1931, em Los Angeles. As dificuldades financeiras da família obrigaram-na a abandonar a escola e a fazer par com seu pai nos palcos, onde passavam por irmãos. Durante a Lei Seca, dançavam em cassinos flutuantes e em Tijuana, cidade junto à fronteira, no México, conhecida como "Cidade do Pecado". Como a prostituição ali era a regra, Eduardo protegia ferozmente a filha, guardando-a – literalmente – apenas para si. Anos mais tarde, Rita confessou a Orson Welles, seu segundo marido, que o pai a seduzira. Sua mãe sabia o que se passava. Em casa, dormia com Rita para protegê-la das investidas incestuosas do marido.

Rita e Eduardo dançavam no Agua Caliente, um clube cujo dono era Joseph M. Schenck, co-fundador da Twentieth Century Films com Darryl F. Zanuck, que viria a ser mais tarde o patrono de Marilyn Monroe. Figuras famosas do cinema circulavam por ali e Eduardo encorajou Rita a freqüentar as festas particulares, na esperança de um contrato. Muito morena, era tomada por mexicana. Fora do palco, era tão tímida que acreditavam não saber falar inglês. Quando Schenck informou ao produtor da Fox, Winfield Sheenan, que ela era americana, ele imediatamente a convidou para um teste.

O resultado foi tão promissor que Rita passou a ser encarada como a nova Dolores del Rio – atriz mexicana do cinema mudo – e contratada para uma seqüência de dança em *O Inferno de Dante*, último filme de Spencer Tracy para a Fox. Aos 16 anos, depois de algumas experiências na tela, deram-lhe o papel principal em *Ramona*, o primeiro filme em technicolor de Hollywood.

Elsa e Eduardo Cansino

Enquanto seu pai, por motivos inconfessáveis, a impedia de encontrar-se com rapazes de sua idade, no estúdio pululavam homens mais velhos ansiosos por "ajudá-la" em sua carreira. Ela tinha um bom protetor no ator Pinky Tomlin. Mas a Fox se associou à Twentieth Century e o patrão de Rita, Winfield Sheenan, foi demitido. Seu lugar foi ocupado por Darryl Zanuck, que avaliava suas atrizes com o famoso teste do sofá. Ele chamou Rita ao seu escritório e lhe pediu para demonstrar suas habilidades. Como ela se mostrou pouco cooperativa, foi demitida.

O diretor Allan Dwan, que já percebera o talento da jovem, ficou desolado. "A única razão, penso eu, pela qual ela foi demitida foi ter-se recusado a jogar o jogo", disse ele. "Boa parte dos chefes não gosta de garotas que não freqüentam suas festas e se uma dela diz 'não' demonstram seu poder, mandando-as embora e substituindo-as por outras menos orgulhosas."

A carreira de Rita parecia acabada. Mas foi então que apareceu Eddie Judson, um vendedor de 39 anos que fizera fortuna casando-se com mulheres ricas. Ele vira Rita em *Ramona* e se convencera de que a moça tinha futuro. Persuadiu seu pai a deixá-lo interceder junto ao estúdio. Mas enquanto tentava, ela deveria circular com ele nos lugares mais visíveis de Hollywood. Comprou roupas novas para ela e deu-lhe algumas instruções. Eduardo, sem dinheiro como sempre, não teve alternativa senão concordar.

Apesar de não ter contatos na indústria cinematográfica, Judson era um vendedor persuasivo. Rapidamente garantiu para Rita vários pequenos papéis como *freelance* e em seguida um contrato de sete anos com a Columbia. Ela chamou a atenção do chefão Harry Cohn. Ele gostava dela, mas o nome Cansino era muito espanhol. Judson trocou-o pelo nome de solteira da mãe de Rita, Hayworth. Não demorou muito, trocou-o de novo.

Rita e Judson fugiram para Yuma, no Arizona, de onde enviaram um telegrama para os pais dela informando que haviam se casado. Eles não gostaram nada. Sua mãe havia tentado mantê-la longe das mãos de um homem mais velho, apenas para que caísse nas de outro. Eduardo perdia sua garotinha. Judson ganhava um trunfo valioso.

"Casei-me por amor", revelou ela depois. "Eddie se casou comigo como um investimento. Desde o início assumiu o controle e, durante cinco anos, tratou-me como se eu não tivesse inteligência ou sentimentos."

Mas reconhecia que, apesar disto, lhe devia tudo.

"Não chegaria a Hollywood sem sua ajuda. Toda a minha carreira foi idéia dele", declarou. "Depois de nosso casamento, ele passou a pensar única e exclusivamente em minha carreira. Deu tudo o que tinha e conseguiu."

Apesar de Judson gostar de ter uma esposa jovem, o publicitário Henry C. Rogers observou: "Na vida de Judson só havia uma paixão: o sucesso da carreira de Rita."

Como ela pouco avançava, Judson pôs-se a analisar a situação, tentando descobrir o que estava errado. Chegou à conclusão de que sua aparência latina, que a conduzira a Hollywood, estava fora de moda. Convenceu Rita a pintar os cabelos de ruivo e a obrigou a passar por sessões de depilação por eletrólise, para aumentar sua testa.

Judson esforçou-se para melhorar sua imagem pública. Rapidamente ela passou a ser vista como "a mulher mais afável de Hollywood". Não havia entrevista ou sessão de fotos que ela recusasse. O chefão Harry Cohn ficou impressionado e escalou-a para vários filmes B. Judson assegurou-se também da disposição de Rita para "colaborar" de outras maneiras.

"Ele tentou empurrá-la para os braços daqueles que poderiam ajudá-los", disse Roz Rogers, esposa do publicitário Henry Rogers. "Ele não parecia se importar com o fato de sua mulher dormir com outros homens, desde que escolhesse quem e quando."

*Rita Hayworth e
Eddie Judson*

"Ele a teria vendido para quem oferecesse mais", confirmou Henry.

"É a história mais triste do mundo", disse Orson Welles depois. "Ela já passara por aquela terrível experiência com o pai. E continuou vivendo-a de uma forma ou outra. Seu primeiro marido era um gigolô. Literalmente um gigolô. Dá para imaginar o que ela sentia. Toda sua vida era sofrimento."

A forma como Rita conseguiu seu primeiro papel importante, em *Only Angels Have Wings*, entrou para a mitologia hollywoodiana. Comprou um vestido de 500 dólares em três tons de cinza que dava a aparência de que prata derretida escorrera sobre seu corpo. Foi com ele ao Trocadero, onde Howard

Hawks e Harry Cohn discutiam o projeto. Viram-na e não houve dúvidas sobre quem faria o papel.

Um incômodo problema surgiu mais tarde, quando Hawks descobriu que Rita não sabia representar. Ele deu suas falas para Cary Grant e mandou-a permanecer parada e apenas mostrar seu rosto para a câmera. Em uma das cenas, muito elogiada depois, ela devia fingir-se bêbada. O único jeito de conseguir uma reação natural dela, como Hawks descobriu, foi Cary Grant jogar um jarro de água gelada em sua cabeça.

Apesar de todas as suas limitações, Hawks reconheceu que ela poderia aprender. Convenceu Cohn, que gastava fortunas na época para roubar estrelas de outros estúdios, a transformar em estrela uma prata pouco valorizada da casa, Rita. Só que o ego dela deveria ser trabalhado.

"A razão pela qual estrelas são boas", disse Hawks, "é que entram numa sala e pensam: Todos desejam dormir comigo."

Zanuck seguramente teria o maior prazer em colaborar, pois era louco por ela. Como todo mundo em Hollywood, já ouvira dizer que Judson prostituía sua mulher. Escalou Rita para a nova versão de *Sangue e Areia*, transformando-a em uma erótica *femme fatale*.

Cohn não ardia menos por ela. Seu contrato estava para ser renovado e ele convidou o casal Judson para passar o fim de semana em seu iate. No último minuto, o marido taticamente esquivou-se, mas deu instruções rigorosas a Rita para dormir com Cohn. Quando a hora chegou, ela se recusou a obedecer. Isto apenas inflamou ainda mais a paixão do chefão. Ele passou a seguí-la como um amante ciumento e observava cada movimento seu. Chegou a grampear o camarim dela.

"Havia espiões em toda parte", recordou sua secretária, Shifra Haran. "Ele sabia até quando Miss Hayworth ia ao banheiro."

Obviamente Cohn renovou o contrato dela. Durante vinte

anos, mantiveram um relacionamento profissional tempestuoso na Columbia. Tudo por causa da paixão ardente dele não correspondida. Era terrivelmente rude com ela. Mesmo depois de ela ter-se tornado uma estrela consagrada, o chefão exigia que batesse o ponto.

A atriz Ann Miller disse: "Ele realmente era apaixonado por Rita. A vida inteira ela fugiu dele." Mas Rita foi generosa sobre ele: "Penso que se alguma vez ele foi capaz de amar alguém, ele me amou secretamente."

Ao final de tanto esforço, o sucesso de Rita não trouxe felicidade para seu marido. Ele ficava paranóico com as horas e horas que ela passava fora de casa. O estúdio então a promovia como uma deusa do amor e fotos extremamente provocativas eram exibidas. Isto o atormentava. Apesar de Judson tê-la empurrado para a cama de outros homens, não se conformava com o fato de ela poder escolher seus amantes. Em suas incontáveis horas livres, Judson passou a se encontrar com outras mulheres.

Harry Cohn

Ele ainda controlava suas finanças, mas sabia que perdia o controle sobre Rita, que se mostrara capaz até de enfrentar Cohn. Numa tentativa para reconquistar sua autoridade, passou a ameaçá-la fisicamente, dizendo-lhe inclusive que mutilaria seu rosto, acabando assim com sua carreira. Mostrava-se bem diferente dos tempos em que, para despertar sua piedade, lhe dizia ser "um decadente homem velho". Revelou-lhe também que fora casado três vezes antes e sabia como tomar dinheiro de suas ex-mulheres.

E ele realmente o fez. Em 1941, depois de recolher tudo o que tinham nos bancos, colocou seus investimentos em corporações e contas-fantasmas. Chantageou-a também com a possibilidade de divulgar uma carta que ela escrevera, obrigada por ele, detalhando "as várias intimidades com outros homens". A publicação destruiria sua carreira.

Apesar de todas as ameaças, Rita entrou com um pedido de divórcio em 24 de fevereiro de 1942, alegando "crueldade mental e física". Para a imprensa, ela minimizou suas desavenças conjugais. Não queria dificultar ainda mais as relações com Judson. Mas não adiantava; ele criaria caso de qualquer jeito.

Aterrorizada com o estrago que um divórcio litigioso causaria, a atriz pediu sigilo ao tribunal, que foi negado. Uma declaração escrita sua, afirmando que seu marido lhe dissera ter-se casado apenas "como um investimento... com o propósito de explorá-la" teve muito destaque nos jornais.

De sua suíte em um hotel em Beverly Hills, Judson disparava ameaças. Poderia acusá-la de adultério – ainda que ele próprio fosse o mentor de suas aventuras com outros homens. Isto era mais do que o estúdio podia suportar. Cohn pagou 30 mil dólares a Judson para que retirasse suas alegações. No tribunal, Rita concordou em dar-lhe tudo o que possuía, exceto seu carro, e em lhe pagar 12 mil dólares em prestações mensais de 500 dólares.

Sua penúria não a impediu de aparecer ao lado dos mais cobiçados solteiros de Hollywood – David Niven, Tony Martin, Errol Flynn, Howard Hughes e o milionário armador grego Stavros Niarchos. Sua companhia mais constante, porém, era o musculoso Victor Mature. Ela chegou a exibir um enorme anel dado por ele. Todo mundo falou em noivado, mas ela estava prestes a conhecer o homem que chamaria de "o grande amor de minha vida".

Orson Welles enfrentava várias dificuldades quando conheceu Rita. Seu primeiro filme, *Cidadão Kane*, levantara a fúria do poderoso barão da imprensa, William Randolph Hearst. A RKO achou seu segundo filme, *The Magnificent Andersons,* muito obscuro e lhe retirara o direito de fazer a montagem final. O terceiro, *É Tudo Verdade,* fora cancelado enquanto ele estava filmando no Brasil. Seu primeiro casamento, com a socialite de Chicago Virginia Nicholson, terminara em divórcio e Dolores del Rio, sua noiva, rompera o noivado. Foi então que Rita apareceu.

"Vi aquela maravilhosa foto na revista *Life* em que Rita aparece ajoelhada em cima da cama", recordou ele mais tarde. "Ela estava numa pose instigante, vestida com uma camisola de cetim e renda. Isto fez minha cabeça."

Welles ainda estava no Rio naquela ocasião e declarou a seu sócio Jackson Leighter que, quando retornasse a Hollywood, se casaria com Rita Hayworth. "Ele afirmou isto com convicção", disse Leighter. "E antes de a conhecer. Era verdade que a primeira coisa que desejava fazer ao voltar era encontrá-la."

Quando retornou a Hollywood, para representar o papel do atraente Mr. Rochester em *Jane Eyre,* ele falou abertamente sobre seus planos de se casar com Rita. O boato se espalhou. Quando ela soube, não achou graça. Inteiramente consciente de sua falta de cultura, pensava que o "gênio" erudito do cinema zombava dela. Apesar disto, compareceu à festa que Welles organizou para conhecê-la. Ele ficou estarrecido ao encontrar não a deusa do amor retratada nos filmes, mas uma mulher gentil, tímida e sensível.

"Havia nela uma riqueza de temperamento muito interessante e pouco comum numa estrela de cinema." Rita concluiu que ele queria apenas o de sempre. Depois da festa, recusou-se a atender seus telefonemas. Estava cansada de ser perseguida em Hollywood.

Mas Welles soube ser persistente. "Sou como Casanova", disse ele. "Não como um acrobata sexual – isto não sou. Mas porque estou disposto a esperar debaixo de uma janela até as quatro e meia da manhã. Sou desta espécie de romântico. Tenho paciência. Precisei de cinco semanas para convencer Rita a atender ao telefone. Mas quando ela o fez, saímos na mesma noite."

Foram jantar juntos. Discretamente, pois ela não queria que a imprensa noticiasse que ela encontrava alguém na ausência de Victor Mature. Mas o intelecto de Welles a deixou constrangida. Para desinibi-la, ele se valeu de um velho truque: tentaria adivinhar o que ela pensava. Se acertasse, ela poderia começar a falar; se errasse, ela deveria corrigi-lo. Ela se abriu como ainda não fizera com ninguém antes. Disse-lhe o quanto odiava ser uma estrela de cinema, mas que era a única maneira de ganhar a vida. Um fracasso e estaria acabada, pensava ela. Revelou-lhe os abusos que havia sofrido dos homens. Ele percebeu que ela era morbidamente obcecada por Harry Cohn.

Passaram a noite na casa dele. Welles, acostumado com Dolores del Rio, sempre arrumada e penteada, ficou fascinado com a naturalidade de Rita. Sozinha na cama, era completamente diferente da imagem de gatinha glamourosa.

"Era muito mais bonita sem maquiagem", constatou ele. "Sua sensualidade não era infantil. Era uma mulher tímida, não uma garota tímida." Na cama, era confiante e exigente. O sexo era importante para ela. Mas a fidelidade também.

Pouco tempo depois, Rita foi viver com Welles. Sua secretária, Shifra Haran, recebeu instruções precisas sobre a mudança. Tudo que não agradasse a Welles deveria ser jogado fora. Nada do que tivesse o monograma VM seria levado. Victor Mature ainda não sabia que seu romance com Rita havia terminado.

Welles aprendera com Dolores del Rio a apreciar roupas de baixo exclusivas da loja Juel Parks. Rita passou a gastar rios de dinheiro lá. Apesar de passar o dia metida num velho par de jeans e suéter, à noite vestia camisola de renda transparente. Welles adorava vê-la se despir e a ela também agradava.

Adorava a atenção do homem que amava, e despir-se tinha sempre o efeito desejado.

Apesar de Welles estar inteiramente fascinado, Rita começou a dar sinais de sua profunda insegurança. Ao menor pretexto, acusava-o de flertar com outras mulheres. Isto o irritava e ele se determinou a curá-la de um ciúme imotivado. Nos restaurantes, costumava olhar fixamente como se tivesse visto uma mulher bonita. Ansiosa, ela seguia seu olhar apenas para descobrir que não havia ninguém.

Sentindo-se culpado por não poder servir – foi recusado pelo Exército americano por causa de sua asma e de seus pés chatos – Welles decidiu dar sua contribuição. Para divertir as tropas, criou um show itinerante chamado Mercury Wonder. Seria também uma boa oportunidade para Rita se familiarizar com os Mercury Players, a companhia que trouxera consigo de Nova York e cujo repertório shakespeariano a intimidava. O show seria cheio de efeitos especiais e de mágicas. Era o espetáculo ideal para alguém com a formação dela. Welles tinha herdado de seu excêntrico pai o gosto pela mágica.

No entanto, ela não pôde participar, pois recebeu uma intimação da justiça: Judson exigia uma indenização de 10 mil dólares. A conselho de Welles, ela havia parado de lhe pagar os 500 dólares por mês. Cohn também se opôs. Quando ouviu falar do show, proibiu-a, pois ela passaria a noite se apresentando com Welles em vez de guardar suas energias para o filme que então fazia, com Gene Kelly.

Rita ficou desolada. Welles lhe pediu calma. Desobedecer a Cohn poderia atrapalhar sua carreira. Além disso, ele poderia encontrar outra pessoa para substituí-la no show. A idéia a deixou ainda mais mortificada. Foi como se Welles lhe dissesse que seu relacionamento terminava ali. Aquelas palavras despertaram nela a mais profunda insegurança. Ele sentiu seu desespero e compreendeu o quanto ela era vulnerável. Sentiu vontade de protegê-la e foi então que a pediu em casamento. A história teve um final feliz. Marlene Dietrich aceitou o papel no show e Rita se casou. Todos ficaram contentes, menos Cohn, que não previra aquele desfecho.

Quando Rita ficou grávida, Welles a princípio não gostou. Chamado para trabalhar na campanha para a reeleição de Franklin Roosevelt, antes que partisse ele testemunhou um novo ataque de insegurança de Rita. Ela tinha a premonição de que o perderia. Em sua ausência, ela recebia os amigos do estúdio, que comentavam os últimos mexericos. Welles, com sua inteligência e sua personalidade exuberante, tinha muitos inimigos. Passaram a censurá-lo por ter abandonado a mulher grávida. Rita não resistiu à pressão e pegou um avião e foi encontrar o marido em Nova York. Infelizmente, era o exato momento que ele escolheu para traí-la. Uma noite, ele foi para o Clube 21, em Manhattan. Lá, viu a jovem herdeira Gloria Vanderbilt, com seu marido e alguns amigos. Welles reuniu-se a eles.

"Algo aconteceu quando nossos olhos se encontraram", recordou Gloria. "Pouco depois, ele começou a passar a mão em meu joelho debaixo da mesa e logo estávamos de mãos dadas."

Numa festa alguns dias mais tarde, os dois ficaram sozinhos e se beijaram. Ela sabia que a mulher dele estava grávida e soube resistir. Mas nos dias e semanas seguintes não conseguiu tirá-lo da cabeça.

Rebecca nasceu em 15 de dezembro de 1944. Enquanto Rita convalescia, Welles foi a Washington para a posse do presidente. Apresentou também um ciclo de conferências contra o fascismo em Baltimore e Nova York. Rita se ressentia de seu pouco interesse pela filha. O fato é que, pouco tempo depois, compreendendo que na política não teria chance, o ator voltou ao cinema e às mulheres. Judy Garland foi uma delas.

Welles comprava enormes ramos de flores brancas para

Judy. Uma noite, ele se esqueceu de mandá-las e as deixou no banco do carro. Rita, é claro, pensou que fossem para ela. Sua secretária, Haran, discretamente retirou o bilhete antes que ela pudesse achá-lo.

Welles não dava a menor importância a estes pequenos casos. Acreditava que fracassara como diretor e político. Precisava deles para afagar seu ego.

"Se você tira o ego e a vaidade, a atividade sexual é reduzida drasticamente", dizia. "Refiro-me mais aos homens do que às mulheres. Um homem, em sua maior parte, quando anda atrás de mulheres, não é impelido apenas pelo impulso sexual."

Obviamente Rita não via as coisas do mesmo modo. Suas amigas sentiam um prazer especial em lhe relatar minuciosamente as atividades do marido. Anos mais tarde, Welles confessou-se constrangido ao pensar no sofrimento que causou a Rita naquele período. Mesmo na época, sentia-se culpado. Sua infidelidade compeliu Rita ao alcoolismo. Ela saía de casa bêbada e ele tinha medo de que se matasse. Apesar disto, passava mais tempo na casa de Sam Spiegel, em companhia de prostitutas, que não exigiam qualquer envolvimento emocional.

A tragédia real estava no fato de serem opostos. Enquanto Rita ansiava por largar o cinema e levar uma vida normal em casa, Welles vivia para seu trabalho. Um dia, ele trabalhava com um grupo de escritores em sua suíte de hotel em Nova York quando se ouviu o choro de Rita no quarto. Ele pediu a alguém que a levasse ao cabeleireiro. Depois que ela saiu, Welles disse, insensivelmente: "Agora posso me concentrar."

Horas mais tarde, quando ela voltou bonita e penteada, ele continuava imerso no trabalho. Não lhe deu a mínima atenção. Ela se sentou calmamente. Depois, explodiu. Somente então ele a olhou. Ela correu para o quarto; ele a seguiu. Os escritores recolheram seus papéis e saíram.

A única saída para Rita era voltar ao trabalho que odiava. Representou a tentadora em *Gilda*, papel que, para muitos, lhe garantiu o título de deusa sexual. Welles já adquirira a reputação de difícil e ninguém mais confiava nele. Por isto, ela foi chamada para se responsabilizar pelo contrato dele para dirigir *O Estrangeiro*. Em troca, ele a recompensou tendo uma série de casos. Rita foi informada de todos os detalhes de suas atividades. Mesmo assim, quem os via juntos pensava que ainda estavam apaixonados.

Welles abandonara suas ambições políticas porque estava convencido de que Rita teria um colapso nervoso ou pediria o

Rita Rayworth e Orson Welles

divórcio. Qualquer uma das hipóteses o desqualificaria para a presidência da República, cargo que ambicionava. Ela acabou pedindo o divórcio. Quando ele foi a Nova York conversar com Cole Porter sobre um show na Broadway, baseado em *A Volta ao Mundo em Oitenta Dias*, ela chamou seu advogado.

Welles soube do fim de seu casamento pela imprensa: Rita fez um comunicado público. Apesar de ainda a amar, sentiu-se aliviado. Quando voltou a Nova York, nem mesmo a procurou. Acabou *O Estrangeiro* e foi passar férias no México.

Apesar de tudo ter sido resolvido amigavelmente, ela ainda não desistira dele. A produção de *A Volta ao Mundo em Oitenta Dias* trouxe dificuldades financeiras para Welles. Possivelmente a pedido de Rita, Harry Cohn socorreu-o, com a condição de fazer um filme para ele. Este foi *A Dama de Xangai*, suspense escrito por Welles.

Cohn estava convencido de que seria um ótimo golpe publicitário unir o casal num filme. Welles desejava uma atriz francesa, Barbara Lage, mas Rita começou uma campanha para ser a escolhida. Convidou-o para jantar e o persuadiu a lhe dar o papel – e a passar a noite com ela.

"Você sabe", disse a ele, "que só fui feliz com você."

"Se aquilo era felicidade", disse Welles mais tarde, "imagine o que foi o resto de sua vida."

Voltaram a morar juntos. O decorador de sua nova casa, Wilbur Menefee, deu instruções específicas para o tamanho de uma cama de casal capaz de acomodar um Welles cada vez mais gordo.

Ele trabalhava o tempo todo para fazer do filme um veículo digno de uma das maiores atrizes da Columbia. Para dar maior veracidade psicológica ao roteiro, incluiu nele referências autobiográficas. O filme começa com uma tentativa de estupro e termina com a desintegração simbólica da personalidade num saguão de espelhos. Welles incluiu fatos que conhecia da relação de Rita com seu pai e com Judson, bem como sua culpa por maltratá-la.

No set, Rita sentia-se hipnotizada, fazendo tudo o que ele mandava. Welles a fez cortar seu cabelo ruivo, sua marca registrada, e pintá-lo de louro metálico. Ele pretendia mostrar ao mundo uma Rita como jamais fora vista. Para registrar a transformação, chamou dezesseis fotógrafos. Cohn ficou furioso com a mudança da cor do cabelo.

"Meu Deus", disse ele. "O que o canalha fez agora?"

O casal trabalhava junto, em perfeita harmonia, mas notava-se que não havia mais a chama da paixão. Terminado o filme, Welles parou de dar-lhe atenção. Raramente estava em casa. Uma doença grave de Rebecca os reuniu em fevereiro de 1947, mas logo ele se mudou para sua casa de praia em Santa Mônica. Rita foi para Palm Springs, consolar David Niven pela morte trágica de sua jovem esposa. No fim do mês, ela anunciou sua intenção de divorciar-se e os jornais passaram a especular sobre um possível casamento com Niven.

Cohn lhe deu permissão para ir à Europa. Nada podia fazer com ela enquanto seu cabelo não crescesse. Em Londres, Rita se encontrou casualmente com David Niven, o que aumentou ainda mais as especulações sobre suas relações.

Sempre cavalheiro, ele negou o caso. Na verdade, Rita teve um caso breve, mas apaixonado com o *bandleader* Teddy Shauffer, que acabou em Paris, onde ela se trancou no quarto do hotel. Ele arriscou a vida escalando a fachada do Hotel Lancaster para chegar até sua janela, enquanto uma multidão de franceses o animava, lá de baixo.

Welles filmava *Macbeth* e saía com Marilyn Monroe quando Rita voltou. No mesmo dia em que o divórcio foi concedido, 10 de novembro de 1947, a revista *Life* publicava uma história sobre a atriz que estampava a manchete "A Deusa do Amor". Ela viu isto como uma grotesca ironia. Estava convencida de ser um fracasso no amor. Mas a marca pegou.

Na verdade, figurões como o rei do Egito, Faruk, o irmão do xá do Irã, Mahmud Pahlevi e o multimilionário Howard Hughes, a perseguiam. Mas à frente do cortejo vinha o maior Casanova de todos, o príncipe Aly Khan. Ela o havia conhecido durante um jantar. O príncipe ficou encantado; Rita, nem um pouco. Para ela, era apenas mais um playboy casado.

Concordou em sair com ele, mas quando Aly Khan chegou ao encontro foi informado de que ela tinha ido almoçar com o milionário argentino Alberto Dodero. O príncipe esperou três horas pela estrela. Quando, afinal, ficou livre, ele a levou para sua vila na Côte d'Azur. Ela resistiu e os dois acabaram indo para a Irlanda, onde os cavalos dele participariam de uma corrida.

Durante sua ausência, ele mandou flores todos os dias. Quando voltou, sobrevoou o hotel em seu avião particular. Os dois se tornaram um par constante. Khan era romântico e atencioso. A Rita, agradava ser mimada por um playboy charmoso. Quando percebeu que ele sugeria algo mais sério, ela decidiu sumir.

Escondeu-se em Cannes, onde uma misteriosa mulher cigana lhe disse que já havia encontrado o amor de sua vida e, estupidamente, o rejeitara. Somente se se entregasse completamente a ele poderia ser feliz. Apesar de ser óbvio que havia sido Khan quem enviara a cigana, Rita acreditou piamente. Voltou imediatamente para sua vila e se aconchegou nos braços do apaixonado príncipe. Dançavam de rosto colado no International Sporting Club. Pouco depois, ela se mudou para a vila de dez quartos.

Como sempre, ela desejava apenas um homem em sua vida, devotado a ela e só a ela. Claro que Aly Khan não era esse tipo de homem. Não desejava ficar sozinho com Rita em sua vila. Adorava a vida social, oferecer festas e encher a casa de convidados, alguns dos quais permaneciam indefinidamente. Aquela era a sociedade chique da Riviera francesa. Todos ali menosprezavam Rita, por não falar francês. Percebendo que ela estava a ponto de fugir de novo, o príncipe levou-a de carro para a Espanha.

A viagem devia necessariamente ser discreta. Além de ser um homem casado, Aly Khan era um líder religioso, descendente do Profeta Maomé. Seu pai, o Aga Khan, tinha quinze milhões de seguidores na África e na Ásia. Ele aconselhara o filho a dominar seus impulsos em relação às mulheres.

Aly era um motorista imprudente. Saindo de Biarritz, ele bateu numa carroça. A imprensa tratou a notícia com a avidez de sempre. Quando os dois chegaram a Madri, os paparazzi e os fãs de Rita já estavam à espera. Uma tourada em Toledo se transformou em cena de *Sangue e Areia* quando o toureiro homenageou a beleza de Rita presenteando-a com as orelhas do touro. Em Sevilha, ela reviu sua família.

Aly Khan, por motivos óbvios, sempre atraía a atenção. Estar ao lado de uma mulher tão adulada intensificou seu amor. Para Rita, o efeito foi o oposto. Com ele, jamais teria a paz e a privacidade que procurava. Depois das férias, fez as malas e voltou aos Estados Unidos, deixando-o de coração partido.

Desistência era uma palavra que não constava no dicionário dele. Voou para os Estados Unidos e foi morar em frente à casa dela. Para proteger sua reputação, Rita fez uma declaração afirmando que o príncipe Aly Khan, um antigo amigo, estava na cidade e que os dois naturalmente seriam vistos em público. Mas isso não aconteceu.

"Eles simplesmente permaneceram em casa, fazendo amor", revelou Haran. Isto não era o desejo do gregário Khan, mas de Rita. "O príncipe não era um maníaco por sexo", disse Haran. "A insaciável era miss Hayworth."

Por fim, ela conseguira o que queria – absoluta privacidade com um homem atento aos seus mínimos desejos. Suas maiores necessidades sempre haviam estado no quarto, onde o príncipe era reconhecidamente um rei. Muito novo, ele fora enviado aos bordéis do Cairo para aprender a arte do *imsak* – a capacidade de reter indefinidamente a ejaculação.

Apesar de toda a discrição dos dois, Cohn deu a Rita uma descompostura por ter-se envolvido com um homem casado. Isto a aborreceu e os dois foram para a Cidade do México, onde um funcionário bisbilhoteiro do hotel em que estavam avisou a imprensa. Foram cercados pelos jornalistas, alguns dos quais chegaram a se vestir com o uniforme do hotel para se aproximar deles.

A Columbia a suspendeu depois de uma viagem a Cuba e Rita e Khan acabaram voando para a Europa, onde também não tiveram sossego. Na Inglaterra, o *Sunday Pictorial* declarou que a relação entre os dois era "um caso sórdido", contando todos os detalhes. O *People's* decretou na primeira página que "este caso é um insulto a todas as mulheres decentes". O jornal se recusava a cobrir "o caso de Rita com seu príncipe moreno... em nome da decência pública".

Nos Estados Unidos, a associação americana de clubes femininos ameaçava boicotar todos os filmes de Rita, a não ser que ela se emendasse. Diante do clamor público, não lhes restava escolha – ou se separavam ou se casavam. Havia ainda outro problema: Rita estava grávida.

Esquiavam em Gstaad quando os repórteres os viram. Depois de uma perigosa perseguição de carro pelas estradas geladas, eles conseguiram se livrar dos jornalistas e escaparam para a fronteira francesa. Dirigiram-se para a vila de vinte e um quartos do pai de Aly, Aga Khan, próxima a Cannes, para pedir permissão para se casarem. Aga estava furioso com o escândalo. Apesar disso, quando conheceu Rita, deu sua aprovação. Nem mesmo lhe exigiu que se tornasse muçulmana, apenas que seus filhos fossem criados na fé islâmica.

O divórcio do príncipe foi apressado nas cortes francesas. A data para o casamento foi marcada. Enquanto isto, Rita e Aly haviam retornado para a vila da Côte d'Azur – cheia de hóspedes, como sempre, metade dos quais o próprio dono não conhecia.

O noivado não alterou em nada o comportamento do príncipe, que dava suas escapadas. Vendo a cerimônia se aproximar, Rita começou a se apavorar e chamou Welles em Roma. Ele foi em seu socorro. Viajou de pé num avião de carga até Antibes. Rita o esperava no hotel, com uma garrafa de champanhe. Quando fechou a porta atrás dele, ela implorou: "Aqui estou. Case-se comigo."

Welles passou a noite com ela, mas na manhã seguinte voltou a Roma. "Ela estava se casando com o homem mais promíscuo da Europa", disse ele. "Era o pior casamento possível. E ela sabia disto."

Casar-se com Aly Khan tinha uma vantagem, porém. Ela poderia mandar Hollywood e Harry Cohn às favas. Apenas para enfatizar ainda mais o óbvio, ela convidou Cohn pessoalmente, mas ele não apareceu.

A cerimônia do casamento foi um desastre. Negaram-lhes permissão para que fosse uma cerimônia privada. O prefeito local, responsável pela formalidade, era um comunista que exigiu, ao lado dos príncipes, princesas, marajás, nababos e emires convidados, a presença do povo comum e dos camponeses. Milhares de fãs apareceram. A imprensa teve um grande dia. Centenas de policiais foram mandados de Nice para controlar a multidão. Os devotos caíam de joelhos e beijavam os pés de Rita. O imã de Paris afirmou que aquele era o maior casamento muçulmano do século. O Vaticano declarou-o inválido e informou a Rita que qualquer fruto da união seria "concebido em pecado".

Como Welles previra, acabou sendo o pior casamento possível. Enquanto ela ansiava por privacidade, Aly Khan só queria ostentar nos grandes acontecimentos sociais e esportivos a estrela de cinema que se tornara sua esposa. A situação chegou a ponto de Rita, em estado de gravidez avançada, quase ser esmagada por uma multidão. O casal vivia com tanta opulência que era alvo predileto de ladrões e seqüestradores.

E Khan continuou suas conquistas. Quando ela se retirava para dormir, ele escapava para seus encontros, algumas vezes em lugares públicos. Suas inúmeras casas estavam sempre lotadas de hóspedes. Rita jamais sabia qual das mulheres presentes era a amante de então de seu marido.

A atriz deu à luz rodeada por um circo da imprensa, com guardas nas portas da sala de parto para impedir que os fotógrafos forçassem a entrada. Depois de um difícil trabalho de parto, nasceu a princesa Yasmin, um criança robusta, com dois quilos e meio. Em seguida, foram para Gstaad, onde Rita pôde desfrutar de um breve período de vida familiar tranqüila. Mas Khan logo se entediou e voltaram para o sul da França, para o meio dos inevitáveis e eternos hóspedes. Rita já não podia mais suportá-los e se fechava em seu quarto. Desejava voltar aos Estados Unidos. As brigas do casal começaram. As reconciliações eram sempre "ternas". Uma noite, em Paris, Aly a levou para ver uma adaptação do *Doutor Fausto*, do dramaturgo elisabetano Christopher Marlowe, com Orson Welles e Eartha Kitt. Ao entrar no palco, Welles viu Rita na platéia e não conseguiu tirar os olhos dela.

Na peça, Eartha diz a seguinte frase: "Dr. João Fausto, quem é esta Margarida por quem o senhor está tão apaixonado?"

Welles dedicou sua resposta para sua ex-esposa: "Margarida, Margarida... Ah! sim, uma garota que conheci em outros tempos."

Rita adorou e riu. Aly ficou furioso.

Como parte de seus deveres religiosos, ele levou Rita para conhecer as comunidades ismaelitas do norte da África. No Cairo, ela finalmente decidiu que não agüentava mais seu comportamento de playboy. Foi para Cannes, pegou suas filhas e embarcou para os Estados Unidos. Quando Aly soube, compreendeu que nada havia a fazer sem criar um escândalo ainda maior.

Nos Estados Unidos os jornais ficaram em suspense com a esperada chegada da deusa do amor. Cohn anunciou seu contentamento em receber a princesa de volta à Columbia. Seu errático marido foi visto no festival de cinema de Cannes rodeado de belas garotas. Rita anunciou seus planos para um divórcio e partiu para Nevada. Aly enviou uma carta conciliatória. Não teve efeito e ele deu entrada nos tribunais da França de uma ação exigindo a custódia de sua filha. Enquanto os advogados discutiam acordos sobre propriedades, Rita apresentou o pedido de divórcio. Aly Khan era mantido com rédea curta por seu pai e havia gastado muito dinheiro de Rita, a ponto de ela ficar quebrada e ver-se obrigada a voltar ao trabalho na Columbia.

A pedido de Aga Khan, que estava doente, Aly fez uma tentativa de reconciliação. Mas era incapaz de mudar. A imprensa estampou uma foto sua com a atriz Yvonne de Carlo, com a seguinte legenda: "Veja, Rita, agarrei seu homem."

Depois de uma viagem à Califórnia com Yvonne, Rita lhe deu permissão para passar a noite em sua casa em Los Angeles. No dia seguinte, Yasmin engoliu por acidente várias pílulas para dormir. Levada ao hospital, foi salva. O incidente uniu a família. Quando as filmagens de *Salomé* terminaram, a atriz foi para a França, encontrar-se com o marido. Mas ele aparecia menos que os hóspedes em sua casa de Neuilly. Ao chegar à França, ela declarara que desistira do divórcio. Mas voltou atrás. Não podia suportar o modo de vida dele e nem mais sustentá-lo. Ele gastava demais e era ela que trabalhava para sustentá-los.

Sua etapa seguinte foi a Espanha, onde encontrou consolo. Dizia-se que tinha um caso com o amante de Ava Gardner, o toureiro Luiz Miguel Dominguín. Na verdade seus olhos estavam

*Rita Hayworth e
Aly Khan*

voltados para o elegante conde José-Maria Villapadierna, um amigo íntimo de Aly. Viajaram pela Espanha juntos. Como os jornais de ativistas católicos expressavam sua oposição à sua conduta imoral, ele a levou para Paris. Ela adiou sua partida para os Estados Unidos para ficar com ele.

De volta, a atriz rapidamente conseguiu um divórcio em Nevada. Conheceu então Dick Haymes, um cantor romântico de 35 anos, apelidado *Mr. Evil,* por seu mau caráter. Para ele, Rita era o ganha-pão de que necessitava. Esbanjara quatro milhões de dólares em bebedeiras e tinha que pagar pensões de ex-mulheres e filhos. Ser visto com uma das principais estrelas da Columbia só poderia ajudá-lo. Estava inteiramente certo. Sua associação com Rita lhe valeu um contrato na boate Sands de Las Vegas, que, segundo acreditava, seria o reinício de sua carreira.

Para Rita, os casamentos fracassados de Haymes constituíam um atrativo. Era sua alma-gêmea. Aly Khan, que então já planejava casar-se com a atriz Gene Tierney, recusava-se a pagar uma pensão para sua filha. As ex-mulheres de Haymes se queixavam da mesma coisa, mas Rita fingia não ver. Foi para o Havaí, onde passou com Haymes duas semanas esplêndidas.

Os espiões de Cohn logo lhe levaram a notícia. Ele ficou lívido. Casar-se com um playboy muçulmano não era suficientemente ruim. Sua maior estrela estava envolvida com um notório marginal. Ele contatou o Serviço de Imigração e Naturalização para deportar Haymes, argentino de nascimento.

A oposição de Cohn tornou Haymes ainda mais atraente aos olhos de Rita. Para impedir que fosse deportado, casou-se com ele. Passaram a lua-de-mel no Sands, o que ajudou a lotar seus shows. Iniciou depois uma turnê, mas as casas só enchiam quando Rita estava presente. Ela deixou de trabalhar para ficar ao lado dele. Haymes era pressionado na justiça por falta de pagamento das pensões de suas ex-mulheres e a imigração continuava atrás dele. Como recompensa pelo apoio de Rita, ele, bêbado, batia nela. Mas continuavam juntos.

Uma ameaça de morte anônima contra Yasmin foi a desculpa que Aly Khan encontrou para contestar a custódia da filha, esperando que a escolha de um padrasto tão inadequado pesasse na justiça. Temendo que Aly reivindicasse também sua filha, Welles entrou na briga.

Com Rita constantemente em turnê com Haymes, as meninas ficavam em casa sob os cuidados de uma governanta. As autoridades as tomaram a seu cargo. Rita contestou a decisão. Como Haymes também tinha freqüentes audiências por causa dos processos em que estava envolvido, eles não trabalhavam. Rita parara de filmar.

Haymes concluiu que chegara hora de fazer um acordo.

Telefonou para Harry Cohn. Num encontro em Las
Vegas, apresentou-se como agente de Rita e nego-
ciou por ela. Ela voltaria ao trabalho se o estúdio
pagasse as dívidas dele na Califórnia. O estúdio
ainda deveria defender Haymes no processo de deportação, que então já havia chegado à Suprema
Corte. Se fosse deportado, Rita poderia concluir
as filmagens no país de sua escolha. E Haymes deveria ser reintegrado na Columbia, de onde
fora demitido por seu caso com ela.

Cohn não gostava do acordo, mas não
teve escolha. Imaginou que Rita ainda tinha
condições de fazer alguns bons filmes. E se
ela, depois de todo o apoio, fosse embora, ele
não iria mais atrás dela. Além disso, já preparava
alguém para substituí-la: Kim Novak.

Dick Haymes

Rita repetia a experiência do início de sua vida. Haymes era
um novo Eddie Judson, controlando tudo. Falava por ela nas entrevistas, discutia os roteiros e os papéis e ainda a acompanhava
às provas das roupas e mesmo ao cabeleireiro. Mas as ingerências
ultrapassaram os limites e o produtor Jerry Wald pôs Haymes
para fora. Rita o acompanhou. Mais uma vez, os dois enfrenta-
riam uma série de processos na justiça.

Aly Khan redobrava seus esforços para obter a custódia de
Yasmin. A pressão se tornou insuportável. Para conseguir algum
dinheiro, Haymes voltou a cantar. Durante uma apresentação no
Coconnut Grove, Rita e ele tiveram uma briga séria e ela desapareceu por alguns dias. Quando voltou, tornaram a se engalfinhar
diante do público e ele a esmurrou no olho. Ela começava a ver
como se enganara. Como o governo desistira de deportá-lo, já
não havia mais motivo para ficar com ele. Fez as malas, pegou
as filhas e saiu para sempre de sua vida. Haymes se desesperou,

pensando que, sem ela, estava acabado. Enganava-se. O público lotou suas apresentações apenas para ver o quanto ele agüentaria. Mas a verdade é que ele estava cantando melhor do que nunca.

Rita mais uma vez pediu o divórcio. Embarcou com as filhas para a Europa, para que Yasmin pudesse ver seu pai e o avô doente. O divórcio foi concedido *in absentia*.

Aly Khan então namorava Bettina, a modelo do grande costureiro Jacques Fath, que criara o vestido de casamento de Rita. Rita, Bettina e Aly se tornaram muito amigos.

Em Paris, Rita arrumou um novo amante, o produtor egípcio Raymond Hakim. O interesse dele por ela era tanto profissional quanto romântico. Desejava que ela trabalhasse num filme que fazia sobre a dançarina Isadora Duncan. Ela precisava saber qual era sua situação na Columbia. A corte de Los Angeles decidiu contra ela: deveria fazer mais dois filmes para o estúdio antes de se ver livre de Harry Cohn para sempre.

Ele se vingou, escalando-a para representar em *Pal Joey* a mulher mais velha num triângulo amoroso com Frank Sinatra e a nova estrela da Columbia, Kim Novak. Cohn fez sua última tentativa, mas a essa altura Rita já se interessava pelo diretor independente Jim Hill.

Acabaram se casando e foi apenas mais um desastre. Ela já não queria mais trabalhar e ele insistia para que assumisse novos projetos. Bebiam muito e brigavam como cão e gato. Certo dia, ouviram-se tiros vindos do seu quarto. Quando a polícia chegou, estavam tão embriagados que foi impossível saber o que acontecera.

Em 7 de setembro de 1961, Orlando Rhodes, o mesmo juiz que 18 anos antes a casara com Welles lhe garantiu o divórcio. Ela não o reconheceu. Sua memória já se deteriorava. Já não bebia. Descobriu-se então que sofria de mal de Alzheimer. Nos vinte e cinco anos seguintes, enquanto a doença progredia lentamente, Rita mergulhou aos poucos no esquecimento de si mesma.

Um Cavalheiro Pouco Sofisticado

Todo mundo sabe que cinema é ilusão, mas o caso de Cary Grant beirou a trapaça. Seu nome era curto e de sonoridade envolvente. Ao pronunciá-lo, uma imagem irrepreensível se delineava: na bela cabeça, cada fio do cabelo negro e reluzente no lugar; no corpo bem delineado, um terno impecavelmente cortado. Além disso, tinha sempre a resposta certa na ponta da língua. Mesmo quando fazia o aloprado – com muito talento, diga-se – era sedutor. Tudo nele, no entanto, era engano. A começar por seu verdadeiro nome, nem um pouco poético: Archibald Alec Leach. Não era cavalheiro nem sofisticado. Ídolo das mulheres, ele duvidou sempre de sua masculinidade.

Cary Grant

Desde o início, sua vida foi marcada pela confusão. Só foi registrado três semanas depois de seu nascimento e foi circuncidado sem se ter certeza de que fosse judeu. Assim como Gary Cooper, a mãe de Cary Grant também o vestia como menina, o que desde cedo o deixava atormentado com os limites entre os sexos.

"Por que meninos se envergonham tanto por serem confundidos com meninas? Por que se orgulham tanto de ser meninos?", perguntou mais tarde.

Archibald não nasceu entre elegantes senhores das classes altas inglesas – vinha de uma família de trabalhadores de Bristol, no Sul da Inglaterra. Teve uma infância conturbada, numa família infeliz. A escola não o ajudou muito, numa época em que a palmatória era a forma de regular as disputas.

Ele entrou cedo na vida artística. Aos seis anos, seu pai o levou para assistir a um espetáculo de pantomima e ele adorou. O produtor, Robert Lomas, precisava de mais uma criança e seu pai assinou uma guarda provisória, entregando-lhe o menino. Assim, Archie foi com a companhia de Lomas para Berlim, onde lhe foram reveladas as verdades por trás dos bastidores. A trupe foi vista pelo empresário americano Jesse Lasky, que os convidou para se apresentarem em Nova York. Aos sete anos, o menino se viu a bordo do Lusitânia, com destino à Broadway.

Acabada a temporada, Archibald retornou a Bristol e aos estudos. Magro e moreno, seus longos cílios chamavam a atenção das mulheres. Expulso da escola por invadir a área de recreio das meninas, voltou ao teatro de Lomas e, mais uma vez, foi para os Estados Unidos. A bordo do Olympic, encontrou Douglas Fairbanks e Mary Pickford, que terminavam sua lua-de-mel na Europa.

Enquanto entravam no porto de Nova York, ele viu o prédio da Woolworth. Não poderia jamais prever que, vinte anos mais tarde, se casaria com a neta de seu fundador, Barbara Hutton.

A vida era dura e o trabalho, volta e meia, escasseava. Archie foi até mesmo homem-sanduíche em Times Square, sobre pernas de pau. Os maldosos já diziam que também conseguia uns trocados servindo a senhoras ricas. Mas ele não escondia preferir os rapazes e teve uma vida sexual bem agitada até que se mudou para Hollywood.

O som chegara ao cinema e os artistas britânicos estavam em alta. Nas telas, o sotaque americano era muito anasalado. Até mesmo o inglês de britânicos das classes baixas, como o de Archie, soava mais polido e elegante. Além disso, não se podia negar sua bela aparência e ele chamou a atenção de Ben Schulberg, da

Randolph Scott

Paramount. Seu nome, porém, era um obstáculo; era urgente mudá-lo. E então Cary Grant veio à luz.

Não demorou a ganhar muito dinheiro. Abriu uma loja com o estilista Wright Neale e o decorador de interiores Bob Lampe. Neale o chamava de "irmã" e os dois se tornaram íntimos. A publicidade da Paramount fazia o que podia, exibindo-o com belas mulheres. Durante um almoço no estúdio, conheceu o ator Randolph Scott, protegido, e segundo se sabia, amante do milionário Howard Hughes. A atração foi imediata e recíproca. Scott mudou-se em seguida para o apartamento de Grant.

Não era comum dois jovens e belos atores viverem juntos e os mexericos se espalharam. Eles nada faziam para desmenti-los, aparecendo juntos e sem mulheres nas estréias. O estúdio achou demais. Criou-se a versão estapafúrdia de que os dois dividiam o apartamento para economizar. Era fartamente sabido que eles eram muito bem pagos. Foram também obrigados a se mostrar ao lado de belas garotas.

Grant e Scott encontraram refúgio num apartamento próximo de um reduto de homossexuais, Griffith Park, e para lá se mudaram. Foi necessário ninguém menos que Marlene Dietrich para despertar Grant, filmando junto *Vênus Loura*. Sua reputação de homossexual, porém, manteve-a afastada. Suas preferências sexuais oscilavam. Começou a sair com Virginia Cherril. Sua carreira chegara a um impasse depois de ela ter recusado o assédio de Chaplin enquanto filmavam *Luzes da Cidade*. Advertiram-na sobre o caso entre Grant e Scott, mas ela não levou muito a sério.

Ao ver a propaganda de *Hot Saturday*, em que Scott e Grant apareciam juntos, a sempre afiada Carole Lombard disparou: "Gostaria de saber qual destes dois garotos paga as contas."

Na Paramount, Schulberg coçava a cabeça – reconhecia o perigo da imagem que Grant estava construindo. Tentou estimular seu lado heterossexual, colocando-o para trabalhar com a explosiva Mae West, em *She Done Him Wrong*. Mas ele continuava a ver Virginia. Já demonstrava seu inegável pendor para Otelo, pois durante sua vida inteira mostrou-se um ciumento incurável. Chegou inclusive a contratar um detetive para se assegurar da fidelidade de Virginia. Quando ela descobriu, tiveram uma briga furiosa. Mas acabaram se casando e ela foi para Griffith Park com ele. Algumas semanas depois, mudaram-se. Randolph Scott se tornou seu vizinho, ocupando o apartamento ao lado.

As brigas do casal continuaram, pois ele a cada dia se tornava mais ciumento e possessivo. Um dia, na volta da praia, no Sunset Boulevard um homem acenou para Virginia. Ela lhe respondeu e Grant esbofeteou-a na boca. O sangue molhou todo o seu vestido. Ela foi para a casa de uma amiga. No dia seguinte, ele lhe telefonou. Disse que não se lembrava de nada e lhe implorou que voltasse para casa.

Houve outros incidentes semelhantes. Uma noite, enquanto se vestiam para sair, brigaram porque ele reclamava por ela sempre chegar tarde em casa. Ele a empurrou violentamente; ela caiu e bateu a cabeça na grade da lareira, sangrando. Ele saiu de casa, deixando-a estendida no chão. Quando voltou, vendo-a machucada, perguntou-lhe bastante preocupado se sofrera algum acidente. Este comportamento atordoante continuou. Ele bebia além da conta, e para disfarçar, no estúdio, servia-se numa xícara de café.

Virginia finalmente se cansou e foi para a casa de sua mãe. Ele tentou o suicídio, ingerindo pílulas para dormir. Levado para o hospital, salvaram-no com uma lavagem estomacal. Ela não acreditou, pensando que se tratava de uma farsa, e assinou os papéis para o divórcio. Ao se apresentarem no tribunal, o juiz precisou de apenas cinqüenta minutos para conceder-lhe a liberdade.

Apesar de aparecer em público com algumas beldades, o verdadeiro caso de Grant, longe dos olhares curiosos, continuava a ser Randolph Scott. Permaneceram ligados por toda a vida. Quando Scott fez *O Último dos Moicanos*, comprou uma casa na praia em Santa Mônica e Grant mudou-se para lá. Num baile de máscaras, os dois apareceram com fantasias idênticas de acrobatas. Suas namoradas, como notou ironicamente a colunista Hedda Hopper, não estavam presentes.

As revistas estampavam fotos deles juntos jogando bola na praia, brincando em volta da piscina ou ocupados com os afazeres domésticos, como duas velhas donzelas. A desaprovação dos chefões do estúdio não os abalava nem um pouco. Uma noite, os dois foram pegos se abraçando e se beijando num estacionamento.

Pouco antes de começar a Segunda Guerra Mundial, Grant ficou noivo de Phyllis Brooks. Ela ignorou os rumores sobre sua homossexualidade. Não desanimou nem depois de William Randolph Hearst tê-la advertido, após investigações na Inglaterra, de que além de tudo ele era judeu. Grant e ela assinaram um contrato nupcial estipulando que a demolidora mãe da noiva jamais entraria em sua casa. Quando a futura sogra o leu, chorou por quatro dias. Foi a gota d'água. O casamento terminou antes de ser realizado.

As relações entre Scott e Grant se consolidaram. Quando filmavam juntos *Minha Esposa Favorita*, título bem apropriado para quem os conhecia, deviam aparecer juntos numa seqüência na piscina de um hotel em Pasadena. Chegaram como um casal e, para a perplexidade geral, em vez de ocupar suítes separadas, instalaram-se no mesmo quarto. Deixaram todos de boca aberta.

Dorothy di Frasso, a bela condessa de Gary Cooper, apresentou Grant à herdeira da Woolworth, Barbara Hutton, duas vezes divorciada. O fato de ela conhecer perfeitamente sua ligação com Scott não a impediu de rejeitar as atenções de Frank Sinatra e ficar com ele. Ela precisou subornar o governo nazista na Dinamarca para obter o divórcio de seu último marido, o conde dinamarquês Kurt Reventlow. Em 3 de dezembro de 1941, Grant lhe comprou um anel de noivado de diamante. Quatro dias mais tarde, os japoneses atacaram Pearl Harbor, obrigando os Estados Unidos a entrar na guerra. Grant daria sua colaboração.

Barbara se tornou impaciente para se casar. Quando o noivo pareceu relutante em marcar uma data, ela tomou um avião para Nova York, enfiou-se em sua cama e permaneceu acamada. Randolph Scott, bastante ressentido com as bodas do companheiro, retirou-se para sua casa na Virginia.

Os noivos se reconciliaram e em 8 de julho de 1942 se casaram. A colunista Sheila Graham afirmou ter ouvido Grant declarar que a noite de núpcias fora a melhor de sua vida. Os amigos de Barbara, por sua vez, insistiam em que o casamento jamais se consumou.

Feliz, certamente, ele não foi. Grant foi pego em flagrante com um marinheiro num banheiro público. As acusações foram retiradas quando se revelou que ele trabalhava para o serviço secreto. Naturalizado americano em 1941, Grant seguia as pegadas dos nazistas em Hollywood. Ajudava também realizando filmes de propaganda e participando de espetáculos para entreter as tropas. Numa festa de gala para o Exército e a Aeronáutica em Hollywood, apareceu vestindo uma réplica do vestido de noiva de Barbara. Ela não gostou nem um pouco.

Ficou ainda mais furiosa quando viu o marido se exibir de *drag queen* num show comandado por Orson Welles. Na verdade, eles se entendiam cada vez menos e finalmente anunciaram o divórcio. Grant revelou a Louella Parsons que a diferença de classes sociais os prejudicava. Os amigos dela eram cabeças coroadas da Europa, enquanto os dele eram gente simples.

Ele conheceu sua esposa seguinte, a atriz Betsy Drake, em Londres. Mais uma vez, ele se uniria a uma mulher com quem pouco tinha em comum. Ela era obsessivamente metódica e ordeira; ele, um bagunceiro trapalhão. Ela era uma ávida leitora; ele mal sabia o que era um livro. Mas a cultura dela o impressionou e aos poucos ele se acostumou a ler.

Casaram-se sob os auspícios de Howard Hughes, que os levou até Phoenix, no Arizona, para a cerimônia. Não houve lua-de-mel e também não tiveram filhos. Mas ele passou a beber muito.

Enquanto filmava *O Orgulho e a Paixão*, na Espanha, Grant teve que suportar os sarcasmos sobre sua homossexualidade, disparados por Frank Sinatra, que o chamava de "mamãe Cary". Mas levou a melhor, pois Sophia Loren, por quem os dois estavam caídos, preferiu-o. Ela já namorava, então, seu futuro marido, o produtor italiano Carlo Ponti.

Betsy tivera a idéia e escrevera um roteiro para poder atuar ao lado do marido. Grant, candidamente, deixou a esposa de lado e ofereceu a parte dela a Sophia. Betsy voou até a Espanha para recuperar o marido e o papel. Encontrou-o totalmente apaixonado pela italiana. Esta seria, acreditava ele, a mulher que enfim o tornaria um homem.

Filmando, fazia de tudo para impressioná-la. Ignorava Betsy e lhe oferecia jantares românticos, à luz de vela. Por fim, pediu-a em casamento. Sophia ficou perplexa; Betsy, arrasada. Embarcou de volta para os Estados Unidos no Andrea Doria. O navio colidiu com outro na entrada do porto de Nova York e afundou. Ela foi salva. Mas o susto com as notícias sobre o naufrágio empurrou Sophia de novo para os braços de Ponti. Grant também ficou chocado: anunciou a volta de Betsy ao projeto de filmarem juntos. Viu-se que seria impossível, pois o estúdio já havia oferecido sua parte a Sophia. No fim, Betsy foi obrigada a amargar a visão de seu marido representando, nos braços da outra, as cenas que ela escrevera para si mesma.

O pior é que Sophia também não havia ficado nada satisfeita com a tentativa de Grant de afastá-la. Ele tentou fazer as pazes com ela e apaixonou-se de novo, acreditando que ali estava a mulher capaz de dar uma direção à sua até então errática vida sexual. Até visitou Carlo Ponti e lhe propôs, para grande desgosto do produtor, fazer quatro filmes de graça para ele em troca de Sophia.

O incompreensível para Grant era que uma mulher pudesse preferir aquele homem feio e baixinho a ele, um ídolo de

*Cary Grant e
Sophia Loren*

Hollywood, por quem as mulheres do mundo todo suspiravam. Como já fizera em outras ocasiões, contratou um detetive particular para verificar o grau de fidelidade de Sophia. Infelizmente, constatou-se que era total. Em desespero, Grant refugiou-se na droga mágica da época, o LSD, ao lado do guru do momento, Timothy Leary. Este ficou surpreso ao ver que o objeto de desejo de tantas mulheres era tão frágil emocionalmente quanto o mais desprezado dos homens. Mas o ácido não ajudou. Quando Sophia e Ponti se casaram no México, Grant ficou arrasado.

Apesar de todos os desencontros e da ameaça constante de um divórcio, ele e Betsy permaneciam juntos. Em 1961, ele viu Dyan Cannon na TV. Telefonou para todo mundo até descobrir que ela estava filmando em Roma. Disse ao agente dela que pensava em lhe oferecer um papel em seu próximo filme. Quando Dyan concordou em encontrá-lo, pediu-lhe a passagem para Los Angeles, ele, notório pão-duro, recusou-se a pagá-la. Ela só voltou de Roma depois de terminar de filmar.

Grant a perseguia, mas ela demonstrava pouco entusiasmo por ele, recusando seus convites. Por fim, quando ela se convenceu de que ele realmente a desejava, aceitou. Ele a modificou da cabeça aos pés: corte de cabelo, roupas, até o modo de se comportar. Valeu-se mesmo da hipnose e do LSD para transformá-la. Era como se estivesse criando uma mulher especialmente para ser a sua futura esposa seguinte e mãe de um filho seu.

Ele vivia com Dyan, era casado com Betsy e perseguia outras mulheres. E, nos momentos mais tranqüilos, ainda se dedicava às suas antigas tendências. Em Paris, filmando *Charada* com Audrey Hepburn, alguém do estúdio o viu num bar *gay* com um belo jovem, e comentou: "Todo mundo os observava. Mas ele parecia não ligar."

Cary Grant, Dyan Cannon e sua filha Jennifer

Em Cannes, apaixonou-se pela bela Kim Novak. Foi visto com uma dançarina e também com uma jogadora de basquete da Iugoslávia. Reclamava da imprensa. Seu motorista observou-lhe: "Seria muito pior se dissessem que a cada dia o senhor sai com um rapaz diferente."

Em 1962, ele e Betsy se divorciaram. O relacionamento com Dyan tornava-se perigoso. Ele a esmurrava e achava engraçado assustá-la. O ciúme patológico voltou. Proibiu-a de usar minissaia e batia nela quando ela o desafiava. Ela parecia domesticada. Quando ficou grávida, ele se sentiu realizado: enfim, provava ao mundo que era um homem. Depois da vacilação habitual, casou-se com ela. Tiveram uma filha, Jennifer, que se tornou sua obsessão. Dyan foi proibida de sair sem ele. A tensão se tornou insuportável e um dia ela fugiu com a filha para um instituto de terapia experimental, onde se praticavam nudismo e liberdade sexual.

Em 1967, Dyan pediu o divórcio, acusando-o de crueldade mental. Enquanto o processo corria na justiça, ela filmou *Bob e Caril e Ted e Alice*, um filme sobre trocas de casais.

Grant encarou o divórcio estoicamente: "Cometi o erro de pensar que cada uma de minhas mulheres era minha mãe."

Como seu excêntrico amigo, o milionário Howard Hughes, ele se tornou cada vez mais recluso. Os dois se telefonavam freqüentemente. Mas, ao contrário de Hughes, Grant às vezes se aventurava pela noite. Numa dessas ocasiões ele foi interrogado pela polícia. Uma mulher o acusava de ter atraído seu filho menor de idade para seu Rolls Royce e de lhe ter feito uma proposta indecente.

Grant também processou e exigiu 10 milhões de dólares de indenização do ator e comediante Chevy Chase, alegando ter sido ofendido em sua masculinidade por ele ter se referido a ele na TV como "homo". Entraram num acordo, mas Grant não escapou de ser eleito o "Heterossexual do Mês" pela revista *In Touch*.

Depois de tantas e tão variadas experiências, as mulheres continuavam a ser um mistério para ele. Milhões delas o desejavam em todo o mundo. Mas suspirariam realmente por ele, Archibald Leach, ou por aquela outra criatura, Cary Grant, que aparecia e só existia nas telas? A dúvida não o impediu de continuar tentando. Teve um caso sério com uma fotógrafa inglesa, Maureen Donaldson, já entrado em seus sessenta anos. Ele e Grace Kelly, íntimos desde os tempos de *Ladrão de Casaca*, jamais perderam contato.

Ele ainda tinha necessidade de provar que era um homem. Continuou a ver Randolph Scott, que era feliz no casamento, e

Barbara Hutton sempre lhe telefonava. Desentendeu-se com Sophia Loren pelo modo como ela relatou o caso entre os dois em seu livro de memórias. Em Londres, conheceu a jovem morena Barbara Harris, com seus vinte e poucos anos. Foram juntos para os Estados Unidos, depois de ela tê-lo apresentado aos pais. Ele começou a devorar nozes e mel, que diziam ser afrodisíacos. Em 15 de abril de 1981, os dois se casaram. Cinco anos mais tarde, em 29 de novembro de 1986, ele morreu. Avisara sua mulher sobre as coisas horríveis que diriam dele depois de morto. "Os mortos não podem se defender", escreveu. "Mesmo que os mais íntimos os defendam das invencionices, o estrago permanece. Sempre disse a minha mulher e à minha filha para esperarem o pior sobre mim."

Ele não avisara em vão: sabia sobre o que falariam. Para sua sorte, no cinema o que conta é o que aparece na tela. E nesta ele será para sempre o galã irrepreensível de Grace Kelly e Audrey Hepburn.

IV – Anos Dourados
Sexo, Dólares e Fama

O Rebelde Sem Causa

Em 30 de setembro de 1955 um acidente de carro matava um jovem de 24 anos. Ao contrário de tantos outros astros, James Dean não precisou de mais do que três filmes e uma morte estúpida para se tornar uma lenda. Talvez exatamente por isso ele se tenha imortalizado. Humphrey Bogart percebeu a ironia: "Dean morreu na hora exata. Se tivesse vivido, não teria sido capaz de corresponder à sua imagem."

Ele deixava atrás de si o mito, competentemente explorado pela Warner Bros. Na verdade, sua herança era bem modesta. *A Leste do Eden* fizera um sucesso mediano; *Rebelde sem Causa* e *Assim Caminha a Humanidade* ainda estavam por ser lançados. Mas como a morte não faltara com sua ajuda, bastava completar o quadro biográfico. Um jovem talento ceifado no momento exato de sua ascensão, a alma frágil esmagada nas monstruosas engrenagens hollywoodianas – James Dean morto não escapou de nenhum dos clichês dos heróis caídos. O artista plástico Andy Warhol definiu-o como "a bela alma ferida de nossa época". Transformado em ícone da inocência impossível em um mundo corrupto, suas fotos decoraram as paredes dos quartos dos adolescentes de todo o mundo.

Há mais livros sobre os parcos 24 anos de vida de James Dean do que sobre outros artistas com crédito de dezenas de filmes e muitos anos de trabalho. Mas obviamente, como sempre acontece com mitos, o James Dean real não tinha muito a ver com o que passou a ser.

James Dean

Nascido em Fairmont, Indiana, cresceu em Los Angeles. Quando tinha nove anos, sua mãe morreu de câncer e seu pai o mandou de volta para Indiana. Foi criado por um casal de tios. Na escola, não tinha muitas relações e não se sentia muito à vontade na companhia de garotas. Solitário, encontrou compreensão num reverendo de trinta anos, James A. DeWeerd, pastor local e herói de guerra. Liam poesia juntos e ouviam Tchaikovski. As más línguas afirmavam que DeWeerd fora responsável pela iniciação sexual do jovem James.

Depois de sua morte, DeWeerd revelou: "Jimmy se sentia completamente feliz estirado no chão da minha biblioteca. Ele jamais falou sobre nossa relação, nem eu. Não teria ajudado a nenhum de nós." Foi DeWeerd quem o encorajou a atuar nas apresentações teatrais da escola.

Para provar sua masculinidade a si mesmo, Dean começou a se encontrar com uma jovem professora de educação física, Elizabeth McPherson, que depois declarou: "Ele se apaixonou por mim."

Um amigo, Larry Swindell, afirmou: "Jimmy dizia que sua prioridade na escola era perder sua virgindade."

Em seu aniversário de 18 anos, em 8 de fevereiro de 1948, Dean alistou-se em Fairmont, mas escapou do serviço militar declarando ser *gay*. Quando Hedda Hopper lhe perguntou mais tarde como evitara a convocação para a guerra da Coréia, ele lhe disse: "Eu beijei o médico."

Em 1949, Dean voltou para Los Angeles, com a intenção de estudar arte dramática. Houve insinuações de que, enquanto tentava se impor como ator, resvalara na prostituição. Certamente ele cortejava a homossexualidade. Uma amiga disse: "Ele desejava experimentar tudo na vida."

Acabou conhecendo o diretor de TV Rogers Brackett, amigo íntimo do notório agente de Rock Hudson, Henry Willson, e foi morar com ele. Para sua incrédula agente, Isabelle Draesemer,

Dean declarou que os dois dormiriam em camas separadas. Não era verdade. Brackett foi mais explícito: "Se era uma relação de pai para filho, também era incestuosa. Eu o amava e era correspondido." Em poucas semanas, as chances apareceram. Dean conseguiu recomendações e trabalho.

Graças a Brackett, ele foi para Nova York. DeWeerd também o ajudava, enviando dinheiro. Sozinho na metrópole, ele estudou os filmes de Marlon Brando e Montgomery Clift. Conheceu uma cantora-dançarina, Elizabeth "Dizzy" Sheridan, e passou a morar em seu apartamento no Central Park. Dois anos mais velha do que ele, foi a primeira mulher que Dean amou. Ele tinha, porém, um problema: como contar a Dizzy sobre suas relações afetuosas com Brackett? Ela revelou a engenhosa solução que ele encontrou: "Ele me disse estar muito infeliz com o que havia feito; havia sucumbido a Rogers por pensar que poderia ajudá-lo."

Brackett estava então em Nova York e Dean lhe apresentou Dizzy como sua namorada. Isto era duplamente vantajoso, pois faria Brackett ficar enciumado e convenceria a jovem da seriedade de sua suposta intenção de romper com ele. Quando ela viajou numa turnê, ele candidamente voltou para Brackett. Podia até amá-la, mas afinal era ele quem lhe oferecia as oportunidades para aparecer na TV.

Ele começou a estudar no Actor's Studio, de Lee Strasberg, onde Marlon Brando e Montgomery Clift haviam estudado. Telefonava para este e tentava conhecê-lo. Clift acabou perguntando ao diretor Elia Kazan quem era o jovem. Ele lhe respondeu: "Dizem que ele gosta de carros de corrida e motocicletas, garçonetes – e garçons."

Modelava-se em seus ídolos. Como Brando em seus filmes, passou a usar roupas de couro. Por causa dos rumores sobre a homossexualidade de Clift e a bissexualidade de Brando, Dean determinou-se a experimentar de tudo. "Ele desejava colher o fruto proibido", disse o ator Jonathan Gilmore, com quem tentou fazê-lo, sem muito sucesso: Jimmy não era nem homossexual nem bissexual; penso que era multissexual."

Dean acabou sendo chamado pela Warner Bros. O diretor Elia Kazan lhe ofereceu um teste e o contratou para trabalhar em *A Leste do Eden*. Paul Newman era cogitado para fazer o irmão de Dean. Durante seu teste, Dean lhe pediu um beijo. Conseguiu apenas um beliscão no traseiro.

Kazan escreveu a Jack Warner para lhe pedir que demonstrasse a Dean, quando chegassem à Califórnia, a "grande importância de viver ao ar livre, tomar sol, praticar exercícios, comer e amar, fazer tudo que é saudável". Mas Dean se mostrava cada vez mais inquieto. Escreveu a uma amiga: "Docinho!!! Ainda sou um californiano virgem, admirável, não?"

Fumava maconha, bebia cerveja e andava numa motocicleta que havia comprado para assustar os que viajavam em sua garupa. Trocou seu velho carro vermelho por um Porsche. Não permaneceu um californiano virgem por muito tempo mais. As mulheres não paravam de assediá-lo, saindo e entrando sem parar de seu apartamento. Mas não convencia. Betsy Palmer, uma ex-namorada, declarou que ele na verdade não tinha o menor interesse por sexo: "Ele era quase assexuado."

Mas Dean se apaixonou de fato por uma delicada jovem italiana, cuja vida acabaria sendo tão insatisfatória quando a dele: Pier Angeli, que também trabalhava em *A Leste do Eden*. Ambos gostavam de carros velozes. Todo mundo os via como Romeu e Julieta.

Ele a apresentou a um amigo como "minha melhor amiga, a única garota que amei". Ele tinha um defeito inaceitável para a possessiva mãe de Pier Angeli: não era católico. Portanto, inaceitável para sua filha devota e virginal. Ele pensou em se converter para se casar. Seu agente o convenceu a esperar até o lançamento do filme: "Se se casar com ela agora, você será o senhor Angeli."

Quando Jimmy lhe sugeriu que fossem para Nova York e se casassem, ela recusou para não partir o coração de sua mãe. Mas ele também tinha suas dúvidas, como confessou a um amigo: "Não me casaria a não ser que pudesse cuidar dela como merece. Não acredito que eu seja suficientemente equilibrado emocionalmente para fazer isto direito agora."

Ele falava sobre ela com todo mundo, mas poucos dias depois de ter chegado a Nova York ouviu no rádio que ela ia se casar com seu antigo namorado, Vic Damone. Jimmy ficou arrasado. Na véspera do casamento, ele se encontrou com

Pier Angeli

o feliz noivo no restaurante preferido dela, Villa Capri, e lhe disse: "Você pode se casar com ela, mas ela não é sua, nunca foi e nunca será." Os garçons tiveram que separar os dois.

Dean encontrou Vic de novo na noite anterior ao nascimento do filho deste com Pier. O papai feliz foi até a mesa onde Dean estava, com uma garrafa de champanhe e disse: "Vamos brindar ao meu filho."

Jimmy levantou sua taça: "Brindo ao meu filho a qualquer hora."

Dois dias mais tarde, almoçando com um amigo, Damone confidenciou: "Pier é a mãe, sem dúvida, mas não estou tão certo quanto ao pai." O que não passava de uma injúria, como Pier mais tarde revelou: "Foi tudo muito inocente."

Apesar de depois chamá-la desdenhosamente de "Miss Pizza", Jimmy foi apaixonado por ela até morrer e guardou sempre um

*James Dean e
Natalie Wood*

cacho de seus cabelos num medalhão esmaltado. Mais tarde, ela também confessou que o havia amado mais do que a seus maridos.

Como havia perdido Pier, ele passou por um período em que se encontrava a cada dia com uma garota diferente. Elia Kazan disse que ele sempre manteve relações insatisfatórias com suas namoradas. "Jimmy não era bem-sucedido com as mulheres." Nem também com os homens, ao que parece. As pessoas que o conheciam acreditavam que seus inúmeros casos não passavam de representação – qualquer emoção o deixava assustado.

Durante as filmagens de *Rebelde Sem Causa*, parece que

a parte mais interessante era a atuação nos bastidores. Natalie Wood tinha um caso com Dean, mas não era fiel, pois também estava envolvida com o ator Dennis Hopper e com o diretor Nicholas Ray. Havia rumores de que Dean e ela disputavam o coração de Ray. Sal Mineo, que também trabalhava com eles, não escondeu que entre ele e Jimmy havia uma enorme atração sexual. E Dean e Hopper eram bastante próximos.

Quando filmava *Assim Caminha a Humanidade*, Dean circulava com uma exuberante loura, Ursula Andress. Ela disse que ele era "como um animal selvagem". E completava: "Ele cheirava a tudo que me desagrada. Brigávamos como cão e gato – não, como monstros. Mas então nos entendíamos e era divertido." Dean dizia que estava aprendendo alemão para poder brigar em duas línguas. Suas relações com Ursula o levaram a se desentender com um amigo que o acusou de se encontrar com mulheres apenas para se promover. Os dois foram vistos discutindo numa festa *gay* em Malibu na véspera de sua morte.

Às seis horas da manhã do dia 30 de setembro de 1955, James Dean, a toda velocidade em seu Porsche, chocou-se com outro carro numa estrada da Califórnia. Seu pescoço se quebrou. Quando foi colocado na ambulância, o passageiro que estava a seu lado, o mecânico Rolf Wütherich, muito machucado, ouviu "um grito suave emitido por Jimmy – a lamúria de um menino chamando sua mãe ou de um homem encarando Deus".

O médico-legista observou que o corpo de James Dean era coberto de cicatrizes. Num bar de Hollywood, onde era conhecido como "Cinzeiro Humano", ele oferecia seu peito e pedia às pessoas que apagassem seus cigarros nele.

Quando morreu, ele se preparava para representar na Broadway um outro rebelde, Hamlet. Só que este realmente tinha uma causa.

UM VULCÃO COBERTO DE NEVE

Cinema é ilusão e a imagem que os fãs têm dos artistas muitas vezes nada tem a ver com a realidade. No caso de Grace Kelly, pode-se comprovar como as aparências enganam. Como disse um de seus amantes, Grace "era exatamente o oposto do que parecia". Bela como uma estátua grega, aristocrática e impecável, a loura da Filadélfia era a própria expressão da pureza imaculada. Não foi por outro motivo que Alfred Hitchcock a apelidou ironicamente de "Princesa da Neve". Ele a dirigia em *Disque M Para Matar* e ficou chocado com a discrepância entre a imagem e a realidade. O roteirista Bryan Mawr comentou mais tarde sobre ela: "Aquela Grace! Ela se entregava a todos."

Grace Kelly

Em Hollywood era bem sabido que Grace Kelly chegara ao topo "passando por muitas camas". A colunista Hedda Hopper não teve dúvidas em denominá-la "ninfomaníaca". Mas de alguma forma, e sua aparência etérea certamente a ajudou nisto, Grace conseguiu manter a imagem virginal que até seu nome sugeria.

Garota da alta sociedade, ela tinha tudo e estava destinada a se casar com um príncipe. Mas nem ela nem sua família eram tão distintas quanto se podia pensar. Seu pai, Jack Kelly, não provinha do lado nobre da cidade da Filadélfia. Muito pelo contrário; era filho de um imigrante irlandês. Nem era herdeiro de alguma fortuna; tornou-se rico à custa de seu suor. E penetrou nos meios de gente fina pelas portas dos fundos. Sem tradição, escolheu suas amantes entre as esposas dos homens mais conhecidos da cidade, enquanto preparava a filha para se casar com algum "sangue azul" que, ele esperava, lhe daria enfim o prestígio a que ambicionava. Para agradar ao pai, Grace cultivou um refinado sotaque britânico e se comportava como uma debutante.

Terceira de quatro filhos, Grace não recebeu muitos cuidados. Aos 11 anos, uniu-se a um teatro amador apenas para ser vista. Aos 14, não precisava mais do teatro para chamar a atenção: alta, com uma bela pele clara, seus modos sedutores já encantavam os rapazes. Aos 15, já recebia propostas de casamento. Jack Kelly via com bons olhos o interesse que a filha despertava sobre os rapazes das chamadas boas famílias.

O primeiro amor de Grace foi Harper Davis, filho do dono de uma concessionária da fábrica de carros Buick. Seu pai descobriu que a relação era séria quando o jovem se alistou na Marinha, em 1944, e obrigou a filha a acabar com o namoro. Anos mais tarde, já noiva do príncipe de Mônaco, Rainier, ele lhe perguntou se ela alguma vez se apaixonara. "Sim", disse ela. "Apaixonei-me por Harper Davis. Ele morreu."

Após o serviço militar, em 1946, Davis voltou aos Estados Unidos e descobriu que sofria de esclerose múltipla. Em 1951, já estava totalmente paralisado. Grace passou dias à sua cabeceira, embora ele não mais falasse ou se mexesse. Ele morreu em 1953. Os estúdios deram grande destaque na época à "socialite da Filadélfia" voltando a Hollywood depois dos funerais de seu antigo amor.

Grace matriculou-se na Academia Americana de Arte Dramática em outubro de 1947. Perdera a virgindade antes de se mudar para Nova York, quase por acidente. "Aconteceu tão depressa", confessou ela para outro namorado da Academia. "Foi à casa de uma amiga e ela tinha saído. Estava chovendo e seu marido me disse que ela ia ficar fora o dia todo. Fiquei conversando com ele e, de alguma forma, caímos na cama juntos, sem entender bem por quê."

Mas não repetiram a experiência e Grace continuou amiga do casal. Na realidade, essa primeira vez não foi tão casual quanto ela deixou transparecer. Mais tarde, foi mais honesta e explicou que não desejava mudar-se para Nova York sem ter tido sua iniciação. Quando um amigo lamentou que era uma pena que tivesse acontecido de modo tão pouco romântico, ela replicou: "Não foi tão ruim."

Grace conseguiu manter sua fachada virginal durante o curso. Ela se encontrava com vários colegas da Academia, inclusive com o mais atraente deles, Herbie Miller, que faria carreira na TV com o nome Mark Miller.

"Ela era muito requisitada", ele revelou. "Eu pensava ser o único amor de sua vida e então percebi que havia outro atrás dela. Perguntei-lhe quem era. Ela disse que era um conhecido", comentou. "Está louco por mim", Grace complementou, e ria, não dando a menor importância, como se estivesse lhe fazendo um favor. "Nunca pensei muito sobre isto. Acho que eu era muito ingênuo."

Grace teve um caso com Alexandre D'Arcy, ator que, na época, era tão conhecido quanto Gary Cooper, Cary Grant e Clark Gable. Tinha o dobro da idade dela. Encontraram-se numa festa em Park Avenue.

"Ela não se vestia como uma garota que pularia na cama com você", disse ele. O que não o impediu de tentar, pois garotas eram seu hobby. No táxi, a caminho de casa, ele tocou em seu joelho.

"Ela pulou nos meus braços", revelou ele. "Eu não conseguia acreditar. Era exatamente o oposto do que parecia."

Ela foi visitá-lo depois em seu apartamento e, sem pensar duas vezes, foi com ele para a cama. "Era uma garota muito,

muito sensual", recordava D'Arcy. "Muito fogosa. Bastava tocá-la e ela se incendiava. Era óbvio que não era virgem. Claro que tinha experiência."

Anos mais tarde, D'Arcy se recordou do contraste entre sua aparência contida e sua natureza apaixonada: "Tudo se revela com o sexo. Talvez fosse alguma coisa que ela escondesse. Era como se fosse uma pessoa diferente."

Durante o segundo ano na Academia, Grace foi salva das provocações de seus colegas por seu professor, Don Richardson. Como ela chorava, ele a levou para seu apartamento.

"Deixei-a sozinha para ir fazer um café na cozinha", lembra-se. Quando voltou, encontrou-a nua, esperando-o na cama.

"Nunca vi nada mais esplêndido", disse ele. "Seu corpo era espantoso. Ela era como uma escultura de Rodin. Tinha a figura mais bela e delicada – seios pequenos, quadris estreitos – e sua pele era quase transparente. Era a garota mais bonita que tinha visto nua."

A rapidez com que tudo aconteceu tirou o fôlego de Richardson: "Não houve nenhuma preparação, nenhum flerte. Eu não conseguia acreditar naquilo. Ali estava aquela criatura fantasticamente bela deitada ao meu lado... Eu descobria que estava apaixonado... e que ela parecia loucamente apaixonada por mim. Assim, aquela noite foi puro êxtase."

O dia seguinte, no entanto, foi puro remorso. Ele se sentiu como um psiquiatra que dorme com sua paciente. Afinal de contas, ele era seu professor. Decidiram ser discretos. Na Academia, Grace e Richardson fingiam ser apenas aluna e professor. Ela continuou a ver Herbie Miller, apesar de escondê-lo de Richardson, com quem passava os fins de semana. Gostava de dançar nua na frente da lareira, ao som de música havaiana.

"E se você não percebe que aquilo era uma coisa incrível, está louco", declarou Richardson. Apesar de seus esforços, o caso deu o que falar na Academia. Só Herbie Miller permanecia em bem-aventurada ignorância. Então, como ele disse, "soube que ela se encontrava com alguém da Filadélfia, um rapaz muito bonito. Então, pensei, de onde veio ele? E fiquei furioso. Muito enciumado. Não sabia nada sobre Richardson. Resolvemos o problema do rapaz da Filadélfia, mas brigamos por algum outro motivo... Foi muito trágico para mim."

Para ganhar algum dinheiro, Grace passou a trabalhar como modelo de roupas de baixo. Na hora do almoço, ela se encontrava com Richardson. Iam para a cama e faziam amor. Depois, ela corria de volta para o trabalho. Dizia que estes almoços eram muito importantes para sua carreira, pois depois deles seus olhos ficavam ainda mais brilhantes.

Ele ficava espantado com o modo como ela pulava da cama nos domingos de manhã, ia à missa, voltava e pulava de volta na cama com seu pequeno crucifixo de ouro pendurado no pescoço. Ela lhe contou como tinha perdido a virgindade na Filadélfia e afirmou que ele era o segundo homem de sua vida. Ele não acreditou: "Quero dizer, uma jovem com aquele traquejo na cama... Não estou dizendo que fosse uma ninfomaníaca. Isto ela não era. Era feliz na cama, mas sempre sabia quando parar. Éramos jovens e depois de, digamos, quatro vezes, bem, isto era suficiente para ela."

No entanto, Richardson não pensava "que sexo fosse tudo para ela. Havia algo mais".

Ele seguramente a ajudou na Academia. Apesar de saber que seu talento para atuar no palco era mínimo, conseguiu papéis para ela nas produções da escola e a orientou. Sabia que Grace jamais faria carreira no teatro. Quando tirou uma foto dela compreendeu que tinha tudo para ser uma atriz cinematográfica e a levou à Agência William Morris. Acompanhou-a quando ele fez um teste para participar num musical da Broadway. Ela saiu do escritório do produtor, Al Capp, com o vestido rasgado, o batom manchado e o cabelo despenteado. Ele tinha tentado violá-la. Quando Richardson ameaçou matá-lo, Grace lhe disse: "O pobre homem tem uma perna só. Deixa para lá." Mais tarde, Capp foi preso por outra tentativa de estupro.

Grace levou Richardson para sua casa num fim de semana para apresentá-lo à família. Não foi considerado o marido ideal. Não era católico e, pior ainda, era casado, separado de sua mulher e, na época, ocupado com as confusões do divórcio. Além de tudo, era judeu.

Durante o jantar, o irmão de Grace se divertiu contando piadas anti-semitas. Quando foram para o quarto, o pai dela ficou parado em baixo da escada, para se certificar de que dormiam em quartos separados. Perguntou a Richardson se pretendia ir à missa com eles na manhã seguinte. A mãe de Grace teve a temeridade de mexer nas malas dela e encontrou um pacote de preservativos. Richardson foi devidamente convidado a se retirar e Grace ouviu um sermão sobre imoralidade.

"Espero estar grávida", desafiou ela entre soluços.

Deixaram-na voltar à Academia apenas para sua formatura. Ela aproveitou a oportunidade para ir direto ao apartamento de Richardson e se meter de novo com ele na cama. Algumas semanas depois, o pai de Grace lá apareceu. Tentou comprar Richardson com um Jaguar. Não conseguiu e o irmão dela passou a ameaçá-lo em telefonemas. Richardson não se deixou intimidar, mas o relacionamento esfriou quando ele descobriu que ela se encontrava com outros homens.

Um deles era o xá do Irã, que passou uma semana visitando-a em Nova York e lhe deu algumas jóias. Quando sua mãe leu as notícias nos jornais, obrigou-a a devolvê-las. Grace também recebeu presentes de Aly Khan, que tinha uma queda por jovens altas e magras.

"Ela me telefonou e me convidou para jantar", disse

Richardson. "Depois, quando estávamos na cama, me disse: 'Você deseja ver algumas coisas adoráveis?' Bem, para mim a visão dela nua era a mais adorável possível. Mas ela começou a desfilar com roupas muito caras. Não conseguia imaginar onde as conseguira. Até que apareceu completamente nua, com um bracelete de ouro cravejado de esmeraldas."

Richardson conhecia várias jovens que haviam saído com Aly Khan e conhecia seus métodos. "No primeiro encontro, ele lhes dava uma cigarreira com uma esmeralda. Depois de dormir com elas, mandava então o bracelete. Fiquei de coração partido. Me vesti e disse que ia embora."

Don Richardson

Grace lhe perguntou se era por causa do bracelete. Ele respondeu que tinha tudo a ver com ele. Saindo, ele o jogou dentro do aquário dela. Deixou-a, nua e bela, pescando seu bracelete dentro da água.

Em 28 de agosto de 1951, Grace foi chamada a Hollywood para fazer o filme que a tornaria uma estrela de cinema, *High Noon*. Contracenaria com Gary Cooper. Com quase cinqüenta anos, Gary ainda fazia jus ao apelido que Clara Bow lhe dera, garanhão.

O filme começa com Grace e Cooper numa cena de casamento. Tudo que ele tinha que fazer era dizer "Sim", tomá-la em seus braços e beijá-la. Como a cena não ficava satisfatória, filmaram e refilmaram cinqüenta vezes, o que significou cinqüenta beijos.

Grace jamais escondeu o fato de preferir homens mais velhos. Com Cooper, ela ficou em estado de choque. Ele não ficou menos encantado. Foi o primeiro de seus casos com artistas famosos. O escritor Gore Vidal, que na época trabalhava em Hollywood como roteirista, disse: "Grace dormia sempre com os atores com quem contracenava. Era famosa na cidade por isto."

Cooper evitava ser visto com ela. Apesar disso, a mãe dela soube do caso pelas colunas de mexericos e foi para Hollywood, disposta a colocar sua errática filha nos trilhos de novo.

Depois de assinar um contrato de sete anos com a MGM, Grace partiu para a África, para filmar *Mogambo*, com Ava Gardner e Clark Gable. Assim que desceu no aeroporto de Nairobi, Grace começou a flertar com Gable. Ele não estava impressionado, mas quando soube que era a única mulher branca em centenas de quilômetros, mudou de idéia. Donald Sinden, marido dela no filme, entrou no quarto escuro de Gable e os encontrou na cama.

Passavam todo o tempo juntos, como um velho casal. Como Carole Lombard também fizera, ela o chamava *Pa*. Gable era vinte e oito anos mais velho do que ela. Quando foram a Londres filmar as cenas internas, a imprensa quis saber detalhes do caso. Ele negou qualquer envolvimento.

"Ouvi dizer que vocês tornaram a África ainda mais quente", disparou a colunista Hedda Hopper.

"Meu Deus, não!", disse Gable. "Tenho idade suficiente para ser pai dela!" Apesar de estar mais envolvido com Grace do que gostaria de admitir, tinha experiência suficiente para lidar com o fato. Ela não. Implorou-lhe para que voltassem aos Estados Unidos juntos, mas ele preferiu ficar na Europa. Quando a mãe de Grace apareceu em Londres, ele achou que era demais. Colocou um guarda no alto das escadas do hotel para mantê-la longe e não respondeu a nenhum de seus telefonemas.

Ele e a chorosa Grace se despediram no aeroporto de Heathrow. Uma semana depois, ele era visto em Paris com uma modelo, Suzanne Dadolle, que havia conhecido antes de ir para a África. Mas quando voltou a Hollywood, Gable foi com Grace à festa de entrega do Oscar. Falaram de casamento, mas ele foi inflexível quanto à diferença de idade. Por fim, ela concordou: "Seus dentes falsos me convenceram", disse a um repórter.

Alfred Hitchcock persuadiu a MGM a emprestar Grace à Warner para fazer *Disque M Para Matar*. Ele a vira em *Mogambo* e sabia que não era a "Princesa da Neve", mas sim um "vulcão coberto de neve".

"Todo mundo se apaixonava por ela no estúdio", disse sua irmã mais nova, Lizanne. "Todos mandavam flores. Até que eu disse: isto está parecendo um velório. Nunca havia jarras suficientes."

Tony Dawson, que fazia o papel do assassino, e Fredrick Knott, que escrevera a peça da qual o filme foi adaptado, caíram por ela. Assim como seu ator principal, Ray Milland, então com 49 anos.

Durante trinta anos, Milland havia mantido um casamento mais ou menos feliz. Seu nome sempre permanecera fora das colunas de mexericos. Sua mulher, Mal, fechava os olhos para algumas eventuais escapadas. Mas não poderia fazer o mesmo em se tratando de Grace Kelly, pouco afeita à discrição. Já não estava mais nos confins da longínqua África e o jornal sensacionalista *Hollywood Confidential* descobriu a história.

Ray Milland

Quando Milland disse à mulher que viajaria a negócios, ela mandou segui-lo. Ele foi fotografado tomando um avião com Grace. E assim ele e a mulher acabaram se separando.

Milland confessou à irmã de Grace que estava apaixonado. Dizia-se que viviam juntos, pois Grace costumava atender à porta do apartamento dele. Quando Joe Hyams, do *New York Herald Tribune*, foi entrevistar Milland, ele abriu a porta enrolado numa toalha e Hyams teve a impressão de que não estava sozinho.

Milland pediu o divórcio e sua mulher disse que sim: "Você pode ir em frente e se casar com Grace Kelly. Comigo, tudo bem, pois todas as propriedades estão em meu nome."

Ele, porém, pensou bem e reatou com a mulher. Mas uma

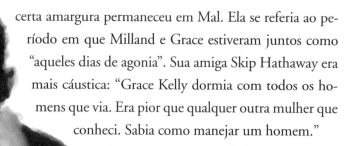

Bing Crosby

certa amargura permaneceu em Mal. Ela se referia ao período em que Milland e Grace estiveram juntos como "aqueles dias de agonia". Sua amiga Skip Hathaway era mais cáustica: "Grace Kelly dormia com todos os homens que via. Era pior que qualquer outra mulher que conheci. Sabia como manejar um homem."

Jimmy Stewart, casado havia pouco, estragou a contabilidade de Grace com seus co-atores. Não que fosse imune aos seus charmes, como reconheceu enquanto filmavam *Janela Indiscreta*: "Sou casado, mas não estou morto", dizia então à imprensa. Também refutou a idéia de que Grace fosse frígida. "Ela pode ser tudo, menos fria. Tem aqueles grandes olhos quentes – e, bem, se você alguma vez filmou uma cena de amor com ela, sabe que não é fria... além disso, ela tem um toque de malícia no olhar."

Stewart, cavalheirescamente, habituou-se a levar flores para ela. Dizia, para incredulidade geral, que eram de seu jardim. Mas na realidade, nesse período todo, Grace estava ocupada com Bing Crosby. Bing estava casado havia vinte anos e sua mulher, Dixie era alcoólatra, sofria de câncer e estava muito mal. Por isto, ele tinha toda liberdade de movimentos. Vizinho de Alan Ladd, costumava nadar na piscina da casa dele. Volta e meia, lá aparecia com alguma garota. Depois de tomar um drinque conversar um pouco, Ladd e a mulher deixavam o cantor sossegado, mesmo sendo amigos de Dixie.

Uma noite, encontraram Crosby e Grace enroscados em seu sofá. Ladd lhes disse que se desejavam fazer aquela espécie de coisa deveriam fazê-lo num motel. Crosby era um notório pão-duro. Além disso, ele jamais se arriscaria a perder sua imagem de bom moço sendo pego em um motel.

Grace foi escalada para trabalhar ao lado de William Holden em *As Pontes do Toko-Ri*. Onze anos mais velho do que ela, seria o mais novo dos atores com quem contracenara. Casado e pai, era um conhecido mulherengo e estava, na época, curtindo uma ressaca de Audrey Hepburn. Holden se apaixonou, mas Grace ainda suspirava por Milland.

Num jantar em Nova York com um de seus antigos casos, o ator Jean-Pierre Aumont, Grace conheceu o estilista Oleg Cassini. Coincidentemente, este havia se apaixonado por ela vendo *Mogambo* naquela mesma tarde: "Ela era tudo que eu desejava: bela, alta, etérea, muito sensual..." Saindo do cinema, ele havia anunciado: "Vou conhecer esta garota", sem saber que seria exatamente o que faria ainda naquela noite.

Quando um amigo notou que talvez Grace já estivesse apaixonada por outro, Cassini replicou: "Não me importa. Ela será minha."

Então, ali no restaurante, ele teve sua oportunidade. Experiente conquistador, Cassini sabia que Grace não era a espécie de garota à qual se convida simplesmente para um encontro.

"Era preciso um plano estratégico", disse ele, "algo extravagante, romântico, até mesmo bobo, para quebrar sua resistência."

Seria, disse ele, "a maior, a mais excitante campanha de minha vida, na qual eu empregaria toda fantasia e energia que tinha".

Cassini conhecia Aumont superficialmente. Na realidade, tinham sido rivais no amor da primeira mulher de Cassini e também no da atriz Gene Tierney. Dirigiu-se à sua mesa e começou a conversar com Aumont, ignorando Grace.

"Sabia que uma abordagem direta não funcionaria", disse ele. "Queria apenas estabelecer uma ponte, criar uma imagem agradável, que a impressionasse."

No dia seguinte, ele lhe enviou uma dúzia de rosas vermelhas. Fez o mesmo durante os dez dias seguintes. Cada buquê tinha um cartão assinado pelo "dedicado florista". No décimo dia, lhe telefonou.

"Aqui", disse ele, "aqui é o 'dedicado florista'". Do outro lado, houve uma pausa. Então, Cassini recordou, "ouvi o charmoso risinho dela e soube que ganhara. Como disse Napoleão, 'uma mulher que ri é uma mulher conquistada.'"

Ele se enganava. Ainda haveria uma longa e difícil campanha. Grace aceitou um encontro, mas levou sua irmã. No salão de dança do El Morocco, ela lhe disse: "Tenho duas surpresas para você, Oleg."

A primeira era que estava apaixonada. Quando ele lhe perguntou por quem, ela respondeu que era por um belo inglês cujas iniciais eram "R.M." Cassini disse que tudo bem, pois ele jamais deixaria sua esposa. Além disso, ela estaria comprometida com ele, Cassini, dentro de um ano.

A segunda surpresa era que estava de partida para a Califórnia no dia seguinte. Cassini lhe respondeu que não achava a distância entre Nova York e Los Angeles um obstáculo intransponível. Ele passou a lhe enviar bilhetes amorosos todos os dias e a telefonar – sempre se mostrando despreocupado, alegre e divertido. Um general de cinco estrelas no campo de batalha amoroso, Cassini sabia que a melhor estratégia era manter uma mulher bem-humorada.

Grace foi para Hollywood filmar *The Country Girl* com William Holden e Bing Crosby. Logo reatou com Crosby. Uma noite, Holden bateu no camarim dele. Ele atendeu com um copo na mão e Holden pôde ver Grace lá dentro. "Ei, velho Buddy", disse Crosby. "Por que não conversamos amanhã? Já tenho um compromisso para hoje à noite".

Holden sabia do caso dos dois, mas Crosby não sabia que Holden era um dos antigos amantes de Grace. Quando ela lhe revelou isto, ele o convidou para uma conversa entre cavalheiros em seu camarim.

"Não me importo de lhe dizer, Bill, que estou apaixonado pela Grace. Louco por ela", começou Crosby.

"Sinto a mesma coisa", revelou Holden. "Que homem não ficaria transtornado por ela? Mas fique tranqüilo, Bing, não vou interferir."

A mulher de Crosby havia morrido e Grace sabia que ser vista com um viúvo não causaria o mesmo tipo de escândalo de seu caso com Ray Milland. Apesar disso, ela insistiu em ir aos encontros em público com Crosby acompanhada por sua irmã. Os jornais, no entanto, não fizeram concessões e apelidaram o caso entre a jovem atriz de 25 anos e o velho cantor de cinqüenta de "o mais novo romance de Hollywood".

Crosby estava apaixonado por ela havia muito tempo e fez de tudo para ser aceito. Mas seu pedido de casamento foi recusado. Em público, fingiu que aceitara tudo muito bem. Disse a um repórter: "Se eu fosse 15 ou 16 anos mais novo, estaria entre os bobos que competem loucamente por seus favores." Na vida privada, ele não a esqueceu. Casou-se três anos mais tarde com Kathryn Grant, da idade de Grace. Esta retomou seu caso com Holden, logo divulgado pela revista *Confidential*.

Certa manhã, alguns repórteres descobriram o carro de Holden estacionado em frente ao apartamento dela. As versões para o fato foram conflitantes. O estúdio declarou que ele fora apenas apanhá-la para um compromisso. Holden, no entanto, afirmou que o carro era de sua mulher.

Ele perguntou a Hedda Hopper: "Alguém pensa que sou tão estúpido a ponto de estacionar o carro de minha mulher na porta da casa de outra mulher durante uma noite inteira?"

E continuou: "Não entendo todo esse barulho em torno de Grace. Gosto dela, mas não creio que seja uma *femme fatale*, como insinuam."

"Mas é uma bela mulher", disse Hopper.

"Mas não fatal", insistiu Holden.

Os advogados dele exigiram uma retratação da *Confidential*.

O pai de Grace foi mais direto. Ele e o filho foram à redação da revista e ameaçaram esmurrar o editor, que mudou de tática. No número seguinte, podia-se ler: "Esposas de Hollywood, parem de roer as unhas... a nova onda de calor não pode afetar rapazes que já estejam acorrentados." A reportagem insinuava que Grace havia rejeitado os homens casados e que, a partir de então, só iria para a cama com solteiros. E continuava: "Por trás daquela fachada glacial há uma combustão latente... atrás da qual os homens mais velhos vão. Ela parece uma lady e tem os modos de uma. Na Hollywood das levianas e das vagabundas, uma lady é uma raridade. Isto torna Grace Kelly a dama mais perigosa do cinema hoje."

Sua irmã concordava: "Fosse qual fosse a qualidade que tivesse, ela a engarrafaria e faria fortuna. Havia algo nela que enlouquecia os homens. Era divertido ver os grandes nomes caírem diante dela."

Grace foi para a Europa, filmar *Ladrão de Casaca*, com Cary Grant. Ela enviou um cartão para Oleg Cassini, dizendo-lhe: "Aqueles que me amam me seguem." Ele a encontrou na Riviera Francesa. Jantaram no Carlton Hotel em Cannes mas, para desespero dele, como confessou, a relação "ainda era aflitivamente platônica".

Foi para a cama sozinho naquela noite, mas prometeu a si mesmo tentar mais uma vez. No dia seguinte, levou-a a um piquenique. Abriu-lhe seu coração. "Não há mais necessidade de nenhum artifício", disse-lhe. Ela não disse nada, mas, como ele observou, "o modo como me olhava me provou que eu havia vencido".

Foram para o hotel e se meteram na cama.

"A mecânica do amor jamais foi o meu principal interesse", disse Cassini depois. "A arte da sedução sempre foi mais fascinante do que o resultado dela."

No entanto, aquele momento foi memorável para ele. Cassini escreveu em suas memórias: "Parecíamos flutuar, apaixonados, imersos na intensidade de nossos sentimentos. Ela cheirava a gardênias, ao mesmo tempo exótica e pura. Ela era clara e fresca e fina – sua pele, seu odor, seu cabelo. Eu estava extasiado, consciente apenas da transcendência do momento."

De volta aos Estados Unidos, Cassini foi apresentado à família de Grace em sua casa de New Jersey. Sua mãe lhe disse reconhecer seu charme, mas que havia mulheres demais em sua vida. O pai dela foi ainda mais longe, ameaçando expulsá-lo de casa. Cassini disse que jantar com a família Kelly era como "comer chocolate cheio de lâminas de barbear".

Ele não era mais querido nos meios cinematográficos. Hedda Hopper escreveu: "Com tantos homens atraentes na cidade, não compreendo o que Grace Kelly vê em Oleg Cassini. Talvez seja seu bigode."

Cassini enviou-lhe um telegrama dizendo: "Eu rasparei o meu se você fizer o mesmo com o seu."

A disposição de luta de Cassini apenas aproximou Grace dele. Considerou-se comprometida e sugeriu que se casassem. Pediu-lhe que fosse procurar um padre, mas a família tentou dissuadi-la.

"Eles a consideravam uma posse, uma propriedade, como um cavalo de corrida que deve receber muitos cuidados e do qual se esperam muitos resultados", observou Cassini.

O caso estava fadado a chegar ao fim quando Frank Sinatra, recém-divorciado de Ava Gardner, convidou-a para sair. Grace telefonou a Cassini e lhe perguntou se ele se importaria com isso: "Claro que me importo!", gritou ele, conhecendo a reputação de Sinatra. Além disso, ele próprio estaria em Los Angeles naquela noite.

"O que você acha que as pessoas vão pensar quando os jornais a fotografarem de braço com Sinatra enquanto eu fico sentado no meu quarto no hotel? Isto é tudo que Hedda precisa para escrever amanhã de manhã que 'Cassini é carta fora do baralho'. Por isto, não, você não tem minha permissão."

Ela saiu assim mesmo. Também começou um caso discreto com David Niven. Anos depois, o príncipe Rainier lhe perguntou qual de suas conquistas de Hollywood era melhor na cama. Niven replicou sem pensar: "Grace". Vendo a expressão horrorizada do príncipe, ele tentou remediar a situação dizendo: "Ahn... Gracie... Gracie Fields."

Em 1955, Grace se encontrou de novo com Jean-Pierre Aumont no Festival de Cannes. Recebeu então um convite para visitar o príncipe em Mônaco. Ela aceitou, mas depois pensou em cancelar o encontro lembrando-se de que naquele dia tinha uma hora no cabeleireiro. Aumont a fez compreender o absurdo da idéia: "Grace, você não pode fazer isto! O homem é um príncipe reinante! Ele a convidou e você aceitou. Agora não pode simplesmente dizer 'vou ao cabeleireiro'. Seria embaraçoso até para os Estados Unidos se você cancelasse o compromisso!"

Assim, Grace percorreu os 80 quilômetros até Mônaco e descobriu que o príncipe era bem mais atraente do que tinha imaginado. Ele lhe mostrou seu palácio e os jardins. Não houve nada parecido com amor à primeira vista, mas Rainier ficou encantado com ela. Naquela altura de sua vida, precisava encontrar uma princesa, pois se morresse sem um herdeiro o principado de Mônaco passaria a ser dominado pela França.

De volta a Cannes, Aumont lhe perguntou como fora e ela disse que o príncipe era agradável. Nos dias seguintes, foi fotografada beijando e mordiscando os dedos de Aumont. A imprensa comentou e um irmão de Cassini disse, maldosamente, que tudo não passava de uma jogada do ator francês para reabilitar sua carreira. A família Kelly estava horrorizada. Grace telegrafou para eles desmentindo o romance.

Rainier também estava aborrecido. Dois anos antes, sua amante, Gisele Pascal, dera uma escapada com Gary Cooper. Grace recebeu um bilhete do conselheiro espiritual do príncipe, padre Francis Tucker, agradecendo-lhe por demonstrar ao príncipe "como se comporta uma garota católica americana e pela impressão profunda que causara nele". As palavras eram sinceras, não havia nelas nenhuma ironia.

Grace e Aumont foram para Paris, perseguidos pela imprensa. Grace reclamou: "Vivemos num mundo horrível. Basta que um homem beije sua mão para que isto se torne manchete nos jornais. Ele não pode nem mesmo declarar seu amor sem que o mundo inteiro saiba disto."

Grace voltou para os Estados Unidos sozinha. Alguns dias depois, declarou oficialmente que ela e Aumont eram apenas 'bons amigos'. E voltou a se encontrar com Cassini. O próprio Aumont compreendeu que, ela morando em Hollywood e ele, na França, não daria certo. Mas foi um dos poucos a receber um telegrama de Grace informando, antes do anúncio formal, que estava noiva do príncipe de Mônaco. Ele se casou com a irmã gêmea da atriz Pier Angeli, Marisa Pavan, três semanas antes do casamento de Grace.

Em 1953, Aristóteles Onassis comprou o cassino de Monte Carlo, mas a economia do principado ia mal e o cassino e seus outros investimentos em Mônaco não progrediam. Onassis discutiu esta situação com Gardner Cowles, editor da revista *Look*. Este lhe sugeriu como uma possível solução o casamento do príncipe com uma estrela de cinema: isso atrairia os ricos americanos. Cowles pensou em Marilyn Monroe, que considerava uma ótima opção. Chegou a falar com ela: "Você pensa que o príncipe desejaria se casar com você?"

"Dê-me dois dias sozinha com ele e é claro que ele desejará se casar comigo", respondeu-lhe Marilyn.

O príncipe, no entanto, tinha seus próprios planos. Por acaso, amigos dos Kelly tinham estado em Mônaco. Depois de tentar inutilmente conseguir os convites para o baile de gala da

*Grace Kelly e o
príncipe Rainier*

Cruz Vermelha no Sporting Club, telefonaram para o palácio e proferiram as palavras mágicas: "Grace Kelly". As portas do palácio de fato se abriram e o príncipe os recebeu. Rainier lhes disse que planejava fazer uma visita aos Estados Unidos e gostaria de rever Grace. Em conseqüência, houve um congestionamento de chamadas telefônicas entre Mônaco e Filadélfia. Rainier desejava visitar Grace no set de *The Swan*, filmado em Ashville, na Carolina do Norte, mas Aumont estava lá.

O príncipe foi encontrá-la na Filadélfia no dia de Natal. Rainier apareceu com o padre Tucker, que informou ao pai de Grace que o príncipe desejava se casar com sua filha. Jack Kelly não ficou impressionado. Sequer sabia onde Mônaco ficava e pensou que ele estava atrás do dinheiro dela.

"Não quero que minha filha se case com um príncipe quebrado e que governa um país do qual ninguém jamais ouviu falar", urrou ele. Grace e Rainier passaram os três dias seguintes juntos. Ele a pediu em casamento e ela aceitou.

"Não desejo me casar com alguém que se sinta inferior por causa do meu sucesso ou por eu ter mais dinheiro do que ele", explicou ela. "O príncipe jamais será o 'senhor Kelly'."

Grace telefonou para Oleg Cassini e lhe pediu para se encontrar com ela na barca de Staten Island. No meio da baía, ela lhe revelou que ia se casar com o príncipe Rainier. "Mas você mal conhece o homem!", protestou Cassini. "Ou vai se casar porque ele tem um título e alguns acres de terra?"

"Vou aprender a amá-lo", disse ela.

Cassini iria precisar de muito tempo para acostumar-se com a idéia de perder Grace. Ele a veria apenas mais uma vez, quando corria na praia de Mônaco.

"Oi, Oleg", chamou ela.

"Oi, Grace", respondeu, sem parar de correr. Ele não se casou mais.

Para Grace se casar com o príncipe, havia uma série de requisitos a preencher. Ele exigia um dote, pois Mônaco passava por uma crise política e financeira na época. A cifra de dois milhões de dólares foi mencionada. Jack Kelly ficou fora de si, mas pagou. Ele compreendera, afinal, que o casamento de sua filha com alguém da realeza européia iria, por fim, lhe conferir a superioridade hierárquica sobre os "sangue azul" da Filadélfia, que o olhavam por cima dos ombros.

Grace deveria também ser submetida a um exame de fertilidade. Rainier trouxera seu médico pessoal para examiná-la. Gisele Pascal havia sido rejeitada por não ter passado no exame.

Ao desistir dela, Rainier disse ao padre Tucker: "Padre, se alguma vez meus súditos pensarem que não os amo, conte para eles o que fiz hoje."

Mais tarde, Gisele se casou e teve um filho. Rainier ficou arrasado. O exame havia sido adulterado pelo próprio padre, que não considerava a jovem uma candidata adequada para o papel de princesa.

Grace ficou apavorada com o exame e telefonou para Don Richardson. "Ela estava histérica com a possibilidade de os exames revelarem que não era virgem, porque o príncipe pensava que fosse", revelou Richardson. "Ela me disse que explicou aos médicos que seu hímen fora partido num jogo de hóquei na escola."

Morando bem longe de Hollywood, é concebível que Rainier, impressionado como todo mundo pela casta imagem cinematográfica de sua noiva, acreditasse que ela realmente era virgem.

Sua primeira aparição pública oficial ao lado do príncipe foi num baile de gala beneficente intitulado "Noite em Monte Carlo", no Waldorf Astoria em Nova York. Uma admiradora agarrou Rainier e o beijou no rosto. Grace lhe pediu para limpar a marca do batom e perguntou quem era. O príncipe não tinha a menor idéia. No dia seguinte, a mulher se identificou nos jornais como sendo uma socialite equatoriana, Graciela Levi-Castillo.

"Ele sabe quem eu sou", disse ela. O incidente não estragou a noite de Grace. Dançou madrugada adentro com seu príncipe no clube Harwyn e foi fotografada mordendo sua orelha.

Ela ainda fez um último filme, *Alta Sociedade*, com Frank Sinatra e Bing Crosby. Rainier alugou uma vila em Los Angeles e a visitava todos os dias no set. Não entendia nada das piadas que os três atores trocavam entre si.

Em geral, a reação dos americanos ao casamento foi negativa. Parecia que a princesa era ela e o plebeu, ele. "Ela é muito bem criada para se casar com o parceiro silencioso de uma mesa de jogos", escreveu o *Chicago Tribune*. Muitos dos seus amigos pensavam que Rainier era rei do Marrocos e se perguntavam como Grace poderia viver entre camelos e dunas de areia. Quando afinal descobriu que Mônaco na verdade era um minúsculo principado europeu no Mediterrâneo, Dore Schary, da MGM, maravilhou-se com o fato de sua área ser menor do que o terreno do estúdio. Aqueles que conheciam Grace bem, achavam que jamais conseguiria levar o príncipe ao altar.

E de fato quase não pôde. Emocionada com o casamento da filha, a senhora Kelly desandou a fazer declarações aos jornais. Narrou as aventuras amorosas de sua filha, que foram publicadas como folhetins escandalosos pelos EUA, com as manchetes: "Minha Filha Grace Kelly: Sua Vida e Seus Romances." O mito da virgindade de Grace foi irremediavelmente destruído. Embaraçado, o príncipe voou para casa.

No estúdio também houve choque. A imagem de castidade imaculada, preservada durante tanto tempo, fora manchada. Era muito tarde para se fazer qualquer coisa sobre as histórias estampadas nos jornais americanos, mas deu-se um jeito de censurar as reportagens antes que chegassem à Europa.

Grace ainda tinha quatro anos de contrato a cumprir. Queria filmar com Jimmy Stewart, mas o príncipe se opôs. "O cinema acabou para miss Kelly", anunciou ele.

A MGM estava numa situação sem saída. Era óbvio que não se poderia processar uma princesa por quebra de contrato. Numa sacada de gênio, o estúdio trocou suas obrigações pelo direito de exclusividade na cobertura do casamento principesco.

Grace foi escoltada por Frank Sinatra nas festas de despedida de Hollywood. E em seguida ela partiu para Mônaco com seus convidados a bordo do *Constitution*. Foram recebidos na baía de Hércules pelo iate do príncipe. Desembarcaram sob uma chuva de cravos brancos e vermelhos jogados de um avião de Aristóteles Onassis.

Não é necessário dizer que as famílias dos noivos, os Grimaldi e os Kelly, não se deram bem. Houve brigas, choros e confusões. Jack Kelly não conseguiu encontrar o banheiro do palácio. Não adiantava perguntar aos criados, pois não falavam inglês e não podiam ajudá-lo. Resolveu-se então a tomar uma limusine e foi para um hotel próximo, onde um amigo estava hospedado, e lhe pediu licença para usar seu banheiro.

No casamento civil, Grace escutou a leitura dos cento e quarenta e dois títulos a que tinha direito como princesa de Mônaco. À tarde, recebeu a Ordem do rei Carlos. Depois de todas aquelas honrarias, esperava poder compartilhar a cama do príncipe, mas ele lhe disse ser impossível e se retirou sozinho.

No dia seguinte, Grace e Rainier se casaram, na catedral de São Nicolau, em Monte Carlo. Apenas um dos amantes dela, David Niven, compareceu à cerimônia. Frank Sinatra havia sido convidado, mas recusou-se a ir quando descobriu que Ava Gardner estaria presente. Explicou sua ausência dizendo que as especulações sobre uma possível reconciliação entre os dois estragaria a festa de Grace. Cary Grant enviou suas desculpas; filmava na Espanha e não podia ir.

"A noiva é uma estrela de cinema, o noivo é um figurante", relatou a revista *Variety*, em seu estilo bem característico.

Depois de uma recepção na Corte de Honra, o casal partiu no iate principesco. Grace não era boa marinheira e começou a vomitar assim que saíram do porto. Logo teve outro motivo para se sentir doente: ficou grávida em plena lua-de-mel.

Durante sua gravidez, ficou sozinha no palácio. Cinco meses depois de ter dado à luz, ficou novamente grávida. Grace e Rainier tiveram três filhos, duas meninas e um menino. Depois disso, os dois tiveram um período em que pouco se viam. Ela passava muito tempo ao telefone, matando saudades e desabafando com seus amigos do outro lado do Atlântico.

Grace voltou à Filadélfia quando seu pai adoeceu. Enquanto esteve ao lado de seu leito de morte, o príncipe era visto com uma de suas damas de companhia. Quando retornou a Mônaco, um amigo íntimo lhe descreveu as aventuras do marido. Claro que Rainier negou tudo, o que não impediu que a dama de companhia fosse devidamente demitida.

Para amenizar sua sensação de isolamento, ela convidava antigos amigos para visitá-la. Cary Grant apareceu e os jornais mostraram a foto do beijo que os dois trocaram no aeroporto. Rainier imediatamente proibiu a exibição de *Ladrão de Casaca*, que tem cenas de amor dos dois. Os monegascos não gostavam de ver sua princesa beijando outros homens e protestaram quando, para agradar a Grace, Rainier lhe permitiu trabalhar em *Marnie*, de Hitchcock. Tippi Hedren acabou ganhando o papel.

Em 1970, depois de se divorciar de sua terceira esposa, Dyan Cannon, Cary Grant começou um caso com Grace, que durou intermitentemente por seis ou sete anos. Ela não prestara muita atenção nele antes.

Depois dos primeiros anos de casamento, Grace parou de partilhar a mesma cama com o marido. No início dos anos 1970, deixaram de dormir no mesmo quarto e de viver no mesmo país. Rainier levava sua vida em Mônaco, enquanto Grace passava a maior parte do tempo em Paris. Em 1979, circularam rumores de que ela tinha um caso com Robert Dornhelm, um diretor de documentários húngaro, com quem se encontrava freqüentemente em Paris. Ele negou, mas declarou que lhe faria bem se relacionar com outros homens.

Isto era uma forma de despistar, pois Dornhelm sabia bem que Grace saía com homens mais novos. Durante um jantar em Nova York, ela encontrou Per Mattson, um ator sueco de 33 anos que trabalhava num projeto de Dornhelm e Grace. Ela o tirou de lá e o levou para o quarto de seu hotel. Os dois lá ficaram até as cinco horas da madrugada.

Jim McCullen, antigo modelo, também passou uma semana com ela em Mônaco. Foram vistos juntos na discoteca Studio 54, em Nova York. Com os anos, Grace passou a beber e comer demais, engordando. Os holofotes já não se voltavam para ela. Os jornais passaram a se ocupar com as desventuras amorosas da nova geração Kelly-Grimaldi, especialmente de suas duas filhas.

Em 13 de setembro de 1982, a princesa Grace teve um pequeno derrame enquanto dirigia e perdeu o controle do carro. Morreu no acidente. Nas cerimônias fúnebres em Mônaco o príncipe estava inconsolável. Uma amiga declarou, num documentário para a TV, que os dois realmente haviam passado por períodos de distanciamento, mas que, com o tempo, haviam-se acomodado e se davam muito bem.

Do passado, poucos restavam. Inúmeros dos homens da vida de Grace já estavam mortos. Oleg Cassini fez uma breve declaração à imprensa. Ray Milland ficou desolado.

Um Rapaz Acima de Qualquer Suspeita

Com sua indiscutível autoridade no assunto, Elizabeth Taylor declarou que nenhuma mulher seria capaz de excitá-lo. No entanto, na sua cidade natal, Winnetka, no Illinois, ninguém jamais acreditou que Roy Sherer Junior fosse homossexual. Moreno, muito alto, com um belo corpo e uma voz que jamais tremia, estava muito acima de qualquer suspeita.

Roy nasceu em 1º de novembro de 1925. Até os 15 anos, dormiu na mesma cama de sua mãe, uma empregada doméstica, no alojamento dos criados. Apesar de suas inclinações sexuais, saía com garotas porque adorava dançar e fazia sucesso com elas. Aos 18 anos, os Estados Unidos lutando na guerra, Roy alistou-se na Marinha. Sua sexualidade então despertou. No meio de tantos rapazes, sentia-se inteiramente à vontade. Tentou até manter um comportamento viril para se mostrar um deles.

Rock Hudson

Sua vocação não era a frente de batalha, por isso passou os anos de guerra servindo na lavanderia. Em 1946, após dar baixa, foi para Los Angeles. Conheceu Ken Hodge, um produtor musical, a primeira pessoa do meio artístico com quem se relacionava. Tornaram-se amantes. E foi numa festa, no apartamento de Ken, que Roy Sherer se tornou Rock Hudson. Os convidados decidiram que, se ele queria se tornar ator, deveria "renascer" com um outro nome. Ken pronunciou aleatoriamente "Rock", por causa do som duro; Hudson foi escolhido na lista telefônica.

Ken fez tudo o que pôde por ele, inclusive mudar-se para mais perto de Hollywood. Aconselhou Rock a tirar fotos e enviá-las para os agentes, enquanto ele próprio buscava contatos nos meios cinematográficos. Gastou suas economias dando festas para apresentá-lo. Henry Willson, caçador de talentos do chefão David Selznick, apareceu numa delas. Chamou-o de lado e lhe disse para aparecer em seu escritório. Sem contar para Ken, Rock foi vê-lo e assinou um contrato.

Willson era um homossexual notório e repugnante. Em geral, tratava de negócios com uma mão sob a mesa e a outra pousada nos joelhos de seus jovens clientes. Vivia rodeado de rapazes ambiciosos aos quais prometia as luzes da ribalta. Enquanto elas não se acendiam, circulava com eles e os corrompia. "Ele transpirava perversidade", comentou depois o ator George Nader, amigo de Rock. Este se deixou seduzir em nome de sua carreira. Ken afastou-se, retomando suas atividades teatrais.

Willson era repulsivo, mas sabia reconhecer talento quando o encontrava. Lana Turner, Natalie Wood, Tab Hunter, Troy Donahue e Rory Calhoun haviam sido seus clientes. Ele despejou todos os dólares necessários para treinar Rock, pagando lições de interpretação, dança, sapateado, desinibição e mesmo de dicção, para ajudá-lo a encontrar o tom certo para sua voz. Parece que de nada adiantou. O grande diretor Raoul Walsh deu-lhe uma única linha para falar num filme e foram necessárias trinta e seis tomadas para que Rock a pronunciasse direito. Mas ele percebeu que seu rosto era bom para a câmera. Contratou-o por um ano e mandou-o consertar os dentes. Vendeu então o contrato para a Universal pelos exatos 9.700 dólares que ele e Willson tinham gastado com o rapaz.

Isto não significou o fim do interesse de Willson por ele. Visitava-o no estúdio e insistia para que passasse seu tempo livre com ele. Mas ele já havia servido a seus propósitos e Rock desejava amigos de sua própria idade. A Universal rodeou-o de jovens atrizes para que os fãs não fizessem uma idéia errada a seu respeito. Foi apresentado ao público como o jovem perfeito: "Um rapaz que não transpira, não tem espinhas e tem o apelo do asseio e da respeitabilidade – este rapaz é puro."

Ele logo passou a receber uma média de cento e cinqüenta propostas de casamento por semana. As revistas de fãs perguntavam: "Quando Rock escolherá uma noiva?" Isto tudo o tornou muito cuidadoso. Passara a encarnar o herói romântico e sua carreira terminaria se o público tivesse a mais leve suspeita de que era homossexual. Tinha duas linhas telefônicas em sua casa – uma era expressamente proibida para seus íntimos. Eliminou também qualquer indício de feminilidade em seus gestos.

Ligou-se a dois amigos também homossexuais, George Nader e Mark Miller. Os três saíam sempre juntos, jamais em quatro, para não dar a impressão de casais. Evitavam bares e restaurantes freqüentados por homossexuais. Buscavam encontros em lugares distantes, onde podiam ter privacidade. O único problema era a inesgotável energia sexual de Rock. Ele não apreciava afeminados, mas tipos masculinos, de preferência bissexuais. E também gostava da dificuldade ao tentar seduzir heterossexuais.

Seus filmes destacavam seu vigoroso físico. As revistas estampavam fotos suas dedicando-se a tarefas típicas masculinas, como lavar seu conversível vermelho. Sem camisa, obviamente, para exibir seu belo tronco. Uma delas tinha a seguinte legenda: "Olhando-o de qualquer ângulo, a conclusão é: que homem!" Uma manchete perguntava: "Você gostaria de ser a senhora Hudson?"

Rock encontrou uma "esposa" em Jack Navaar, um rapaz de 22 anos que conheceu numa festa. Ele se tornou seu amante e sua "governanta". Como qualquer outra esposa de Hollywood, ele telefonava para o estúdio para saber a que horas ele chegaria para jantar. Jack declarou que Rock era um homem muito romântico.

Os dois viam filmes de mãos dadas e Rock o chamava de "baby". Tinham até mesmo uma senha particular: "1-2-3", significando "eu te amo". O que estragou a relação perfeita foi o ciúme de Navaar.

A revista *Confidential* farejou o caso e ofereceu 10 mil dólares a Navaar pela história dos dois. Willson soube e entrou em cena, com sua influência. Mas sair com as beldades mais famosas já não era suficiente para Rock manter uma imagem imaculada de macho. Numa estréia, alguém da multidão gritou "homossexual" quando Rock chegou. Alguma coisa devia ser feita. Rock precisava casar-se. E foi Willson quem encontrou a candidata ideal – sua própria secretária, a ingênua Phyllis Gates.

Ela não tinha a menor idéia de estar sendo manipulada. Também não sabia o que acontecia com os jovens aspirantes a astros que Willson recebia em seu escritório. Quando seu patrão a levou para jantar e a deixou sozinha com Rock na mesa, ela pensou se tratar de um encontro romântico. Em outra ocasião, ele a levou até a porta de sua casa e a beijou. Mais tarde, ele fez o sacrifício necessário: "Seus lábios eram macios, agradáveis e vibrantes", escreveu ela em sua autobiografia, escrita 35 anos depois. "O beijo durou muito tempo e eu desejava que jamais terminasse. Quando me tocou, suas enormes mãos me pareceram surpreendentemente gentis. Fiquei enfeitiçada. Ele era dominador, mas terno, e tinha um corpo magnífico."

A tímida Phyllis não poupou seus leitores de nenhum detalhe: "O ato em si foi apaixonante, apesar de mais rápido do que eu gostaria – acho que ele estava muito excitado. Logo ele dormiu como um bebê – Rock Hudson nu em minha cama. Eu contemplei aquele rosto perfeito, o corpo longo, mas bem proporcionado. Como seria fácil apaixonar-me por ele. Ou será que isto já não estaria acontecendo?"

Phyllis mudou-se para a casa de Rock. Como regra geral, o estúdio tomava o maior cuidado com a imagem de seus astros, com pavor do escândalo. Proibia seus atores e atrizes de viver juntos sem a necessária troca de alianças. No caso de Rock, no entanto, pareceu bem conveniente. Um escândalo viria bem a calhar. Seu caso era praticamente desesperador.

Liz Taylor admitiu que, durante as filmagens de *Assim Caminha a Humanidade*, se sentira atraída por Rock. Tudo inútil, pois havia alguém bem mais atraente que ela – James Dean. Este era um bissexual assumido e extrovertido. Quando Dean morreu, Rock chorou durante horas.

Rock sugeriu a Phillys que se casassem. Já lhe dera um anel de noivado e Willson preparava em segredo uma cerimônia em Santa Bárbara. O departamento de publicidade do estúdio mandaria um fotógrafo para registrar o momento feliz. Apesar de a noiva não ter dito nada nem mesmo à sua mãe, de alguma forma Louella Parsons e Hedda Hopper farejaram o acontecimento. A Universal enviou depois as fotos com uma legenda: "Rock Hudson foge com seu amor secreto."

Eles passaram a lua-de-mel na Jamaica e em Manhattan. De volta a Los Angeles, os repórteres não os deixavam em paz. Queriam mostrar ao mundo as maravilhas da vida doméstica dos Hudson. A felicidade de Phyllis era diurna; durante a noite, Rock era uma decepção. Para salvar seu casamento, sugeriu-lhe ajuda psiquiátrica. Ele recusou. Pelo bem de sua carreira, agüentou tanto quanto pôde. Até que, à beira de um colapso nervoso, apelou para um velho amigo, Mark Miller.

"Preciso dormir com um rapaz", disse ele. "Fui fiel durante um ano inteiro. Não tive ninguém e estou ficando louco. Você não pode me ajudar?" Mark arranjou um encontro com um amigo, que ficou maravilhado com o desempenho de Rock. Isto aliviou a tensão, mas também abriu as comportas até então represadas. Rock passou a voltar para casa somente de manhãzinha.

Phyllis planejava ir com o marido para a Itália, onde ele filmaria *Adeus às Armas*. Acabou sendo hospitalizada por causa de uma hepatite. A imprensa comentou que ele se recusara a vir visitá-la, apesar das recomendações do médico. O estúdio espalhou a versão de que ele estava desesperado para vê-la, mas os compromissos o impediam. Na verdade, ele estava tendo um tórrido caso com um jovem ator italiano, a que oferecia presentes caríssimos e românticas viagens. Mais tarde, o escândalo chegou perto do inevitável quando o jovem apareceu em Hollywood exigindo de Rock a ajuda prometida durante suas escapadas na Itália.

O casamento dos Hudson chegava ao fim – ele se mudou para um hotel. Após dois anos de sacrifício, Rock acreditava ter cumprido seu papel. Os rumores de que era homossexual haviam sido abafados. Para cimentar de vez sua imagem heterossexual, foi colocado ao lado de Doris Day em *Confidências à Meia-Noite*. O filme custou um milhão e arrecadou 25 milhões de dólares. Rock Hudson e Doris Day se tornaram uma instituição de Hollywood. Ele passou a ser o ídolo romântico número um do mundo.

Por trás de sua imagem cinematográfica, porém, ele já não se continha. Sua fama se tornara um problema para suas conquistas: "Queria poder esconder o rosto", reclamou ele com um amigo. "Quando alguém vai para a cama com Rock Hudson, fica tão nervoso que nada acontece. É um desperdício. Tudo que consegue fazer é pensar: estou na cama com Rock Hudson." Isto se tornou de tal modo desagradável que, quando saía para velejar em seu novo iate, levava duas lésbicas como tripulação.

Outra mulher entrara e ficaria por muito tempo em sua vida, uma ex-miss Cleveland Negra, chamada Joy. Ela foi sua governanta durante 14 anos, vivendo nos luxuosos cômodos dos criados em sua nova casa, o Castelo. Ela realmente desempenhava o papel de senhora Hudson. Eles comiam, bebiam, liam roteiros juntos. Ele lhe comprava jóias e vestidos caros. Nas festas que dava, apresentava-a orgulhosamente aos convidados. Quando levava homens para casa, assegurava-se de que eles saíssem antes que ela se levantasse de manhã. É claro que Joy sabia, mas jamais falaram de sua vida amorosa.

Apesar de tudo, houve uma mulher que de fato o atraiu. A atriz Marilyn Maxwell, com quem ele chegou a pensar a sério em se casar. Mas ela refletiu bem e concluiu que não suportaria ver o próprio marido saindo com outros homens.

Em 1962, um jovem chamado Lee Garlington chegou à cidade. Ele sabia que em Hollywood, sendo bonito, bastava expor-se para ser descoberto – como Rock Hudson o fora. Suas relações no submundo *gay* lhe revelaram tudo sobre o grande astro. Ele começou a se mostrar onde sabia que Hudson estaria. Lee vivia com um rapaz, e depois de terem rompido, um dia recebeu um telefonema de um amigo dizendo-lhe que alguém muito famoso estava interessado nele. Era o próprio Rock Hudson, que lhe revelou não tê-lo chamado antes por saber de seu caso com o outro. Como soubera que estava livre, gostaria de encontrá-lo.

Rock Hudson e Doris Day

"Eu estava morto de medo", disse Lee. "Conversamos e bebemos alguns drinques. Tentamos então brincar, mas eu estava tão intimidado que foi impossível. Zero. Pensei, bem, ele não vai querer me ver nunca mais. Mas ele era paciente. Entendeu que eu estava nervoso e não era tão importante assim para ele que não tivéssemos relações sexuais."

Viram-se de novo e Lee conseguiu controlar seus nervos. Rock lhe deu um chaveiro de ouro com a chave de sua casa e ele passou a visitá-lo à noite. Devia ser discreto, porém, e não aparecer quando Joy estivesse presente. Viajaram juntos para Nova Orleans. Lee gradualmente sentiu-se asfixiado pela relação. Para recuperar seu equilíbrio, passou a ter encontros com rapazes mais jovens e desconhecidos. Uma noite, Rock apareceu em seu apartamento e o flagrou com outro. Lee disse que "ele ficou arrasado". O caso arrastou-se por nove anos. Antes de morrer, Rock revelou a Mark Miller que Lee fora uma das poucas pessoas que realmente amara na vida. No entanto, isso não o impedira de ter outras relações.

Nos anos 1970, a carreira de Rock no cinema parecia estar chegando ao fim. Assinou então um contrato para uma longa série de TV. Para um astro de sua grandeza, era uma queda e tanto. E o pior é que teria de participar de cenas na cama com a atriz Susan St James. Eles inclusive teriam um filho na série. Para ele, era demais. Começou a beber e descuidou-se. Era visto em círculos homossexuais de Los Angeles, São Francisco e Nova York. Sua imagem ficou seriamente abalada quando se espalharam rumores de que se teria "casado" com o apresentador de um show da TV, o ator Jim Nabors. Este acabou perdendo seu contrato quando o falatório chegou à CBS. Os dois não ousavam aparecer juntos e jamais se falaram novamente. Rock inclusive tinha medo de ir ao Havaí, pois sabia que Nabors tinha uma casa lá. Em 1982, uma revista anunciou seu "divórcio".

Rock foi salvo por um agente de publicidade da MGM, Tom Clark, que conheceu numa festa. Os dois passaram a se ver com freqüência. Tom acabou mudando-se para a casa de Rock. Este demitiu Joy, pois a presença de uma mulher tolhia sua privacidade. Tom organizou sua vida e conseguiu mantê-lo temporariamente longe da perigosa exposição nos circuitos homossexuais. Mas Rock ficou ressentido com ele, sentindo-se tolhido e vigiado. Não tinha a menor vontade de reprimir seus desejos. Houve inúmeras brigas, mas Tom sempre estava presente quando os problemas apareciam.

Mark Miller organizava festas para Rock. Seguindo suas instruções, enchia a piscina com cinqüenta belos jovens bronzeados. "Quem são eles?", perguntou um dia um amigo.

"Os louros são os Scott e os morenos são os Grant", disse Rock. Ninguém desconhecia o notório caso entre Randolph Scott e Cary Grant.

Rock amava ter inúmeros parceiros; adorava festas exclusivamente masculinas, principalmente aquelas em que não conhecesse quase ninguém. Com o declínio de sua carreira, ele direcionava todas as suas energias para sua vida sexual. Os que o observavam lamentavam um homem de sua idade, na faixa dos cinqüenta anos, completamente dominado pela luxúria.

Numa casa de massagem, ele conheceu o jovem Marc Christian, de 29 anos. Ele realizava todos os sonhos de perfeição masculina de Rock: alto, louro, olhos azuis. Vestia-se com elegância despojada. Para completar, era bissexual. Desde os 19 anos vivia com Liberty Martin, uma mulher bem mais velha, mas ainda bela. Os dois haviam trabalhado na fracassada campanha ao Senado do escritor Gore Vidal.

O caso entre eles começou discretamente, pois Rock não queria que chegasse aos ouvidos de Tom e seus amigos. Dois meses mais tarde, Christian perguntou-lhe por que não era convidado para o Castelo. Rock explicou-lhe a situação. Convidou em seguida Tom para uma viagem a Nova York. Lá, os dois se divertiram à larga, como nos velhos bons tempos despreocupados. Foram ver *A Gaiola das Loucas*, uma comédia sobre um par de velhos e dedicados homossexuais. Rock revelou então a Tom que pretendia voltar para casa antes do programado. Tom protestou, pois haviam acabado de chegar. Não conseguiu demovê-lo. Rock lhe disse que ficasse e ele o fez. Foi o fim de sua relação.

De volta a Los Angeles, Christian foi apresentado no Castelo. Rock explicou a seus amigos que, com ele, recuperara seu entusiasmo e o êxtase sexual de sua juventude. Estava, como disse um amigo, "completamente dominado por ele". Christian declarou que o fizera esperar seis meses antes de conceder-lhe seus favores. Apesar disto, não concordava com a falta de cuidado de Rock, que passou a se exibir abertamente com ele e nos lugares mais inadequados. Não se incomodava mais com o fato de saberem que era homossexual: "Se eles sabem, sabem. Se não sabem, não sabem. Danem-se todos."

Christian foi instalado no Castelo no lugar de Tom Clark. Ele passou até mesmo a receber um salário. Rock pagou um tratamento para melhorar seus dentes, arranjou-lhe um *personal trainer*, deu-lhe um carro e organizou para ele lições de interpretação e de tênis.

"No início", disse Mark Miller, "foi um sonho tornado realidade". Viam TV juntos, inclusive os videotapes dos filmes de Rock com Doris Day. Rock foi apresentado aos pais de Christian. Pagou a festa em comemoração de seus quarenta anos de casados. A festa de casamento de uma irmã de Christian foi no Castelo. Formavam uma família grande e feliz.

Passaram pela fase em que Christian exibia sua conquista, Rock Hudson, em toda a cidade, e chegaram àquela em que ele saía sem dizer para onde ia e voltava quando e como queria. A situação se tornou insuportável. George Nader se recorda de ver os dois, Rock e Christian, juntos – "um homem cujas faces começavam a despencar, que não parecia nada bem, sentado ao lado de um camarada com metade de sua idade, que não gostava dele e que o usava".

Foi nessa época que apareceram os primeiros sintomas de que sua saúde não estava bem. Ninguém os reconheceu. De início, Rock ficou feliz por emagrecer. Mark Miller achava muito estranha sua perda súbita e contínua de peso, pois todos comiam a mesma comida.

Em 1984, Christian mudou-se do quarto que compartilhava com Rock e passou a dormir em outro. Freqüentemente, não voltava para casa. As relações entre os dois foram ficando cada vez mais tensas. Rock contou horrorizado a Mark Miller que Christian admitira que o encontro "acidental" com ele na casa de massagem, no dia em que se tinham conhecido, fora previamente combinado para "fisgá-lo". Fora enganado e seduzido. Pretendia livrar-se dele. Miller lembrou-lhe que, durante cinco anos, ele dissera a mesma coisa a respeito de Tom Clark e lhe perguntou: "Você vai esperar outros cinco anos? Você não tem mais tempo."

Rock foi para o Havaí com outro homem. Na volta, passou a sair com Ron Channell. Este não era homossexual e desejava manter tudo nos limites da amizade. Para Rock, a novidade agradável era o flerte, uma espécie de corte que ele fazia ao outro. Christian ficou com ciúmes e ameaçou contar tudo à imprensa.

Enquanto passava os dias com Ron, seu amigo Dean Dittman organizava suas noites. Numa dessas, conheceram num bar *gay* de Long Beach um jovem construtor de barcos, Pierre. Foram com ele para o México, conhecer sua família. A intenção de Rock era consumar a ligação durante a viagem. Mas Pierre percebeu a anomalia e declarou: "Eu olhava Rock e olhava para meu pai. Tinham a mesma idade. Eu não poderia me envolver com ele."

Rock participou de uma recepção na Casa Branca e a primeira-dama Nancy Reagan reparou que ele estava excessivamente magro e lhe disse para engordar. As fotografias da festa mostram Rock com uma enorme mancha vermelha no pescoço. Ela já existia havia um ano. Finalmente, ele consultou um dermatologista, que fez uma biopsia. A mancha era sarcoma de Kaposi. Rock tinha Aids. Foi um choque para todos. Mark Miller não conseguia acreditar: "Eu pensava que fosse uma doença que somente os efeminados pegavam."

Decidiram que nada seria dito a Mark Christian. Ele contaria para Liberty e todo mundo acabaria sabendo. Rock continuou tendo relações sexuais com ele; com outros, era cuidadoso. Enviou cartas anônimas a inúmeros jovens com quem tivera contato íntimo, aconselhando-os a fazer um exame para saber se tinham algum problema. Os médicos o obrigaram a usar preservativos, mas ele não se sentia à vontade com eles. Continuou perdendo peso e as pessoas passaram a estranhar e comentar. Mas ele continuou a negar para Christian.

Rock foi a Paris com Ron Channell fazer um dos tratamentos experimentais da época. Começava a trabalhar na série *Dinastia*, apesar de os médicos lhe dizerem que o esforço poderia encurtar sua vida. Num dos episódios, ele beijou Linda Evans nos lábios. Depois, quando se teve certeza de sua doença, isto causou escândalo, pois não se sabia realmente como se dava o contágio.

No fim de 1984, para seu grande desgosto, suas condições de saúde tornaram o sexo proibitivo para ele. Tornou-se mais e mais próximo de Ron Channell. Foram juntos para o Havaí e Ron foi sua companhia constante enquanto se tratava em Paris, no Instituto Pasteur. Christian ignorava tudo ainda. Só foi saber a verdade quando a revista *Variety* contou a história, em julho de 1985. Ele, e o mundo, ficaram estupefatos.

Rock Hudson morreu em 2 de outubro de 1985. As celebridades não o abandonaram: estavam lá, para consolá-lo em sua agonia final.

Christian foi para as barras dos tribunais, alegando que Rock havia dormido com ele entre 1983 e 1985, sabendo que podia contaminá-lo. A defesa alegava que o ator tinha sido chantageado pelo amante com a ameaça de publicar suas cartas de amor, revelando sua homossexualidade. Christian ganhou a causa e embolsou 14,5 milhões de dólares.

A Mais Desejada de Todas

Louríssima e com fartas curvas – quadris largos, seios generosos – ela talvez tenha sido a mulher mais desejada do mundo. Se não foi, chegou perto. Marilyn Monroe morreu há quarenta anos, mas ainda povoa a imaginação masculina e intriga as mulheres. Por que, afinal, aquela loura meio gordinha, com ar mais malicioso do que inteligente, incitava tanto ao pecado? Talvez pelo modo pretensamente cândido com o qual oferecia despudoradamente cada centímetro de seu corpo. Mulher inteiramente madura, manipulava sua falsa ingenuidade com domínio de mestra. Com ela, podia-se crer que todos os desejos – por lolitas ou mulheres experientes – seriam saciados. Cândida ou lasciva, ela era um pouco de cada uma.

Marilyn Monroe

A colunista Sheila Graham percebeu suas contradições: "Norma Jean foi para a cama com metade de Hollywood, incluindo Brando, Sinatra e os membros da família Kennedy, JFK e Bobby. Estranhamente, porém, ela era um símbolo sexual que não se importava muito com sexo."

A própria Marilyn declarou: "Gosto de fazer os homens felizes, de vê-los sorrir. Ninguém afinal jamais pegou câncer com sexo."

Sua vida sexual desde cedo foi bem movimentada. Ela disse, sem maiores explicações, que sua primeira experiência havia sido aos sete anos. Aos nove, foi molestada no orfanato. O marido de sua mãe adotiva, Grace Goddard, tentou violentá-la durante uma bebedeira. Um policial a teria estuprado na adolescência. Marilyn disse à sua empregada, Lena Pepitone, ter tido um bebê que Grace entregara para adoção.

Seu nome verdadeiro era Norma Jean Mortenson. Sua mãe havia sido internada por problemas mentais. De seu pai, ela nada sabia. Órfã para efeitos legais, passou por inúmeros orfanatos e lares adotivos. Aos 15 anos, suas formas cheias já chamavam a atenção na rua. Ela namorava Jim Dougherty, funcionário de uma fábrica de aviões, que a traía com outra beldade.

Os Goddards, sua família adotiva, planejando mudar-se para a Virgínia, pretendiam livrar-se dela. Encorajaram o namoro e em 19 de junho de 1942, Norma Jean, então com 16 anos, se casou com Dougherty. Ele afirmou que sua noiva chegou aos seus braços virgem.

Ela não tinha nenhuma vocação doméstica. Na cozinha, era nula. Mas na cama se transformava. Seu apetite sexual esgotou seu jovem marido, que fugiu da batalha fazendo plantões noturnos no trabalho. Os bilhetinhos amorosos que ela colocava em seu lanche o envergonhavam, mas quando mostrou uma foto de sua esposa seus colegas suspiraram.

Norma Jean estava longe de estar satisfeita. Conhecia pouco sobre sexo e estava ansiosa por aprender. Sabia que faltava algo. Dougherty não era muito generoso na cama e não se preocupava com o que agradava à mulher. Além disso, passava muito tempo jogando bilhar com os amigos. Não gostava nem um pouco do modo como os outros homens olhavam sua mulher.

"Ela era bonita demais", relembrou sua cunhada. "Nada podia fazer se as mulheres ficavam enciumadas a ponto de desejar estraçalhá-la."

Ir à praia sempre criava problemas para Dougherty, "porque ela usava biquínis dois números abaixo do seu tamanho".

"Todos os homens na praia estão mentalmente violentando

você", reclamava ele. Depois do ataque japonês a Pearl Harbor, Dougherty alistou-se na Marinha e foi mandado para a ilha de Santa Catalina, como instrutor de educação física. Norma Jean acompanhou-o e, como era uma das poucas mulheres na ilha, atraía muita atenção. Especialmente quando vestia blusas brancas coladas, shorts curtinhos ou biquínis. Como se seu corpo já não fosse perfeito, ela ainda tinha aulas de ginástica com um campeão olímpico de halterofilismo.

Houve um baile em que, em sete horas, Dougherty só conseguiu dançar uma vez com sua mulher. Ficou em pé, ouvindo os comentários indecentes que os outros homens faziam sobre Norma Jean. Obrigou-a a ir para casa.

Norma Jean

Ela foi fiel ao marido durante o tempo que ele passou na Austrália. Encontrou trabalho numa fábrica de pára-quedas, onde virava a cabeça dos homens metida num macacão. Foi descoberta ali pelo fotógrafo David Conover, que fazia uma reportagem sobre o trabalho feminino durante a guerra. Ele fez outras fotos com ela, que atraíram a atenção da agência de modelos Blue Book, e esta a contratou.

Norma Jean começou posando para revistas femininas, de maiô ou shorts curtos. As fotos eram ingênuas, mas ela fazia questão de valorizar os 91cm de seu busto. Recebeu um convite para posar nua para o fotógrafo húngaro André de Dienes. Ela recusou, mas o consolou indo para a cama com ele. Aos 19 anos, descobriu coisas que seu marido não se interessara em explorar.

Quando Dougherty veio de licença, declarou-se contra a nova carreira dela, inadequada para mulheres casadas. Ela lhe revelou seu desejo de ser atriz. Ele foi enfático: ou a carreira ou ele. Norma não teve dúvidas. Na China, ele foi informado de que ela pedira o divórcio.

Começou posando em topless, depois nua, para o fotógrafo Earl Morgan. Depois de perder a timidez inicial, despia-se naturalmente antes que lhe pedissem. Trabalhou como *stripper* numa espelunca do Sunset Boulevard, mas acabou caindo na prostituição por falta de dinheiro. Tudo começou num bar. Um homem de meia idade se aproximou e lhe ofereceu 15 dólares para vê-la nua. Ela concordou, foram para um hotel e fez o prometido. Mas ele quis mais e começou a tirar suas roupas. Norma queria escapar. "Mas depois comecei a pensar. Aquilo nada significava para mim. Então, qual a diferença?"

Ela apenas insistiu com ele para usar preservativo. Ele saiu para comprar e ficou surpreso ao encontrá-la quando voltou. Depois, lhe deu os 15 dólares e ela os usou para comprar um vestido novo. Não se sentia envergonhada. Ao contrário, gostara da experiência. Vestida, era apenas uma garota como as outras. Nua, era especial. Assim se sucederam outros encontros e mais alguns dólares. Ela se oferecia também na rua, para os motoristas.

"Ela fazia aquilo para sobreviver", disse Lucille Ryman, caçadora de talentos da MGM. "Não era por dinheiro. Ela nos disse sem o menor orgulho ou vergonha que fazia uma troca – dava o que tinha e seus clientes lhe pagavam a refeição."

Marilyn revelou a Lee Strasberg, seu professor de arte dramática, que era chamada "quando alguém precisava de uma bela garota para uma convenção".

Um de seus clientes trabalhava na indústria cinematográfica e lhe sugeriu tentar o cinema.

"Mas não sei atuar", replicou ela.

Ele lhe explicou que isto não tinha a menor importância.

"Faça o que está fazendo agora", explicou ele, "mas com homens importantes, que farão algo por você em troca."

Ela seguiu seu conselho. Mais tarde, quando lhe perguntaram como tinha chegado ao cinema, ela respondeu: "Conheci os homens certos e lhes dei o que desejavam."

Enquanto o sonho não se realizava, ela também se encontrava com rapazes de sua idade. Um deles era um jovem escritor, Robert Slatzer. Ela o conheceu quando ele esperava por uma entrevista no hall dos estúdios da Twentieth Century Fox. Ele lia um livro de poesia quando Marilyn chegou, carregando um álbum enorme.

"Ela prendeu o salto do sapato ou algo assim e as fotos caíram e se espalharam no chão. Fui ajudá-la e fico feliz em dizer que ali só havia um lugar para se sentar, ao meu lado. Ela me disse que se interessava por poesia e eu lhe declarei que gostaria de ser capaz de escrever uma história sobre ela. Marcamos um encontro para aquela tarde mesmo."

Slatzer a levou a Malibu onde, depois do jantar, andaram na praia. Marilyn sugeriu que nadassem. Ele disse que não tinha roupa de banho. Ela riu, se despiu e correu para a água inteiramente nua.

"Fiquei embaraçado", disse ele, "mas fizemos amor na praia naquela primeira noite."

Quando ele a levou para casa, ela lhe pediu que a deixasse na esquina, para que sua tia não a visse entrar. "Sentimos uma afeição instantânea", disse Slatzer. "Havia algo mágico nela, diferente das outras garotas. Acho que a amei assim que a vi."

Falaram de casamento, mas não tinham dinheiro. Além disso, Marilyn também se encontrava com Tommy Zahn, tenente da Guarda Costeira da Califórnia e figura lendária das praias.

"Ela estava em plena forma", disse ele. "Eu costumava levá-la para surfar em Malibu. Ela era ótima na água, forte e saudável."

A primeira oportunidade de Marilyn chegou quando Howard Hughes, recuperando-se de um acidente de avião, viu sua foto numa revista e mandou que a encontrassem. Ben Lyon, diretor da Twentieth Century Fox, fez um teste com ela. Darryl Zanuck não titubeou: "Contrate-a."

Começou ganhando setenta e cinco dólares por semana e seu nome foi mudado. Passou a se chamar Marilyn Monroe. Marilyn por causa de uma atriz da Broadway, Marilyn Miller. Monroe era o nome de sua avó.

Lyon mandou-a visitar os executivos do estúdio com uma carta de apresentação sua. Eles a liam e em seguida faziam a mesma coisa – davam a volta em sua mesa já com a braguilha aberta. Marilyn demorou algum tempo para descobrir que a carta declarava: "Esta garota realmente gosta de dar."

Mais tarde, ela disse de seus primeiros dias na indústria cinematográfica: "Passei uma grande parte do tempo de joelhos. Fazia parte do trabalho. Não filmavam todos aqueles filmes sensuais apenas para vender manteiga de amendoim. Queriam provar a mercadoria. Se eu me recusasse, outras aceitariam."

No caso dela, não funcionou. Darryl Zanuck inesperadamente a despediu. Dizia-se que se cansara dela. Mas o tempo não fora perdido; Marilyn fizera contatos valiosos.

Durante o tempo que passou na Twentieth Century, uma de suas funções era participar das chamadas "festas promocionais", que não passavam de noitadas de pôquer, bebidas e sexo. Esperava-se das atrizes que fizessem o papel de anfitriãs. Como a competição era feroz, cada uma tentava usar a saia mais curta e a blusa mais decotada. Quando um dos jogadores apontava para seu prato, uma das garotas devia lhe trazer um sanduíche; para um copo, devia trazer-lhe a bebida. Se apontasse para sua braguilha, ela devia ajoelhar-se debaixo da mesa e prestar-se a um serviço mais íntimo. Era questão de honra entre os jogadores jamais demonstrar qualquer emoção nesse momento.

Marilyn era especialmente dotada para isso, pois adquirira muita prática. Um dos fundadores da Twentieth Century, o setuagenário Joe Schenck achava-a fantástica, pois conseguia ressuscitar suas aptidões sexuais. Com ela, ele tinha ereções. Ele a levou para sua casa, onde podia solicitar seus serviços quando desejasse.

"Algumas vezes levava horas", revelou Marilyn a um amigo. "Eu ficava aliviada quando ele adormecia."

Ela tinha suas preferências também e escolhia seus parceiros. Um de seus amantes era o filho de 21 anos de Charlie Chaplin, Charlie Junior. Ele a engravidou e ela teve que fazer um aborto. O caso acabou quando ele a encontrou na cama com seu irmão Sydney.

Marilyn conheceu o jornalista James Bacon numa festa e o levou para seu quarto na casa de Schenck. Os dois tinham acabado de se acomodar quando o velho a chamou. Bacon se recordava de vê-la sair da cama e, com uma lentidão enorme, ter penteado os cabelos e retocado sua maquiagem.

"Senti um pouco de pena do pobre Joe, sentado em seu grande quarto contando os segundos", disse Bacon. Ao sair, ela lhe disse animadamente: "Não vai demorar muito."

Apesar de seu caso com Bacon ter durado dois anos, ele confessou: "Não tinha ilusões sobre seu interesse por mim. Ela gostava de mim, claro, mas também estava de olho nos jornais em que minha coluna era publicada."

Graças ao seu relacionamento com Schenck, Marilyn conseguiu um contrato na Columbia Pictures. O único motivo para Harry Cohn desejá-la era o fato de ser conhecida em toda a cidade como a amante de Schenck.

Marilyn Monroe, calendário

"Harry, sem ao menos dizer oi, nos empurrava para a cama", recordou-se ela. Um fabricante de calendários de Chicago lhe propôs posar nua, convite aceito com o maior prazer. "Só me sinto confortável quando estou nua", disse ela ao repórter Earl Wilson.

Em 27 de maio de 1949, o fotógrafo Tom Kelley cobriu o chão de seu estúdio com uma cortina de veludo vermelha e colocou na eletrola um dos discos favoritos de Marilyn, "Begin the Beguine", de Artie Shaw. Ela tirou as roupas e posou para uma série de fotos. Destas, somente duas sobreviveram – uma que mostra Marilyn nua de perfil, e outra em que aparece com as pernas cruzadas. Kelley ganhou US$ 500 com sua publicação, e Marilyn ficou com cinqüenta.

Numa festa em Palm Springs, ela foi apresentada a Johnny Hyde, que havia ficado rico como agente da William Morris. Durante o almoço, ela reclamou com ele de sua falta de sorte com os homens e em sua carreira. Hyde não concordou com ela. Baixinho, calvo e muito doente do coração, teria menos de um ano e meio de vida. Dedicou esse tempo a Marilyn.

Ele a produziu, promoveu e se apaixonou por ela. Abandonou sua mulher depois de vinte anos de casamento e comprou uma casa em Beverly Hills para viver com Marilyn. Pagou pela extração de duas pequenas verrugas em seu nariz e queixo, comprou-lhe roupas e a exibiu em restaurantes e clubes noturnos. Aconselhou-a a pintar os cabelos de louro platinado e a aumentar sua testa e refazer os dentes. O esforço foi recompensado. Ela conseguiu um papel importante, num filme de John Houston.

Marilyn ouvira dizer que o diretor procurava uma loura com bastante busto. Apresentou-se para a entrevista com um sutiã recheado.

"Meti a mão dentro do seu suéter", disse Houston, "tirei os recheios e disse a ela: o papel é seu, Marilyn."

Ela estava extremamente agradecida a Hide.

"Eu tinha muitos amigos e conhecidos. Mas nenhum dos chefões fez nada por mim, exceto Johnny."

Hyde também conseguiu para ela uma pontinha num grande filme de Bette Davis, *A Malvada*, em que já aparece com seu cabelo platinado e o novo sorriso. No filme, a única coisa que faz é ser levada a uma festa por George Sanders. Ele se apaixonou por ela e chegou a lhe propor casamento, mas sua mulher na época, a lendária atriz húngara Zsa Zsa Gabor, descobriu tudo e proibiu-o de sair com Marilyn. O que não os impediu de viverem inseparáveis no estúdio.

A gratidão de Marilyn não significava fidelidade a Hyde. Em Hollywood, dizia-se que o apetite sexual dela estava matando o pobre homem. Ele estava tão doente que não podia caminhar até seu carro e tinha que ser carregado. Na cama, Marilyn o fazia se sentir jovem e viril de novo. Implorou-lhe que se casasse com ele, mas apesar de ele estar morrendo e ser rico, ela recusou.

"Eu não amo você, Johnny", disse, "não seria justo."

Depois de sofrer seguidos ataques do coração, ele morreu. Sua família se apossou das jóias e de um vestido caríssimo que tinha dado a Marilyn e a expulsou de casa. Não queriam que fosse ao enterro, mas ela apareceu desafiadoramente, toda de preto, e se jogou chorando sobre o caixão. Sentia-se culpada por sua morte. Ele lhe dissera que se se casasse com ele, poderia salvar sua vida.

"Ele foi a única pessoa que realmente se importou comigo", disse ela anos mais tarde.

Sozinha outra vez, ela engoliu trinta cápsulas de Nembutal. Com 25 anos, era a terceira vez que tentava o suicídio. Estava com medo de que, sem Hyde para ajudá-la, a Twentieth Century Fox não assinasse seu contrato de sete anos, pois Darryl Zanuck não gostava dela. Assim, voltou para Joe Schenck. Ele teve uma conversa particular com o presidente da Fox, Spyros Skouras, e em janeiro de 1951 Marilyn assinou um contrato, ganhando 500 dólares por semana, que seriam aumentados para 1.500 em sete anos. Triunfante, ela o exibiu para sua companheira de quarto, Shelley Winters.

Foi ao jantar em que a Twentieth Century apresentava suas novas revelações com um vestido tão apertado que todo mundo prendeu o fôlego, na expectativa do momento em que as costuras arrebentariam. As atrizes mais antigas a viam como uma ameaça, pois sempre jantava com Skouras. Ele era visto entrando e saindo do novo apartamento dela.

Marilyn sabia que precisava chamar a atenção da imprensa. Seus vestidos tinham decotes que desciam até a cintura. Ted Strauss, articulista da revista Collier's, levou-a uma noite para jantar.

"Ela estava metida em alguma coisa vermelha, semivestida ou seminua, com um decote até o umbigo", recordou ele. "Descemos uma espécie de escadaria do Ziegfeld Follies e todo mundo parou. Todo mundo nos olhava."

Em outras ocasiões, se os jornalistas pediam uma entrevista exclusiva, ela os recebia nua. Desse modo, garantiu seu espaço na imprensa; todas as revistas a elogiavam.

Para ter certeza de ser bem protegida, passou a se encontrar com Howard Hughes. Um carro discretamente a buscava e a conduzia a um aeroporto abandonado, onde ele a esperava na cabine de seu avião para conduzi-la a algum lugar não especificado. Ela voltava com o rosto todo arranhado. Hughes nada tinha a reclamar dela. Marilyn satisfazia todas as suas expectativas. Como sempre fazia com suas namoradas, ele colocou guarda-costas vigiando-a e se divertiu muito quando lhe contaram que ela havia despachado Peter Lawford.

Hughes a apoiou quando os jornais descobriram que tinha posado nua para o calendário. Surpreendentemente, Zanuck também ficou do seu lado. Apesar da cláusula moral de seu contrato, ele concordou em que ela admitisse para a imprensa que o fizera porque estava sem dinheiro e precisava comer e pagar o aluguel. Fora aconselhada, disse aos jornalistas, a negar tudo, mas preferira ser honesta sobre o fato. Esta confissão cândida conquistou a simpatia das mulheres. Os homens ficaram ainda mais satisfeitos quando Hugh Hefner pagou 500 dólares pelas fotos e as publicou na *Playboy*, com o primeiro pôster no meio da revista.

Zanuck completou o quadro dando uma entrevista em que afirmava que Marilyn era uma pobre órfã, cuja mãe estava internada num sanatório para doentes mentais. Marilyn, notória por sua sensualidade, acrescentava à sua imagem a vulnerabilidade. Foi esta conjunção que a tornou irresistível. Quando o escândalo das fotos estourou, os repórteres não sabiam sequer seu nome. Ela era apenas "a garota com grandes seios". A partir de então, passou a ser conhecida e amada por todo mundo.

Marilyn conheceu o astro do beisebol Joe DiMaggio de forma casual. Ela lhe ofereceu uma carona e acabaram no banco de trás do carro. Mais tarde, quando lhe perguntaram o que tinham feito ao sair do restaurante onde tinham se encontrado, Marilyn respondeu: "Não discutimos beisebol."

DiMaggio era divorciado da atriz Dorothy Arnold havia dez anos, mas ainda tentava uma reconciliação. Sua travessura com Marilyn no banco traseiro mudou tudo. Viam-se todos as noites até que ele voltou para Nova York.

DiMaggio lhe propôs casamento já na primeira noite, mas ela ainda não estava preparada para a idéia. Um domingo à tarde, ela disse a Shelley Winters: "Não seria delicioso ser como os homens, dormir com os mais atraentes deles e não se envolver emocionalmente?"

As duas se sentaram e passaram a escrever uma lista dos "mais desejados". Segundo Winters, a lista de Marilyn incluía Albert Einstein, Eli Wallach, Arthur Miller, Elia Kazan, Ernest Hemingway, Jean Renoir, Yves Montand, Lee Strasberg, Zero Mostel, Charles Laughton, John Houston, Harry Belafonte, Dean Jagger, Nick Ray, Charles Boyer, Charles Bickford e Clifford Odets.

Joe DiMaggio

Quando morreu, uma foto de Einstein foi encontrada entre seus pertences. Tinha uma dedicatória: "A Marilyn, com respeito e amor. Albert Einstein." A foto fora mandada de brincadeira por Eli Wallach, que declarou jamais ter dormido com ela.

O primeiro de sua lista a ser premiado, na realidade, foi o diretor Elia Kazan. Foi o primeiro caso descontraído dela. Kazan era bem casado e tinha dois filhos, portanto não havia a menor probabilidade de virem a pensar em casamento.

"Marilyn simplesmente não servia para ser uma esposa — qualquer pessoa podia ver isto", escreveu Kazan, que a considerava uma companhia deliciosa. Mais tarde, ele a descreveria como uma "garota simples, de bom coração, devorada por Hollywood".

O caso continuou por um ano, até que ela pensou estar grávida e o matou de susto. "Apavorei-me", disse o diretor. "Dei o fora."

Spyros Skouras continuava suas visitas noturnas. Num esforço para conseguir algo além dos papéis de loura burra, ela tentou seduzir Darryl Zanuck.

"Teria feito tudo que ele desejasse. Tentei, mas ele não estava interessado. Foi o único que jamais se interessou por mim e jamais compreendi o motivo."

O jornalista Rupert Allan escrevia um artigo sobre Marilyn para a revista *Look* e tirou uma foto ao lado da cama dela que mostrava dois homens. Um era Kazan; o outro, o dramaturgo Arthur Miller, que ela já conhecia há algum tempo. Miller era um amigo íntimo de Kazan e os três eram visto juntos freqüentemente. Kazan reclamou: "Ela era tão obcecada por Miller que só falava dele."

A imprensa se dedicava ao seu caso com Joe DiMaggio. Quando uma foto deles, junto ao pai de Joe, apareceu nos jornais, a antiga esposa de Joe tentou proibi-lo de ver seu filho. Disse no tribunal que não queria expô-lo ao contato com pessoas com reputação imoral, como Marilyn. O juiz negou seu pedido e lhe disse que não deveria ter-se divorciado.

Marilyn continuava a ver também o escritor Bob Slatzer, enquanto recebia DiMaggio. Um dia, os dois se encontraram no apartamento dela e DiMaggio percebeu que o visitante era íntimo da casa. Os dois acabaram brigando e Marilyn os expulsou.

"Uma hora mais tarde, ela telefonou pedindo desculpas", disse Slatzer. "Afirmou que havia feito uma confusão com as horas."

O caso com Slatzer chegou à imprensa. Numa das reportagens podia se ler que o escritor a presenteava com os clássicos da literatura. Ele lhe dera o *Rubbayat*, de Omar Khayyam. Obviamente, DiMaggio não a presentearia com poemas de amor árabes.

Certa noite, Marilyn declarou estar cansada de dormir com uns e outros. Num impulso estimulado por uma bebedeira, Slatzer e ela foram para Tijuana e lá se casaram.

"Acordei no dia seguinte com ela sentada na cama", disse Slatzer. "Chorava, mas não quis revelar o porquê."

O casamento não durou muito. Quando voltaram a Los Angeles, Darryl Zanuck os chamou em seu escritório. Explicou a Slatzer que a Fox investira dois milhões de dólares em Marilyn. O estúdio precisava casá-la com um príncipe encantado, não com um escritorzinho vagabundo como ele. Seria melhor que desfizessem o que tinham feito. Marilyn sucumbiu à pressão. No dia seguinte, voltaram a Tijuana e pagaram ao advogado que os casara para queimar a certidão de casamento e destruir qualquer traço do fato.

O príncipe encantado que o estúdio tinha em mente era ninguém menos que a estrela do beisebol americano, Joe DiMaggio. Mas havia um pequeno problema: Marilyn começava a achá-lo entediante. Ele era obviamente a companhia perfeita para ser vista com ela. Mas odiava os vestidos escandalosos que ela usava e ameaçava bater em qualquer um que se aproximasse para pedir um autógrafo. Além disso, detestava as festas e as estréias de Hollywood. Em vez da intensa vida social, os dois passavam noites tranqüilas em casa. Ela aceitou por um certo tempo porque ele estava muito apaixonado e era um amante satisfatório.

Ele certamente não gostaria do vestido de lamê dourado que ela usou para receber a medalha de ouro que a revista Playboy lhe concedeu por ter sido escolhida a atriz mais promissora de 1952. O tecido era fino como papel e aderia às curvas nuas de seu corpo. O mestre de cerimônia, Jerry Lewis, fingiu mergulhar em seu decote.

Quando DiMaggio saía da cidade, Marilyn recuperava o tempo perdido. Via Slatzer e começou casos com o filho de 19 anos de Edward G. Robinson, Eddie Junior, e com seu amigo Andrew James. Nem mesmo o primeiro marido de Elizabeth Taylor, Niccky Hilton, escapou dela.

DiMaggio recusou-se a ir à estréia de *Os Homens Preferem as Louras* e ela foi com Betty Grable. Os mexeriqueiros espalharam que ele tinha vergonha de ser visto com ela. Mas dentro de casa as coisas eram diferentes. Ela gostava de cozinhar para ele e aprendeu a fazer sua macarronada favorita. Marilyn começou a acreditar que ele talvez pudesse ser um ótimo marido e o pai dos filhos que ela desejava ter.

No Natal de 1953, eles se decidiram.

"Joe e eu chegamos à conclusão de que não podemos viver um sem o outro. A única solução é o casamento", declarou à imprensa.

Como não haviam marcado uma data, em 14 de janeiro de 1954 DiMaggio a levou à prefeitura de São Francisco. Marilyn perguntou: "O que estamos fazendo aqui?"

Seu presente de casamento para ele foi uma das fotos do famoso calendário, que não havia sido publicada por ter sido considerada indecente demais. Passaram a noite de núpcias num quarto de quatro dólares no Clifton Motel, em Paso Robles. Desde então, uma placa na porta do quarto informa: "Joe e Marilyn dormiram aqui."

Foram em seguida para a cabana de um amigo nas montanhas perto de Palm Springs. De todos os seus amantes, declarou Marilyn, DiMaggio "era o melhor. Se nosso casamento fosse apenas de sexo, duraria para sempre".

A lua-de-mel continuou em Tóquio, onde DiMaggio abriu a temporada de beisebol japonês do ano. Um oficial do exército pediu a ela que fosse à Coréia animar as tropas. DiMaggio não gostou da idéia, mas deixou-a ir. Ela se apresentou com um vestido roxo curtíssimo, sem nada por baixo. Pelos noticiários, DiMaggio soube que pegara uma pneumonia. Mesmo antes de voltarem à Califórnia, o casamento já dava indícios de declínio.

"Ele ameaçou divorciar-se em nossa lua-de-mel", lamentou ela.

Na casa em São Francisco, ele ficou ainda mais mal-humorado. Ele se tornaria mais e mais ciumento.

Durante as filmagens de *O Pecado Mora ao Lado*, Marilyn teve a idéia de fazer suas cenas de amor nua, mas os outros atores se opuseram. Por acaso, DiMaggio estava presente quando foi filmada a famosíssima cena em que seu vestido é levantado pela corrente de vento do metrô. Desgostoso, ele saiu. Alguns disseram que chorava. Depois, a equipe de filmagem ouviu uma briga furiosa no quarto de Marilyn. Mais tarde, uma das mulheres viu Marilyn nua: "Suas costas estavam roxas. Eu não podia acreditar no que via."

Em 4 de outubro de 1954, Marilyn disse ao diretor do filme, Billy Wilder, que ela e Joe iam se divorciar.

O estúdio tentou diminuir o prejuízo. Contratou os melhores advogados, enquanto se divulgava que os dois tinham "carreiras conflitantes". Os jornais falavam de "crueldade mental".

"No fundo, eu nunca quis me casar com ele", revelou Marilyn à atriz Maureen Stapleton.

DiMaggio não era homem de desistir facilmente. Ele e Frank Sinatra estabeleceram um plano para invadir o apartamento de Marilyn, com a intenção de pegá-la em flagrante com amigos, processá-la ou chantageá-la para se reconciliar com o marido. A idéia se converteu num terrível engano quando arrombaram a porta do apartamento errado. Fugiram do prédio com os gritos dos moradores, enquanto Marilyn ouvia tudo do andar de baixo. O caso ficou conhecido como "O Ataque à Porta Errada". DiMaggio foi processado e pagou uma multa de 7.500 dólares.

Especulou-se que Sinatra deliberadamente levara DiMaggio ao andar errado. Os dois amigos se desentenderam posteriormente e as coisas só pioraram quanto Sinatra começou a andar com Marilyn. Ela e o ex-marido, no entanto, voltariam a ser bons amigos e a se ver.

"Jamais gostei tanto de alguém", disse ela. "Mas ele detestava minha carreira e se recusava a aceitá-la."

Ela também detestava os papéis de loura burra que Zanuck a obrigava a representar. Queria mostrar que era capaz de algo mais sério. Foi então para Nova York, onde pretendia se inscrever no lendário Actors' Studio, de Lee Strasberg. E ir atrás de Arthur Miller, cujo casamento ia mal.

Enquanto esperava o divórcio do dramaturgo, Marilyn teve um caso com Marlon Brando. Renegociou seu contrato com a Twentieth Century Fox e garantiu para si um papel em *O Príncipe e a Corista*, a versão cinematográfica da peça de Terence Rattigan que Laurence Olivier iria dirigir.

A espera de Marilyn chegava ao fim. Dez anos mais velho do que ela, Arthur Miller, um dos mais importantes dramaturgos americanos, pôs fim a um casamento de quinze anos e a apresentou a seus pais como "a garota com a qual vou me casar".

"Por fim tenho um pai e uma mãe", declarou ela emocionadíssima.

Eles se casaram no civil em 29 de junho de 1956. Dois dias depois, realizou-se o casamento judaico, com a presença da família dele. Passaram a lua-de-mel na Inglaterra, onde Marilyn filmava *O Príncipe e a Corista*. Com seu novo método de atuação, recém-adquirido, ela quase levou Olivier à loucura.

De volta aos Estados Unidos, ela se divertiu representando a esposa de Miller e mãe de seus filhos. Quando a íntegra de suas peças foi publicada, ele a dedicou a ela. Marilyn acreditava que o casamento fosse durar para sempre. Em junho de 1957, ficou grávida. Um aborto a deixou deprimida e ela tentou o suicídio duas vezes. Miller a salvou. Como terapia, ele começou a escrever para ela *Os Desajustados*.

Quando recebeu a proposta para fazer *Quanto Mais Quente Melhor*, a loura pensou em recusar, mas Miller a convenceu a aceitar. Durante as filmagens, ela se comportou de modo exasperante. Chegava horas e horas atrasada, esquecia as falas e as tomadas de cena precisavam ser repetidas vezes sem conta. Tony Curtis ficou tão desgostoso que, quando lhe perguntaram como era beijar Marilyn Monroe, ele deu uma resposta que ficou famosa: "É como beijar Hitler."

*Marilyn Monroe
e Arthur Miller*

Ela engravidou outra vez mas, em 17 de dezembro de 1958, abortou. Culpou Miller, pois ele a convencera a fazer o filme. Depois de terminadas as filmagens, ficou difícil para ela conseguir outro papel, pois sua reputação de difícil se espalhara.

"O que há comigo?", perguntou a Miller. "Não consigo ter um bebê e não consigo achar alguém que queira filmar comigo."

Até que surgiu Yves Montand. Miller o conhecera em Paris e, quando ele veio apresentar seu show na Broadway, convidou-o e à sua mulher, Simone Signoret, para jantar.

Montand jamais vira um filme de Marilyn, mas quando a viu em carne e osso ficou fascinado. Com ela, era previsível. Ele há muito tempo fazia parte de sua lista dos "mais desejados". Além disso, lembrava DiMaggio, numa foto que guardava. O casal Montand lhe pareceu pouco compatível. Tinham a mesma idade, mas Simone engordara e parecia bem mais velha do que ele.

Marilyn decidiu que Montand seria o ator ideal para contracenar com ela em *Adorável Pecadora*. Durante as filmagens, Simone, depois de ganhar um Oscar, recebeu inúmeras ofertas e voltou para a Europa. Miller compreendeu o que se passava entre Marilyn e Montand e discretamente se afastou. Os rumores sobre a situação se espalharam por toda Hollywood. Muitos culpavam Miller, por ter deixado Marilyn sozinha com o romântico francês.

Ao retornar a Nova York, Miller e Marilyn falaram sobre divórcio. Montand não lhe dera a mínima razão para que acreditasse que abandonaria sua mulher por ela. A realidade é que o fato de ele ter dezenas de garotas em Hollywood nada significava para Simone.

Quando Montand voltava para Paris, Marilyn apareceu no aeroporto com uma garrafa de champanhe e o levou para um hotel. Cinco horas mais tarde, ele retomou seu caminho para a França. Declarou à imprensa que Marilyn era uma criança adorável. Se ela não fosse casada, se ele também não fosse, bem... Como era, "nada poderá acabar com meu casamento".

Para os íntimos, ele revelou que Marilyn era drogada e perigosamente instável.

Simone foi maravilhosamente compreensiva. Disse aos jornalistas: "Se Marilyn se apaixonou por meu marido, isto apenas prova que tem bom gosto. Eu o amo também."

Em suas memórias, escreveu: "Marilyn nunca soube quão bem eu a compreendia."

Simone Signoret permaneceu com seu marido até morrer, em 1985.

Marilyn ficou apenas com o Montand que via na tela. Viu e reviu seu filme com ele. O fim, em que se casam, sempre a fazia chorar.

Seu casamento com Miller acabou quando fazia *Os Desajustados*. Desentenderam-se sobre tudo – da cor do filme ao salário de Clark Gable, passando pelos diálogos, que ele sempre modificava sem consultá-la.

"Não é nosso filme, é seu!", ouviram-na gritar enquanto batia a porta do estúdio. "Você mentiu!"

Marilyn sempre havia desejado representar uma cena de amor com Clark Gable. Quando era pequena, sua mãe lhe dera um retrato dele, como se fosse de seu pai. Aos 59 anos, ele se sentia meio velho para se meter em aventuras. Além disso, casara-se pouco antes e sua mulher ficara grávida durante as filmagens. Ele se recusava a participar das farras de John Houston e da equipe em Reno.

Gable se tornou uma obsessão para ela, como confessou: "Jamais me esforcei tanto para conquistar um homem."

Mas também tentou seduzir Montgomery Clift, que igualmente trabalhava no filme. Mas ele estava ainda pior que ela. Alcoólatra, vivia à custa de pílulas e todos diziam que era homossexual. A própria Marilyn declarou que ele rejeitou seus avanços.

Marilyn e Miller tinham se mudado para suítes separadas. Discutiam em público e um dia ela arrancou com o carro e o deixou no meio do deserto.

Ela falava de suicídio. Houston lhe disse para não tomar pílulas enquanto estivessem em locação. Mas no meio da filmagem ela engoliu um tablete de comprimidos para dormir e teve que ser levada às pressas para o hospital em Los Angeles. Talvez tivesse feito de propósito, pois Montand estava na cidade e se recusava a atender seus telefonemas. Brando, Sinatra e DiMaggio foram visitá-la no hospital.

Pouco depois do fim das filmagens, Clark Gable teve um fulminante ataque do coração e morreu. Sua mulher culpou Marilyn pela tensão que causara a ele com suas constantes faltas e atrasos.

Marilyn chamou a imprensa e anunciou o fim de seu casamento. Miller se mudou de seu apartamento em Manhattan, deixando tudo que pudesse fazê-lo lembrar-se dela. Anos mais tarde, declarou: "Se soubesse como terminaria, jamais teria me casado com ela."

Na verdade, o casamento durou quatro anos e foi o mais feliz da vida de Marilyn. E apesar de tudo, nas filmagens de *Os Desajustados* ele conheceu aquela que seria sua terceira esposa, Inge Morath.

A imprensa deu destaque aos rumores de que Marilyn se divorciava para se casar com Montand, que estava por visitar Nova York. Ele, no entanto, declarou em alto e bom som que não tinha a menor intenção de deixar sua mulher. Simone telefonou a Marilyn e avisou que a viagem de seu marido havia sido cancelada. Marilyn tentou de novo o suicídio com pílulas. Desta vez, foi DiMaggio quem cuidou dela.

Marilyn foi ao México em 20 de janeiro de 1961, dia da posse do presidente Kennedy, para divorciar-se. A data fora escolhida de propósito, para manter o fato fora das manchetes. Não deu certo.

Marilyn já tinha estado na cama com Kennedy, muito tempo antes de ele entrar na Casa Branca. Kennedy ficara obcecado por ela durante sua recuperação de uma operação na coluna que o deixou imobilizado. Alguém pendurou uma foto dela nua em frente da cama, em seu quarto. O caso entre eles teve início depois de seu divórcio de DiMaggio e continuou, esporadicamente, enquanto ela esteve casada com Miller. Eles se encontravam na suíte dele do Carlyle Hotel, em Nova York, ou na casa de praia de Peter Lawford, em Santa Mônica.

Ela esteve presente na festa para celebrar a indicação dele para presidente na convenção do Partido Democrático em 1960, em Los Angeles. Kennedy mandara buscá-la especialmente para a ocasião. Para afastar as suspeitas, pediu a Sammy Davis Junior que a acompanhasse. Até mesmo o *barman* percebeu como Kennedy, pouco depois de seu discurso no Los Angeles Coliseum, se atirou sobre ela. Durante o jantar, ele meteu sua mão, por baixo da mesa, sob o vestido de Marilyn e descobriu que ela não usava nada por baixo. Mais tarde, tomaram banho nus em Santa Mônica. Durante a campanha eleitoral, o caso aumentou de intensidade.

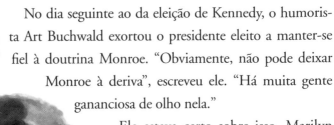

John e Jackie Kennedy

No dia seguinte ao da eleição de Kennedy, o humorista Art Buchwald exortou o presidente eleito a manter-se fiel à doutrina Monroe. "Obviamente, não pode deixar Monroe à deriva", escreveu ele. "Há muita gente gananciosa de olho nela."

Ele estava certo sobre isso. Marilyn tinha casos com inúmeros homens. O único estável era o presidente dos Estados Unidos, John F. Kennedy, que ela chamava de "o pres.". Como Jackie detestava a Califórnia, eles se sentiam seguros lá. Encontravam-se na casa de Peter Lawford ou na de Bing Crosby, em Palm Springs. Se o presidente tivesse urgência em vê-la, Lawford acompanhava-a a Washington a bordo do avião presidencial. Em Nova York, Kennedy entregava o botão de acionamento dos mísseis a seu assistente e escapava para o Carlyle, para a cama onde Marilyn o esperava. Mickey Rooney chegou a vê-la no Jardim das Rosas da Casa Branca e Jackie reclamava dos cabelos louros que encontrava na cama do marido.

O caso era o grande assunto de Los Angeles. Alguns íntimos eram convidados para discretas festas na casa de Bing Crosby em Palm Springs, onde podiam cumprimentar Kennedy ao lado de uma Marilyn bêbada e algumas vezes seminua.

Ela passou a acreditar que, depois de seu primeiro mandato, Kennedy se divorciaria de Jackie e se casaria com ela. Telefonou para a primeira-dama em seu número particular e lhe disse isto. Jackie cortesmente lhe respondeu que seria bem-vinda ao posto desde que estivesse disposta a viver num aquário. É claro que ela não estava.

O FBI grampeou a casa de praia de Peter Lawford e J. Edgard Hoover usou as gravações para manter seu cargo quando Kennedy tentou demiti-lo. Hoover também insinuou que alguém mais havia grampeado a casa – a Máfia, com quem Kennedy cruzara durante as eleições.

Robert Kennedy, o irmão mais novo do presidente, era um mulherengo que às vezes pegava as "sobras" do irmão. Era o chefe de Hoover e, como procurador-geral, estava determinado a acabar com a Máfia. Advertira o presidente para deixar Marilyn, pois os chefões mafiosos poderiam usar o caso contra ele.

Apesar de suas ilusões, Marilyn sabia que Kennedy desejava apenas a estrela cintilante de cinema, não a mulher que era. Em Washington, todo mundo tinha certeza de que Marilyn era apenas mais uma diversão do presidente. Ele pretendia livrar-se dela com elegância. Concedeu a Marilyn um último momento de glória. Em seu aniversário, Peter Lawford levou-a à sede do Partido Democrático, onde ela cantou com voz lasciva "Feliz aniversário, senhor presidente", metida num vestido que o diplomata Adlai Stevenson descreveu como feito de "pele e pérolas. Só que não vi as pérolas".

John Kennedy disse: "Já posso me retirar da política, depois de ter ouvido este feliz aniversário cantado para mim de modo tão doce e encantador."

Quem de fato se retiraria de cena, e rapidamente, seria Marilyn. Ela passou uma última noite com o presidente no Carlyle. Nessa época, filmava *Something's Got to Give*. Devia filmar uma cena em que aparece nua numa piscina, mas o diretor George Cukor achou que ficava inconvincente por causa do maiô cor de carne que usava. Marilyn não teve dúvidas: tirou-o.

Quando se espalhou a notícia de que representava nua, uma multidão se juntou. Cukor fechou o set, mas Marilyn convidou os fotógrafos. A *Playboy* pagou vinte e cinco mil dólares, soma sem precedentes, para as fotos mais reveladoras. As menos

Marilyn Monroe

chocantes apareceram em outras revistas. Apesar de todo este sucesso, seus atrasos e faltas eram tão constantes que ela acabou sendo demitida.

Marilyn ficou mortificada. Tentou falar com Kennedy, mas não teve resposta. Robert voou até Los Angeles e lhe informou que seu caso com o presidente estava acabado. Ela ficou perturbada e ele a consolou. Uma coisa levou à outra e logo Robert substituiu o irmão. Chegaram a falar de casamento. O FBI gravou tudo, bem como a Máfia. Bobby não se incomodou – até que ela ficou grávida.

Apesar de estar se encontrando com outros homens, Marilyn tinha certeza de que o filho era de um dos Kennedy. Chamou Bobby no Departamento de Justiça e lhe disse isto. Como resposta ele mandou mudar todos os números de telefone de sua linha direta para que ela não pudesse mais chamá-lo.

Peter Lawford recebeu a missão de consertar o estrago. Levou Marilyn para Lake Tahoe, onde ela fez um aborto. Houve quem afirmasse que ela fora seqüestrada e obrigada a fazê-lo, mas estava bêbada e drogada demais para se lembrar do que acontecera.

Participou de orgias com Lawford e Sinatra e foi filmada, provavelmente para que tivessem como chantageá-la se ameaçasse contar seu caso com os Kennedy. Álcool, drogas e sexo já não a saciavam. Começava ao acordar com doses de Bloody Mary e anfetaminas, depois bebia champanhe o dia inteiro.

Seu final foi trágico e melancólico. Na madrugada de 5 de agosto de 1965, Marilyn morreu de overdose. Ninguém sabe de fato o que aconteceu naquela noite. Houve quem dissesse que Robert Kennedy estava em Los Angeles. Ouviu-se o barulho de um helicóptero. Uma ambulância foi vista esperando fora da casa dela antes que a empregada desse o alarme. As gravações de seus telefonemas e outras evidências desapareceram. O relatório da autópsia foi perdido. Toda a documentação do FBI sobre sua morte foi suprimida e os amigos de Marilyn que tentaram investigar o que acontecera receberam ameaças de morte.

Sua morte, aos 36 anos, permanece envolta em mistério. Mas ninguém pode negar que a imagem que nos deixou na tela é luminosa.

NA CAMA, MAS SEM MADONNA

W arren Beatty jamais falou abertamente sobre sua vida sexual. "Obviamente, ela não pertence só a mim para que eu possa expô-la", disse ele elegantemente. Mas ninguém desconhece que a lista de suas conquistas incluiu algumas das mulheres mais desejadas do mundo, como Julie Christie e Madonna.

Warren Beatty

Desde pequeno ele soube que era bonito. Sua própria irmã, a atriz Shirley MacLaine, reconhecia que seus encantos superavam os dela. Ele aprendeu a valorizá-los, transformando-se num verdadeiro Casanova, na expressão de Orson Welles. No cinema, no entanto, seu primeiro papel importante foi o de um gângster impotente, Clyde Barrow, num filme que se tornou um cult, *Bonnie and Clyde*. Em *Shampoo* ele procurou demonstrar que um Dom Juan moderno não precisa ser a negação de um homossexual.

Warren começou sua carreira de sucesso com as mulheres já na escola. Sentia-se sempre melhor entre elas do que bebendo cerveja com os rapazes. Em Nova York, estudou interpretação e apareceu em alguns programas na televisão. Já sabia como agradar às mulheres. Uma de suas namoradas disse que ele jamais se despedia apenas dela, também distribuía beijos de boa-noite em todas as suas colegas.

Quando foi para Hollywood, em 1959, ao contrário de muitos outros, não encontrou dificuldades para se tornar um astro. Fez um teste ao lado de Jane Fonda, já demonstrando suas potencialidades. Os dois trocaram um beijo tão longo e intenso que o diretor teve que gritar "cortem" três vezes antes que se separassem. "Beijamo-nos até que praticamente tivéssemos devorado a cabeça um do outro", relembrou Fonda. O teste foi um sucesso, mas o filme jamais saiu dos projetos.

Ele já estava de olho em Joan Collins, que volta e meia encontrava. Os dois não se conheciam e apenas se observavam, até que ele se atreveu a telefonar e deixar seis mensagens para ela. Combinaram um jantar e, como declararam depois, "começaram a explorar suas mentes e corpos".

"Não suportávamos nos separar", disse Joan. Enquanto ela se preparava para fazer um filme, ele lhe telefonava de hora em hora. De manhã, ela aparecia no estúdio com enormes olheiras, bocejando sem parar. Mas Warren foi chamado para trabalhar ao lado de Natalie Wood e, como disse Joan, "o inevitável aconteceu".

Ela e Robert Wagner, o marido de Natalie, sentados no estúdio, viam o "inevitável" em ação. O diretor Elia Kazan lhes ofereceu cadeiras de diretor para que assistissem a filmagem das cenas de amor. Todos concordaram que as lições de interpretação que haviam tido em Nova York tinham sido excelentes. Os dois realmente entravam em seus papéis, como se podia perceber.

"E de repente eles se apaixonaram", disse Kazan. "Eu não lamentei. Meu único pesar era o sofrimento de Robert. Sua humilhação foi pública."

A colunista Dorothy Kilgallen escreveu que Beatty e Wood "passavam todas as noites ensaiando suas cenas de amor". Wagner ameaçou processá-la, mas ela não se retratou.

Joan, depois de um aborto, foi para a Itália filmar *Ester e Assuerus*. Não queria ficar longe de Warren e voltava todos os fins de semana. Concordaram em se casar. Ela voltou a Los Angeles com um vestido de casamento comprado na Europa. Pendurou-o

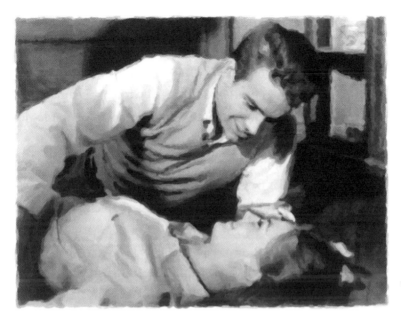

*Warren Beatty e
Natalie Wood*

no guarda-roupa da casa em que passaram a morar juntos. Ele jamais saiu do cabide, pois os dois logo se separaram. Depois do rompimento, Warren teve a galanteria de dizer que Joan havia sido a melhor noiva que um homem poderia ter.

Ele reencontrou Natalie Wood enquanto ela filmava *West Side Story*. Ela lhe disse que não estava feliz com as filmagens e precisava de um ombro para chorar. Ele ofereceu o seu, para desgosto do marido. No dia seguinte a um jantar em que Warren e Natalie flertaram e riram escandalosamente diante de Joan e Robert, o agente deste declarou à imprensa que seu cliente estava se separando de Natalie. Louella Parsons disse que era a maior ruptura desde a de Douglas Fairbanks e Mary Pickford. A casa dos Wagner foi posta à venda. Natalie e Beatty foram morar juntos e Joan voou para Londres, seguida por Wagner. Especulava-se sobre uma troca de casais.

Depois do divórcio, Natalie e Beatty foram para a Europa, onde se encontraram com Wagner. Este se consolava com a atriz Marion Marshall com quem, graças a um desencontro, logo se casaria. Natalie estava infeliz e, ao menor sinal, voltaria para o ex-marido. Ele tentou aproximar-se dela para sugerir uma reconciliação, mas não conseguiu completar nenhuma das inúmeras ligações para o hotel. Beatty não parava de receber chamadas de mulheres em Hollywood. Quando Natalie soube, era tarde demais. Wagner já havia se casado de novo.

Beatty era comparado ao presidente John Kennedy, que acabava de se instalar na Casa Branca. Ambos eram bonitos, inteligentes, irresistíveis para as mulheres e tinham problemas na coluna vertebral. Quando lhe perguntaram se a dor nas costas não atrapalhava sua vida sexual, Beatty respondeu: "Não dói na hora."

Ele e Natalie se distanciavam cada vez mais. De raiva, ela chegou a queimar todas as suas roupas e os dois enfim se separaram. Ele já estava de olhos postos em Leslie Carn, que conheceu em 1963. "Fiquei atraída por sua aparência e personalidade", disse Carn. "Ele tinha todas as qualidades de um astro – era muito bonito e exibia um grande sorriso; era alto e atlético. A sedução completava o quadro."

Ela era seis anos mais velha do que ele e casada com o diretor teatral inglês Peter Hall, com quem tinha dois filhos. Carn voou para a Jamaica, onde filmaria *Papai Ganso* com Trevor Howard e Cary Grant. Beatty logo apareceu.

"Praticamente não nos separamos nos dois anos seguintes", revelou ela. Quando voltou para Londres, admitiu para Hall que sim, estava apaixonada pelo jovem malandrão. Enquanto o processo de divórcio seguia seu curso na justiça, seus amigos ficaram perplexos. Quem pensava que Beatty se estabeleceria com Carn e seus filhos, ficou chocado. O que viam, como sempre, era o velho conquistador em ação. As coisas estavam bem longe de estabelecidas para ele. Ela, porém, estava completamente cativada. "Desejo apenas desfrutar enquanto estiver viva. A vida é longa e amo Warren. Casamento? Ainda não", declarou ela à imprensa.

Leslie arranjou um encontro entre Warren e o diretor francês François Truffaut. Ele desejava um papel em *Fahrenheit 451*, mas Truffaut lhe sugeriu *Bonnie and Clyde*, o primeiro filme que Warren produziu. Para o papel de Bonnie ele escolheu uma modelo pouco conhecida, que se tornara atriz, Faye Dunaway. Ela passou a protegê-lo: "Ele foi ferido por aqueles que insistem em vê-lo como uma espécie de super-reprodutor tarado. Mulheres e sexo são muito importantes para Warren... mas ele se preserva para poucas escolhidas."

Quando lhe perguntaram se a idéia de ser irresistível lhe agradava, ele respondeu: "Se fosse verdade, me agradaria muito. É uma idéia maravilhosa – seria, se fosse verdade."

Claro que não era. Mas, quando podia, nada o inibia na tentativa de provar que era. Numa festa na casa de um ricaço das finanças, a escritora de Hollywood, Sally Ogle Davis, teve a oportunidade de observar Warren em ação. Entediada com as conversas, ela desceu para a sala de projeção, onde se podia ver um filme de suspense. Narrou o que viu:

"Mais ou menos vinte minutos depois, Beatty entrou com uma jovem mulher. Apesar de todas as poltronas vazias, eles se sentaram bem diante de mim e começaram a se esfregar. Ao mesmo tempo em que estava ocupadíssimo na atividade com a qual se tornou renomado, ele olhava para mim o tempo todo, por cima dos ombros da mulher, como se perguntasse: Como estou me saindo? Parecia que estava indo muitíssimo bem. Um narcisismo tão explícito é raro mesmo em Hollywood e, sem nenhuma surpresa, fiquei fascinada por Warren Beatty desde então."

Em Paris, seu nome foi relacionado até ao de Madame Dewi Sukarno, esposa do presidente da Indonésia. Roman Polanski se lembra de tê-lo procurado para discutir negócios. O que encontrou foi uma longa semana de festas infindáveis com muitas mulheres. Os dois se viam também em Londres. Foi lá que receberam as notícias sobre o assassinato da mulher de Polanski, a atriz Sharon Tate, grávida de oito meses. Warren o levou sedado para Los Angeles e o consolou.

Antes que se ligassem, os caminhos de Julie Christie e Warren já haviam se cruzado várias vezes no circuito cinematográfico internacional, inclusive na festa do Oscar de 1967. O caso permaneceu ligado pelo Atlântico. Como sempre, isto em nada tolhia os movimentos dele. Britt Ekland, a lourinha que foi mulher de Peter Sellers, substituiu-a enquanto estava fora. Ela estava em Los Angeles para uma apresentação no Dean Martin Show e Warren levou-a para seu apartamento, onde passaram vários dias muito agradáveis, como ela contou: "Warren era o amante mais divino de todos. Sua libido era letal. Jamais havia experimentado tanta paixão e tanto prazer em minha vida."

Mas tanta emoção podia ser enganadora, também, como Britt percebeu: "Durante algum tempo, menti para mim mesma. Estava convencida de que Warren abandonaria todas as suas outras mulheres por mim. É claro que ele não o fez. Havia sempre seus murmúrios ao telefone com Julie Christie. Nenhum homem me fizera tão feliz quanto ele, e lutei muito para retê-lo. Mas ele estava sempre apreensivo sobre nós, caso Julie viesse a saber. Eu acredito que Warren era incapaz para um amor duradouro."

Dois meses depois, Julie voltou e Britt cedeu-lhe seu lugar. Ninguém poderia esperar fidelidade de um homem que declarava francamente numa entrevista para a *Playboy*: "Se você encarar os fatos da vida, verá que se não liberarmos nossa energia sexual teremos problemas. Não é que o sexo seja o elemento fundamental do universo, mas quando não nos rendemos a ele, isto nos afeta."

Se Julie entendia ou não, o fato é que ela era fervorosamente adepta da monogamia. "A infidelidade destrói o amor", dizia. "Não se pode sair por aí com cada um que nos atrai. Isto é cupidez e egoísmo. Parece muito bom fazer tudo que desejamos. Mas não funciona na vida real – somente nos filmes."

Suas diferentes concepções terminariam obviamente por se chocar, especialmente a partir do momento em que Warren se ligou a outro predador como ele, Jack Nicholson. Goldie Hawn, Liv Ullmann e até Lana, a irmã de sua antiga paixão, Natalie Wood, induziram Beatty a cair nos "pecados mortais da cupidez e do egoísmo".

Jack Nicholson
e Warren Beatty

A arte mais uma vez imitou a vida quando, ao lado de Goldie Hawn e Julie Christie, Warren levou para as telas a figura de George Roundy, o cabeleireiro mulherengo de *Shampoo*. Na vida real, ele e Nicholson dedicavam-se "ao ato sexual como a maior forma de prazer", vasculhando as ruas da cidade atrás de belas garotas. Eles tiveram algo mais em comum, Michelle Phillips, ex-cantora do grupo Mammas and Papas. Quando terminou com Warren, ela foi para o terapeuta. A experiência com ele não deixou lembranças edificantes, como revelou: "Ele preferia não se envolver. O que o satisfazia era uma relação superficial, inexpressiva, que acreditava ser mais saudável."

Warren viu Diane Keaton em *Annie Hall* e passou a lhe telefonar, dando mostras de afeição em sussurros apaixonados.

Compareceram de braços dados à festa do Oscar de 1979. Ele pensava nela para o papel de Louise Bryant em seu filme *Reds*, no qual ele representa o jornalista americano John Reed, que testemunhou a revolução comunista soviética em 1917. Mas pouco depois Diane já estava em outra, sendo vista com Jack Nicholson e Al Pacino. Warren voltou à caça.

Ele se mostrou relutante em contratar Madonna para contracenar com ele em seu filme *Dick Tracy*. Era amigo do marido dela, Sean Penn. Mas ela estava louca pelo papel e o conseguiu. Penn fez tamanho escândalo que acabou sendo levado pela polícia, algemado. Quando começaram a filmar, Madonna já entrara com o pedido de divórcio.

Obviamente, sendo Warren Beatty e Madonna quem eram, eles mesmos sabiam e anteciparam o que aconteceria. Tornaram-se amantes antes que as câmeras começassem a rodar. Ela disse que, na cama com ele, pensava: "Ele já esteve com as mais glamourosas mulheres do mundo." E em seguida se recordava: "Que diabos, sou melhor do que todas elas."

As freqüentes aparições dos dois, em público, foram suficientes para promover o filme. Mas quando o filme terminou cada um foi para seu lado. Com cinqüenta anos, nem mesmo Beatty poderia competir com os jovens garanhões que rodeavam a cantora em seus shows. Os dois apareceram juntos, divulgando o filme. Mas Madonna roubou a cena. Quando lhe perguntaram o que Warren Beatty tinha a mais que os outros homens, ela respondeu: "Um bilhão de dólares."

Insistiram: "Joan Collins disse que ele era sexualmente insaciável."

Ela não se perturbou: "Ele tinha vinte anos na época. Todos os jovens de vinte anos não são insaciáveis?"

Beatty não gostou. Para aumentar sua humilhação, partes de suas conversas ao telefone com ela apareceram em *Na Cama*

Warren Beatty e
Madonna

com Madonna. Ele exigiu que os diálogos fossem retirados do filme. Como gravar telefonemas sem a permissão de ambas as partes é ilegal na Califórnia, Madonna não teve escolha. Mas ficou irritada.

Apesar de ter sido retalhado em público por Madonna, Beatty não se deixou deprimir. Em *Bugsy*, ele conheceu uma jovem de 33 anos, Annette Bening. Ela ficou grávida durante as filmagens e, pela primeira vez, ele se tornou um homem casado. Passou a marido fiel e pai dedicado. Até Jack Nicholson ficou chocado. Annette Bening havia conseguido o que, até então, era impensável.

BIBLIOGRAFIA

PARA AS ATRIZES

Always Lana, Taylor Pero e Jeff Rovin, Bantam, Nova York, 1982

Ava, Ava Gardner, Bantam, Londres, 1990

Ava, Roland Flamini, Hale, Londres, 1983

Ava's Men, Jane Ellen Wayne, Sphere, Londres, 1990

Casting Couch, The – Making It in Hollywood, Selwyn Ford, Grafton Books, Londres, 1990

Clara Bow – Running Wild, David Stern, Ebury Press, Londres, 1989

Crawford's Men, Jane Ellen Wayne, Robson Books, Londres, 1988

Jean Harlow – An Intimate Biography, Irving Shulman, Warner Books, Londres, 1992

Joan Crawford – A Biography, Bob Thomas, Weidenfeld & Nicholson, Londres, 1962

Joan Crawford – The Last Word, Fred Lawrence Guiles, Pavilion Books, Londres, 1995

Detour: A Hollywood Tragedy, Cerril Crane, Michael Joseph, Londres, 1988

Garbo – A Biography, Barry Paris, Sidgwick & Jackson, Londres, 1995

Goddess: The Secret Life of Marilyn Monroe, Anthony Summers, Victor Gollancz, Londres, 1985

Grace, Robert Lacy, Sidgwick & Jackson, Londres, 1994

Grace: The Secret Lives of a Princess, James Spada, Sidgwick & Jackson, Londres, 1987

Greta and Cecil, Diana Souhami, Flamingo, Londres, *1996*

Here Lies the Heart, Mercedes de Acosta, André Deutsch, Londres, 1960

If This Was Happiness: A Biography of Rita Hayworth, Barbara Leaming, Weidenfeld & Nicholson, Londres, 1989

Lana: The Lady, the Legend, the Truth, Lana Turner, New Englad Library, Londres, 1982

Lana: The Life and Loves of Lana Turner, Jane Ellen Wayne, Robson Books, Londres, 1995

The Life and Loves of Grace Kelly, Jane Ellen Wayne, Robson Books, Londres, 1991

Loving Garbo, Hugo Vickers, Jonathan Cape, Londres, 1994

Lulu in Hollywood, Louise Brooks, Hamilton, Londres, 1982

Marilyn: The Last Take, Peter Brown and Patte Barham, Heineman, Londres, 1992

Marilyn Monroe: The Biography, Donald Spotto, Chatto e Windus, Londres, 1993

Marilyn Monroe: Confidential, Lena Pepitone e William Stadiem, Sidgwick & Jackson, Londres, 1979

Marilyn's Men, Jane Ellen Wayne, Robson Books, Londres, 1992

Marlene Dietrich, Maria Riva, Bloomsbury, Londres, 1992

Marlene Dietrich: Life and Legend, Steven Bach, HarperCollins, Londres, 1992

Marlene Dietrich: My Life, Marlene Dietrich, Weidelfeld & Nicholson, Londres, 1989

Marlene: My Friend, David Brett, Robson Books, Londres, 1993

The MGM Girls – Behind the Velvet Curtain, Peter Harry Brown e Pamela Brown, Harrap, Londres, 1983

Mommie Dearest, Christina Crawford, Hart-Davis, MacGibbon Ltd., Londres, 1979

Platinum Blonde – The Life and Legends of Jean Harlow, Eve Golden, Abeville Press, Nova York, 1991

Rita Hayworth, James Hill, Robson Books, Londres, 1983

Rita Hayworth: The Time, the Place and the Woman, John Kobal, W. H. Allen, Londres, 1977

Star Billing – Tell-Tale Trivia from Hollywood, David Brown, Futura Books, Londres, 1985

Survivor: A Long Night's Journey from Anger and Chaos to the Place of Inner Awakening, Christina Crawford, Donald Fine, Nova York, 1988

Para os atores

Cary Grant: A Class Apart, Graham McCann, Fourth Estate, Londres, 1996

Cary Grant: A Touch of Elegance, Warren Harris, Sphere Books, Londres, 1988

Cary Grant: Haunted Idol, Geoffrey Wansell, Collins, Londres, 1983

Cary Grant: The Lonely Heart, Charles Higham e Roy Moseley, New England Library, Londres, 1989

Chaplin and American Culture – The Evolution of a Star Image, Charles J. Maland, Princeton University Press, New Jersey, 1989

Chaplin: Genesis of a Clown, Raoul Sobeland e David Francis, Quartet Books, Londres,1977

Chaplin: His Life and Art, David Robinson, Collins, Londres, 1985

Charlie Chaplin, John McCabe, Robson Books, Londres, 1978

Clark Gable: Portrait of a Misfit, Jane Ellen Wayne, Robson Books, Londres, 1993

Cooper's Women, Jane Ellen Wayne, Robert Hale, Londres, 1988

Douglas Fairbanks: The First Celebrity, Richard Schickel, Elm Tree Books, Londres, 1976

Errol Flynn, Charles Higham, Granada Publishing, Londres, 1980

Errol Flynn: A Memoir, Earl Conrad, Robert Hale, Londres, 1978

Errol Flyn in Northampton, Gerry Connelly, Domra, Corby, Northamptonshire, 1995

Gable and Lombard, Warren G. Harris, Corgi, Londres, 1974

Gable and Lombard & Powell and Harlow, Joe Morella e Edward Epstein, W. H. Allen, Londres, 1976

Gable's Women, Jane Ellen Wayne, Simon & Schuster, Londres, 1987

Gary Cooper: An Intimate Biography, Hector Acre, William Morrow & Co., Nova York, 1979

Girls, The, Errol Flynn and Me, Frank A. Casella, Anthony Press, Alhambra, Califórnia, 1981

Goodnight Sweet Prince, Gene Fowler, Mayflower-Dell, Londres, 1966

Intimate Life of Rudolph Valentino, The, Jack Scagnetti, Jonathan David Publishers Inc., Nova York, 1975

My Husband, Rock Hudson, Phyllis Gates e Bob Thomas, Angus & Robertson, Londres, 1987

Idol: Rock Hudson, Jerry Oppenheimer e Jack Vitek, John Curley & Associates, South Yarmouth, EUA, 1986

James Dean: The Biography, Val Holley, Robson Books, Londres, 1995

James Dean: A Short Life, Venable Herndon, Doubleday & Co., Nova York, 1974

James Dean: Boulevard of Broken Dreams, Paul Alexander, Little, Brown & Co., Londres, 1994

James Dean: Little Boy Lost, Joe Hyams e Jay Hyams, Random House, Londres, 1992

James Dean: The Mutant King, David Dalton, Plexus, Londres, 1983

*James Dean Story, Th*e, Ronald Martinetti, Michael O'Mara Books, Londres, 1975

Last Hero, The: A Biography of Gary Cooper, Larry Swindell, Robson Books, Londres, 1981

Life and Crimes of Errol Flynn, The, Lionel Godfrey, St. Martin's Press, Nova York, 1977

Madam Valentino, The Many Lives of Natasha Rambova, Michael Morris, Abbeville Press, Nova York, 1991

Mary Pickford and Douglas Fairbanks, Bottom Herndon, W. H. Allen, Londres, 1978

My Early Years, Charlie Chaplin, The Bodley Head, Londres, 1964

My Wicked, Wicked Ways, Errol Flynn, William Heinemann, Londres, 1960

Private Cary Grant, The, William Currie McIntosh e William Weaver, Sidgwick and Jackson, Londres, 1983

Rebel: The Life and Legend of James Dean, Donald Spoto, HarperCollins, Londres, 1996

Rock Hudson: His Story, Rock Hudson e Sara Davidson, Weidenfeld and Nicholson, Londres, 1986

Trial of Rock Hudson, John Parker, Sidgwick & Jackson, Londres, 1990

Rudolph Valentino, Alexander Walker, Sphere, Londres, 1976

Valentino, Brad Steiger e Chaw Mank, Corgi Books, Londres, 1976

Valentino: The Love God, Noel Botham e Peter Donnelly, Everest Books, Londres, 1976

Warren Beatty, Suzanne Munshower, W. H. Allen, Londres, 1983

Warren Beatty: A Life and a Story, David Thomson, Secker & Warburg, Londres, 1987

Warren Beatty: Lovemaker Extraordinary, Suzanne L. Munshower, Everest Books, Londres, 1976

Warren Beatty: The Last Great Lover of Hollywood, John Parker, Headline, Londres, 1993

Outros títulos da coleção.

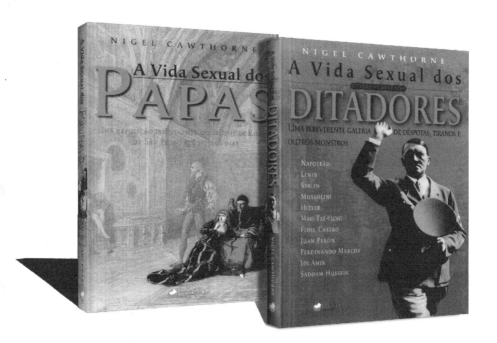

A Vida Sexual dos Papas

Esta obra revela a decadente corte papal de Avignon, as noitadas promovidas pelos Bórgia em Roma, a luxúria dos tempos de Leão X, Alexandre VI, Clemente VII, Gregório XIII e tantos outros, num mundo de orgias onde tudo valia, desde que significasse prazer.

A Vida Sexual dos Ditadores

O livro é ricamente ilustrado e mostra as peripécias sexuais de famosos ditadores, como Napoleão, Lenin, Mussolini, Hitler e Fidel Castro.